JN063756

柴田正美・高畑悦子 著
SHIBATA MASAMI, TAKAHATA ETSUKO

情報資源組織論

三訂版

JLA図書館情報学
テキストシリーズIII
9

日本図書館協会

TEXTBOOK SERIES III

Organization of Library Materials

(JLA Textbook Series of Library and Information Studies Ⅲ ; 9)

情報資源組織論　／　柴田正美，　高畑悦子著．　—　三訂版．　—　東京　：　日本図書館協会，2020．　—　262p　；　26cm．　—　（JLA 図書館情報学テキストシリーズⅢ　／　塩見昇　［ほか］編　；　9）．　—　ISBN978-4-8204-1915-0

t1．ジョウホウ　シゲン　ソシキ　ロン　t2．ジェイエルエイ　トショカン　ジョウホウガク　テキスト　シリーズ　9　a1．シバタ，マサミ　a2．タカハタ，エツコ　s1．資料目録法　s2．資料分類法　①014

テキストシリーズⅢ刊行にあたって

情報と資料の専門機関として，地域社会の経済，教育，文化にかかわる多様な課題に応える図書館活動を創造するためには，それに携わる人材の育成が欠かせない。しかも，先人の叡智を尊重し，現代のニーズに対応し，将来の発展を見据える能力が求められる。また，世界規模での連携や協同をも視野に収めて行動する力量が期待される。こうした人材の要となる司書を養成する教育の基礎課程が，図書館法に謳われ，図書館法施行規則に明示された「図書館に関する科目」である。

日本図書館協会は，1997 年の図書館法施行規則改正に基づき，司書養成教育の充実に向け，本格的なテキストブックの刊行を開始した。当時の課程は，大学で開設される「図書館に関する科目」ではなく，司書講習のためのものであった。しかし，シリーズ編集者は，この改正を「図書館に関する科目」へと展開していく段階の一つであると認識して企画を進めた。テキストブックは順次刊行され 11 巻を揃えるに至り，扱う題材に応じた改訂や補訂を加えてきた。2007 年からは図書館を巡る情勢の変化を反映させ，内容を刷新した「シリーズⅡ」に移行した。これにより，両シリーズを通じて予定した 13 巻を刊行し，多くの読者の好評を得てきた。

「シリーズⅢ」は，2008 年の図書館法改正に沿って「図書館に関する科目」が 2012 年度より適用されることを機に，これまでの構想と基調を踏まえながら，全面的な見直しを図ったものである。すなわち，現代および未来の司書養成教育として，日本図書館協会が少なくともこれだけはと考えている内容を取り上げ，教育実践の効果が高まるよう UNIT 方式を導入している。2 単位科目を 50UNIT，1 単位科目を 25UNIT とし，スタンダードな内容を解説している。また，発展的に扱うことが望まれる内容を option に収めている。これにより，教員の取り組みとの協調が促されることを期待している。その上で，「シリーズⅢ」の新たな試みとして，各巻に UNIT0 を設け，教育課程全体における当該科目の意義を記し，他の科目との関係を示すようにした。教育課程の体系を読者が意識できることが，学習成果を高めることにつながると確信するからである。さらに，養成教育と研修を一貫した過程ととらえ，構成と記述に配慮した。本シリーズが大学の授業教材となるとともに，図書館員のキャリア形成の素材として多面的に活用されることを願っている。

お気づきの点，ご提言やご批判，ご叱正をいただければ，専門職の技能形成という日本図書館協会の基幹事業にも貢献する。各位のお力添えを賜れば幸甚である。

シリーズ編集者

塩見昇　柴田正美　小田光宏　大谷康晴

はじめに

本書は第Ⅲ期「JLA図書館情報学テキストシリーズ」のなかの「情報資源組織化」に関する部分で，主として概説部分を扱うことを意図して刊行した。

第Ⅰ期「JLA図書館情報学テキストシリーズ」の第9巻『資料組織概説』を公刊したのは1998年2月であった。日本図書館協会（以下「JLA」とする）が，1994年4月に「司書養成科目のあるべき姿」を示し，それらがきっかけとなって上梓したものである。上梓の意図には，図書館法施行規則よりはJLAの求める司書養成科目をどのように創り上げるかを具体化する面が強かった。

2001年5月には『基本件名標目表　第4版』と，『日本目録規則　1987年版改訂版』に対応させた「新訂版」を刊行した。さらに『日本目録規則　1987年版改訂2版』の内容を盛り込んだ「新訂版第2刷」を2002年3月に出している。

第Ⅱ期「JLA図書館情報学テキストシリーズ」第9巻として第1刷を刊行したのは2008年1月である。2006年6月の『日本目録規則　1987年版改訂3版』を反映している。その後も刷りを重ね，2012年2月には第4刷に達している。

司書養成カリキュラムの改定にあわせてタイトルを『資料組織概説』から『情報資源組織論』に改めた第Ⅲ期を刊行したのは2012年6月であった。2014年12月に『日本十進分類法　新訂10版』が発行され，それに対応して内容を改めた「新訂版」を2016年1月に刊行した。幸いにしてこの第Ⅲ期新訂版も刷りを重ね，2019年2月には第3刷を発行している。

第Ⅲ期の初版を刊行した2012年6月以後で情報資源組織化に関するツールにいくつかの動きがあった。RDA（情報資源についての記述とアクセス）がアメリカ議会図書館，英国図書館などで導入され，国立国会図書館も洋図書の目録規則として使用するようになっている。今回の本書の改訂では，こうした動きを反映するようにした。

このたびの改訂は，こうした動きに加えて『日本目録規則　2018年版』（以下，「NCR2018」とする）の発行に対応させたものである。NCR2018は，規則の構造をはじめ相当の変更があり，本書全体を見直す必要があった。

また，今回の改版・改訂から，共同執筆者に高畑悦子が加わった。

最後に，2009年3月の「改正省令施行通知別添2」の「司書資格取得のために大学において履修すべき図書館に関する科目一覧」において示された内容と，本書の各UNITの関係を示しておく。授業展開の参考にしていただきたい。

(1) 情報資源組織化の意義と理論

UNIT 1, UNIT 2, UNIT 3, UNIT 4, UNIT 5, UNIT 18, UNIT 19, option A

(2) 書誌コントロールと標準化

UNIT 6, UNIT 7, UNIT 8, UNIT 9, UNIT10, option B

(3) 書誌記述法（主要な書誌記述規則）

UNIT 20, UNIT 21, UNIT 22, UNIT 23, UNIT 24, option D, option E, option F, option G, option H

(4) 主題分析の意義と考え方

UNIT 42, UNIT 43, UNIT 44, option O

(5) 主題分析と分類法（主要な分類法）

UNIT 43,UNIT 45,UNIT 46,UNIT 47,UNIT 48,UNIT 49,option M,option N

(6) 主題分析と索引法（主要な統制語彙）

UNIT 44, UNIT 50, option K, option L, option P

(7) 書誌情報の作成と流通（MARC，書誌ユーティリティ）

書誌情報の作成

UNIT 11, UNIT 12, UNIT 13, UNIT 14, UNIT 16, UNIT 17, UNIT 25, UNIT 26, UNIT 27, UNIT 28, UNIT 29, UNIT 30, UNIT 31, UNIT 32, UNIT 33, UNIT 34, UNIT 35, UNIT 36, UNIT 37, UNIT 38, UNIT 39, UNIT 40, option C

書誌情報の流通

UNIT 11, UNIT 12, UNIT 13, UNIT 14, UNIT 15, UNIT 17, option C

(8) 書誌情報の提供（OPAC の監理と運用）

UNIT 12, UNIT 14, UNIT 15

(9) ネットワーク情報資源の組織化とメタデータ

UNIT 4, UNIT 39, UNIT 40

(10) 多様な情報資源の組織化（地域資料，行政資料等）

UNIT 38

本書を，司書養成教育の現場で活用していただき，また自学自習の伴侶にご利用いただき，ご批判・ご叱正をあおぐなかで，より有効なテキストに仕上げていくことに力を貸していただくようお願いする次第です。

2020 年 3 月 15 日

柴田　正美
高畑　悦子

目次

CONTENTS

CONTENTS

TEXTBOOK
SERIES Ⅲ

情報資源組織論

三訂版

UNIT 0

情報資源組織論を学ぶ

●…………書誌ユーティリティ花盛り

書誌ユーティリティと個々の図書館

情報資源組織化の対象が飛躍的に広がり，情報資源媒体のシームレス化が進行していることは否めない。それらを利用する人たちも媒体そのものに制約されることなく自由に利用態度を変化・展開させている。図書館の現場では，書誌ユーティリティの利用が当然となり，個々の職場において「情報資源組織」という業務に従事していることを意識する人が少なくなっている。個々の図書館等での情報資源組織化業務を前提に，それらを束ねる形で進行する図書館協力業務としての「集中目録」とか「分担目録」という言葉が「死語」となり，水道の蛇口をひねって高品質の書誌データを受け取り，そのまま特段の点検などをしないで，自館の利用者に提供することに何の疑問も抱かない環境が整った状態になった。しかし，一方で，図書・雑誌といった印刷媒体から対象を大きく広げオンライン情報資源までを含めて利用者の求めるあらゆる情報についての書誌データを提供する責務が現実化しつつある。図書館にこうした責務を期待しない人たちは，「図書館不要論」すら唱えることになりつつある。さらに，これらの環境は，個々の図書館等での情報資源組織化業務を「不要」と主張する背景を創り出しただろう。その結果「情報資源組織論」という科目を小さいものとしてしまった。

●…………書誌ユーティリティの限界

十分でない書誌データ

たしかに書誌ユーティリティの急速な発展と展開は，信頼のおける書誌データを容易に入手できる環境を形成した。しかしながら，書誌ユーティリティが対象とする情報資源は，日本全国，いや世界中のどこでも手に入れることが可能なものが大部分であり，それらを利用者に提供することも個々の図書館に課された役割であろう。けれども，地域の資料・情報センターとして地域性のある独自の役割を果たそうとしている図書館が，それだけで十分であろうとは思われない。各図書館が入手する情報資源のなかには，書誌ユーティリティから得られる書誌データでは間に合わないものが増えているはずである。地域で活躍しているNPOが作成した活動報告などは，書誌ユーティリティが入手して書誌データを作成・流通させている例はきわめて少ない。

●…………個々の図書館が創る書誌データ

それらの情報資源については，書誌ユーティリティから入手できる書誌データと同じ質的レベルの書誌データをそれぞれの図書館現場が作成しないと，利用者に提供する書誌データに質的差異が存在する目録となってしまう。また，図書館間ネットワークが充実・展開される過程で，個々の図書館がオリジナルに作成した書誌データを他の図書館が利用する機会も多くなってきており，すべての図書館に対して情報資源の組織化能力充実が求められている。ネットワークは国際的に開かれたものとしても機能しており，この面に対する認識と理解を深める必要も「書誌コントロール」という形で期待されている。情報資源組織という作業が，個々の図書館の内部で，図書館員と利用者との関係だけで検討される世界をベースとしたうえで，広く世界にかかわりのある作業となりつつあることを認識しなければならない。

個々の図書館に期待される情報資源組織化の力

●…………関連する科目

本書で扱う内容と関連する科目は，演習にあたる「情報資源組織演習」，組織化の対象である情報資源を扱う「図書館情報資源概論」，組織化の目標は適切な情報資源の提供であるから「図書館サービス概論」，「情報サービス論」，「情報サービス演習」，そして現代における情報資源組織化技術はコンピュータと通信システムが支え役であり「図書館情報技術論」も欠くことができないだろう。

本書では，先に述べた書誌ユーティリティ「花盛り」の状況と，そのなかで強調される必要のある情報資源組織業務の重要性を反映するように，あらたな視点でUNITを組み込んだ。また，本書（三訂版）では，『日本目録規則　1987年版改訂3版』から『日本目録規則　2018年版』への「橋渡し」的な理解が進むことを意図しながら構成している。「目録作成の実際」についても「概説」を旨とし，作成において直接的に役立つ知識と技術は，本書と同じシリーズにおいて刊行されている第10巻『情報資源組織演習』に委ねることとしている。また図書館で扱うことが期待されている知識情報全般について触れることはあまりにも荷が重い。もっぱらこれまでの図書館で主として扱われてきた図書や雑誌といった印刷媒体を中核として触れ，必要に応じて広げることとしたい。

UNIT 1

◉情報資源組織の意義

図書館の機能と情報資源組織

●…………情報資源とは

「資料」と「情報」

図書館で提供するすべての物理的形態をもったものを「資料」と呼ぶ。物理的形態の一部分を対象とする場合も含めて考えてよい。たとえば，1冊の雑誌に掲載されている1論文も，雑誌そのものが物理的形態をもつので，「資料」ということができる。「情報」と異なる点は，「情報」がコンピュータの画面に表示される多くのデータであるとされるように，物理的形態という視点で見るならば，「情報」が形を成さないのと比べて，「資料」は対象そのものを手にとることができるところである。

けれども，2001年8月に改訂された『日本目録規則　1987年版改訂2版』の「第9章　電子資料」は，物理的形態を伴わないものも扱うことができるとした。『書誌レコードの機能要件』（FRBR）の概念モデル（UNIT 21において説明している）に拠った『日本目録規則　2018年版』は，さらに考え方を広げ，「実体」，「関連」，「属性」を情報資源の構成要素とすることになった。「情報」と「資料」の区分けは，目録規則においてシームレスになりつつあるといえるだろう。この結果，それらの総体を「情報資源」と呼ぶようになってきた。

各種の情報資源

現代の図書館では，情報資源の範囲が次々と広がってきている。図書・雑誌はいうに及ばず，ビデオテープ，CD，ブルーレイディスク，レーザーディスク，地図（地図帳は図書として扱う），録音テープ，DAT（デジタルオーディオテープ），スライド，写真，複製絵画，フィルム，OHPシート，CD-ROMやフロッピーディスクといったコンピュータファイル類，パンフレット，リーフレットなどの小冊子（これには，図書や雑誌の抜き刷り，雑誌からコピーした一論文，データベースの検索結果としてのプリントアウトといったものも含める），ポスター類などを例としてあげることができる。情報の定着媒体としての物理的形態が安定するに伴って，図書館資料が広がっていくことになる。その活用技術や図書館サービスの内実に課題を抱え込みながらも対応することが期待されている。これらの物理的形態をもった資源類とあわせて，ネットワーク上で流通する物理的形態を伴わない情報資源も扱うのが現代の図書館であるから，その範囲は，時代とともに広がっていくことを覚悟しなければならない。

『日本目録規則　2018年版』では，「第1グループの実体」として「著作」，「表現形」，「体現形」，「個別資料」の4つをあげている。これらのうち「著作」および「表現形」がまず存在し，それらを背景として「体現形」および「個別資料」という物理的形態をもつ情報資源が形成される，とする。これらすべてを成果として生み出す「第2グループの実体」が「個人・家族・団体」であると，位置づけている。これら2つの実体のグループは，お互いに関連をもって総体として人間が生み出した情報資源を形づくっていると設定している。扱うべき情報資源は非常に広範囲なものとなってくる。

第1グループの実態と情報資源

●…………組織とは

『大辞泉』（第2版，松村明監修／小学館大辞泉編集部編，小学館，2012）によれば，「組織」とは「(1) 組み立てること。組み立てられたもの。(2) 一定の共通目標を達成するために，成員間の役割や機能が分化・統合されている集団。また，それを組み立てること。(3) 生物体を構成する単位の一で，同一の形態・機能をもつ細胞の集まり。さらに集まって器官を構成する。［中略］(4) 岩石を構成する鉱物の結晶度・大きさ・形・配列などのようす。石理。(5) 織物で縦糸と横糸とを組み合わせること。織り方」としている。5つの定義があげられているが，本書で扱おうと考えている内容にふさわしいものがない。

「組織」の定義

漢和辞典ではどうなっているだろうか。諸橋轍次著『大漢和辞典』（修訂第2版，鎌田正・米山寅太郎修訂，大修館書店，1989）では「［出典・用例は略した］(1) 絲を組み機を織ること。(2) 絲を組み機を織るやうな方法で作り上げること。順を追って次第に，立派に作りあげること。(3) イ：箇々の物件，又は人員が集合し，一定の秩序關係を保つて一體を構成すること。又，其の構成體。ロ：一定の機能をなすために同一の方向に分化發達した生物の構成要素たる細胞，及び其の誘導體の互に團結したもの」と説明している。(3) イにより「箇々の物件」を資料にあてはめ，それらを「一定の秩序關係を保って一體を構成する」ことがまさに「組織」であり，この授業で学ぶことである。

「組織」の字義

いくつかの辞典における定義において用いられている「機能」を図書館の働きにあてはめたときには，異なった意味を表す場合も存在する。図書館の「機能」を発揮するための「全体」とは，「図書館の所蔵あるいは提供する資料・情報の全体」であり，それらを結合して一つのまとまりとする働きは「情報資源の選択と，選択結果の集合としての情報資源構成を企画し，実行する」ことである。

図書館の機能

●…………情報資源組織

「組織」の定義を学ぶなかで，「情報資源組織」の意味するところはほぼ理解でき

「情報資源組織」

たと思われる。すなわち，個々に独立して存在する情報資源を一定の秩序関係（分類記号等を与えて一つのグループとして把握したり，それぞれ個性をもつ情報資源に対して同一の基準でもって同じような表現形態に変換するといった作業の結果としての関係である）を与え，全体として一体となるようにしていく行為が情報資源組織である。

次に，この行為が図書館の果たすべき役割や機能と，どのようにかかわりをもつかを考えることとする。

●…………図書館の機能と情報資源組織

図書館の機能については，すでに「図書館概論」で十分に学習したと思うが，再度確認しておこう。図書館の目的や機能が述べられている条文は，いずれの図書館関係法規でも第2条である（下線は，筆者が付した)。

図書館法

・図書館法　第2条

この法律において「図書館」とは，図書，記録その他必要な資料を収集し，整理し，保存して，一般公衆の利用に供し，その教養，調査研究，レクリエーション等に資することを目的とする施設［以下略］

学校図書館法

・学校図書館法　第2条

この法律において「学校図書館」とは，［中略］図書，視聴覚教育の資料その他学校教育に必要な資料（以下「図書館資料」という。）を収集し，整理し，及び保存し，これを児童又は生徒及び教員の利用に供することによって，学校の教育課程の展開に寄与するとともに，児童又は生徒の健全な教養を育成することを目的として設けられる学校の設備をいう。

国立国会図書館法

・国立国会図書館法　第2条

国立国会図書館は，図書及びその他の図書館資料を蒐集し，国会議員の職務の遂行に資するとともに，行政及び司法の各部門に対し，更に日本国民に対し，この法律に規定する図書館奉仕を提供することを目的とする。

情報資源組織の目的

個別機関について規定した国立国会図書館法を除く2つの法には，いずれも「整理し」という「ことば」が明示されている。情報資源組織は，この文言に対応する作業であるが，作業そのものが目的ではなく，情報資源を利用に供することが目的であり，それに見合った内容の作業として遂行されなければならない。

図書館の機能として掲げられているものは時代に対応して変遷している。

図書館は，まず，情報資源の保存機能を中心として発展してきた。古代・中世においては情報資源等を利用するための識字能力をもつ者は少数であり，同時に情報資源として記録ができる者も限られていたため，生産される情報資源そのものが貴重な存在であった。したがって，図書館は情報資源の利用という面よりは，保存に重点をおき，情報資源組織も保存を主たる目的として実施されてきた。最古の図書館といわれる紀元前7世紀のアッシリアのアシュルバニパル王の王宮文庫に集められた粘土板は，分類され，目録も作成されていたといわれる。古代，世界最大のアレクサンドリア図書館もカリマコス（Callimachus）によって作成されたピナケス（Pinakes）と呼ばれる目録を備えていた。

情報資源の利用ということが，情報資源本来の目的であると認識されるようになるのは，中世後期に入ってからである。けれども，当時は，先に述べた情報資源生産の状況が続いており，保存も重要課題であったため，「利用と保存」を両立させるための工夫がなされなければならなかった。

利用と保存

過去の文化遺産のうえに現在の文化が成立するという見方が確立してくるルネッサンス期になって，図書館の果たすべき役割の重点が次第に利用へと傾いてくる。グーテンベルグ（Johannes Gutenberg）の活字印刷術の発明は，情報資源の大量複製生産を可能とし，それまで貴重とされてきた多くの情報資源を多数の人が利用できる環境をつくることとなった。また情報資源そのものを生産できる人も多くなってくる。これらがあいまって利用に重点を置いた情報資源組織が考案されるようになる。

19世紀後半になって，公的に設置・運営される公共図書館が成立してくると，すべての人にとって人類の文化遺産を利用できる可能性が広がることとなるが，それを保障するためには，図書館側が，情報資源へのアクセスを容易にする工夫と技術を準備しなければならなかった。そのことが情報資源組織にかかわる考え方を大きく変えることとなる。

文化遺産としての情報資源

利用者の理解が容易なように分類法・目録法が考案され，また，次々と生産される「爆発」ともいわれるような情報資源の増大に対応できる情報資源組織が必要とされてくる。けれども，現代においても図書館に期待されている「情報資源保存：人類の文化遺産をどこかで確実に保存する」という機能が捨て去られたわけではない。この機能を果たすために図書館界全体が協力して「保存図書館」とか「分担保存」という方法を編み出し，広がりつつあることは，すでに他の科目などで学習したことであろう。

分担保存

以上見てきたように，図書館の歴史的展開の流れは，「情報資源組織」を単に「情報資源の整理」と見るだけでは不十分であり，図書館の果たすべき社会的役割と関連させながら理解を進めることが求められている。情報資源組織の技術を，現実の図書館の働きのなかで常に見直すことを心がけてほしい。

UNIT 2

◉情報資源組織の意義

情報資源組織業務の種類

情報資源組織にかかわる業務は，大きく分けて目録作業と分類作業になる。それらの業務の対象は，それぞれの図書館が入手した物理的存在を伴った情報資源から，さらに他の機関の所蔵あるいは管理するものを，協力関係を利用して自館の利用者に提供するところにまで及ぶのである。個々の図書館が入手した情報資源には，古文書や手稿（書写資料）のように他に存在しないものもあるだろうが，多くの場合は出版という形式を経ており，同時に他の図書館も入手する可能性が高い。一方，それらの情報資源を利用する利用者も，複数の図書館を並行利用することが当たり前のようになってきている。多くの公共図書館が「在住・在勤・在学」という利用者の資格条件にかかわる規程を撤廃するようになった。それらの図書館以外のところでも「特に館長の認めた者」に範囲をゆるやかに解釈する傾向が強まっており，並行利用の可能性はますます進行している。

並行利用

個別図書館の判断のみで進めることのできるはずであった目録・分類という作業が，これらの事情を背景として，地域規模，国内規模，さらには国際規模で進められる目録・分類といった書誌データ作成作業の一部に組み込まれることになる。

●…………目録作業

情報資源の「身代わり」

図書館における目録作業は，目の前に物理的に存在する情報資源の「身代わり」を作成することである。存在する情報資源をそのままの形で利用者に提供・提示する方法は，書架のうえに並べることで十分果たされる。けれども，その情報資源が他の利用者によって利用されている状態になると，書架に並べている方法のみでは提示することはできなくなる。情報資源が書架上にないのだから「提供」も当然に不可能となる。しかし，ここに「図書館が目録を作成する」という行為が加わると様相が変化する。すべての情報資源を開架方式とする面積的ゆとりをもつ図書館が増えるなかで，目録作成の意義が低下するかのような議論もあるが，他の人が利用することによって書架上から消えてしまった情報資源について提供の可能性を示すことができるのは目録をおいてほかにないであろう。

情報資源の識別

目録作業を情報資源の「身代わり作成作業」と意識するならば，情報資源を識別するために可能な限りの情報を盛り込む必要のあることが理解されるだろう。とともに，作業の成果を享受するのは利用者であることも忘れてはならない。利用者が使用法を理解でき，そこから情報資源そのものについての把握が可能な形で目録を提示しなければならない。

身代わりの作成，および，それらを探し出せるようにするための準備作業は，いくつかの過程に分けることができる。すでに多くの図書館では消えてしまったが，目録用のカードをベースとした目録の場合は，次のようになる。

目録作成作業

①情報源の把握と確認
　身代わりを表現できるだけの情報源を把握する作業
②記録すべき情報の選定
　探し出すための検索キーとして役立つかどうかの判断
③情報の記録
　役立つと判断された情報源を誤解の生じない形で表現し記録する作業
④検索用のキーの確定
　身代わりを探し出すための検索キーをそれぞれの図書館が設定している規則にそって表現する作業
⑤コンピュータデータの生成
　これまでの作業結果をコンピュータに入力する業務
⑥カードの複製
　カード目録として形成するならば必要な枚数のカードを複製する作業
⑦目録としての編成
　コンピュータのもっとも得意とするところでありながら，カード目録においては大量の人的資源を消費させていた，身代わりである記録の排列作業

これらの作業は，図書館内部の作業として進められ，完結するものであるが，目録作業の結果が有効に生きるためには，これらの作業と並行して目録の適切な利用を図るための利用者に対する活動も忘れてはならないところである。

利用者に対する活動

●…………分類作業

図書館における分類作業には２つの側面がある。一つは，対象となる情報資源を書架のどこに位置づけるかを決めるための作業であり，一つは，利用者が主題から情報資源を探索しようとしたときに対応できるだけの情報を準備することである。

書架上の位置

書架上の位置決めには，情報資源のもつ主題だけが関係するわけではない。情報資源の大きさ，情報資源の刊行形式，情報資源の利用目的，想定されている利用者，物理的媒体の違いなども，書架上の位置を決める際には考慮しなければならない。

こうした主題に関係しない要素をも分類作業の実際においては反映することが必要である。

情報資源のグループ化

分類作業の目指すところは，効率的な利用が可能なように情報資源をグルーピングすることである。この「効率的な利用」というところで多くの判断が生まれてくる。出版社シリーズをグループとして把握することが常に「効率的」であると言い切ることはできない。かといって，それらの情報資源をグループとせずに書架の方々に分散させると逆に探しにくいと利用者から不満が寄せられる。「利用しやすい情報資源のあり場所」を利用者の視点から検討し，一方では，情報資源を「より広い範囲で利用できるようにするための方策は何か」を考えることが分類作業に求められている。

分類作業

分類作業も，いくつかの段階に区分けすることができる。

①対象となる情報資源の認識

作業の対象となっている情報資源を，主題，利用形態，想定される利用者など，考えられる限りの視点で把握する

②把握結果の表現の検討

まず，「ことば」としての表現を検討し，しかる後にそれぞれの図書館の採用している分類表における記号への変換を考えるという手順で，先の把握結果をどのように表現するかを考える

③表現の記録

主題を表す記号，刊行形式等の特別の事由によって付加される記号などを，対象情報資源に与え，そのデータを目録作業に反映する

分類表の理解と適用

これらの処理の結果として形成される個々の図書館における分類の世界は，その世界において完結し，かつ一貫性が維持されていなくてはならない。そのために必要なことは，それぞれの図書館が採用している分類表への理解であり，また分類をするにあたっての規準の厳正な適用である。「一貫性」と「厳正な適用」を強調したが，それらは情報資源のあり様および利用者の動向によって相対的に変化できるものでなければならない。分類表そのものが，学問研究や社会環境の変化によって改訂を繰り返すものであり，規準もまた個々の図書館の事情を反映して少しずつ変化・展開していくものである。

●…………書誌コントロール

すでに述べたことであるが，目録作業と分類作業は，それぞれの図書館のみで完結する作業とすることが可能である。特に利用者が限定されている場合は，それら

の利用者に見合った方式で目録・分類を処理することもできる。所蔵する情報資源に対応した独自の分類表を作成し，それに従って分類作業を行っている図書館も多数存在する。目録においても，標準的な目録規則を採用せず，独特の規則を制定し，処理を行っているところもある。利用者との関係において，そのような古典的な方式が期待される図書館のあることも事実であろう。一方で，図書館の目録は「書誌コントロール」という語でとらえられている。

「コントロール」ということばの日本語としては「制御すること，統制すること」という訳が与えられており，それぞれの図書館が独自で行動できる目録作業や分類作業とそぐわない印象がある。他のUNITでも触れる予定であるが「管理すること」も「コントロール」の一つとされている。情報資源組織という視点からすると，この定義がもっともふさわしいと考える。

あらゆる事柄についていえるだろうが「管理」は，対象と視点と効用によって，その性格は大きく異なったものとなる。情報資源組織における「コントロール」の対象は，情報資源に関する書誌データであって，情報資源そのものではない。情報資源そのものを個別図書館を越えたレベルでコントロールするとなると，個々の図書館の本来確保すべき情報資源選択の権利を侵すことになる。もちろん分担収集協定など合意に基づいたコントロールはありうるだろうが，一般的にはなじまない行為である。

書誌コントロールの対象

視点は，個別図書館を越えたレベルでの書誌データについての共通性である。書誌データは，対象となる情報資源が存在することによってはじめて顕在化されるものであり，情報資源が同じであるならば，書誌データも同一となって当然である。この共通性に立脚してコントロールが行われる。

書誌コントロールの視点

書誌データが管理されることの効用は，個々の図書館の利用者にも，図書館を運営する側にも現れる。利用者が複数の図書館を並行利用する時代になると，統一された方針でコントロールされた書誌データを，いずれの図書館でも発見できるという効果は非常に大きいだろう。少なくとも既知の情報資源を「未知」であるかのごとく錯覚してしまう可能性を低めることが期待される。図書館を運営する立場にとって，管理された書誌データを容易に入手できる体制がつくられるときには明白な効用が現れる。個別図書館が，出版されるすべての情報資源について，主題分析から情報源の把握や記録の内容についてまで完璧に管理することは大きな努力を必要とする。図書館同士の協力関係を基礎として，書誌データの交換あるいはセンター的機能を果たす組織による書誌データの配布・頒布といった行為が成立するとき，コントロールは意義を深めることになる。さらに一国規模を越えた協力関係が軌道に乗る状況になると，効用はさらに高まってくる。

書誌コントロールの効用

UNIT 3

◉情報資源組織の意義

情報資源組織業務の位置づけ

図書館における業務は，その機能と果たすべき役割を背景としていくつかに区分することができる。利用者に対する直接的な活動である貸出などを除外すると，情報資源の選択，収集（発注から会計的処理までを含む受入までの業務に細分が可能である），情報資源の組織，蓄積，提供のための体制づくり，不要となった情報資源の廃棄処理といったところである。情報資源組織業務は，これら業務の一部分であり，利用者サービスの基盤整備となる業務で，以前は「資料整理業務」と称されていた部分にあたる。

このUNITでは，「情報資源の選択」をはじめとする業務がどのように情報資源組織という業務と関連しているかを明らかにしていきたい。

●…………情報資源の選択

選択は各種の出版情報のみをもとに行われるものではない。出版情報には新刊を対象とするものと，特定の主題を中心として編纂される多くの情報資源リストとが存在する。これらを素材として，そこに収録されている情報資源が，それぞれの図書館にとってどの程度必要なものであるかを判断するという形で進められる。

出版情報

出版情報は，出版社ごとに編成されることもあれば，主題を単位として編成されることもある。同じ情報資源について異なった媒体で何度も図書館に情報がもたらされることもあり，すでに選択についての判断をすませたものであるかどうかを，そのたびごとに判断していく必要がある。

それらの媒体で提示される情報は，図書館側が期待する形とは必ずしもなってはいない。シリーズとしての情報が欠けていたり，出版年月の表示や，版の明示がなされていないものもしばしば存在するなど、書誌データとしてコントロールされていない状態で流布される。情報として不安のあるデータをもとに，それらの情報資源が既収であるかどうかを判断したり，版の相違など既収の情報資源との差を把握することが必要とされ，それぞれの図書館の目録作業の精粗のレベルと，社会に流布される書誌データとの食い違いに気づくこととなる。

十分でない情報

また「新刊案内」，「書評」という形で提示されるときには，主題のまとまりも，出版社としてのまとまりも欠いたものとなり，それらを選択の材料とするときには，情報資源そのものについての表現を読み取る能力が問われることとなる。読み取る能力は，目録作業・分類作業の基本となるものであり，ここでも情報資源組織についての力量が評価されることとなる。

既収情報資源と情報資源の選択

情報資源の選択は，それぞれの図書館がすでに収蔵している情報資源の蔵書構成とのかかわりで検討される局面をもっている。特定主題について意識的な選択・充実を図ろうとするときや，選択のために利用できる書誌データが「情報資源分類（主題・分野）」というデータを明示していないときなどにおいては，すでに収蔵している情報資源に対して施された過去の分類作業の結果との関連にも目配りしてほしい。

●…………収集

収集のための情報

選択された情報資源を確実に入手するためには，書店等に対して正確な書誌データを伝えなければならない。正しく管理されていない書誌データや，あやふやな情報提示を背景として入手の希望を出した場合は，必要以上に相手側の書店等に負担をかけることになる。ときには，十分な調査をしないままに「発行せず」といった回答を寄せる出版社が存在することも忘れてはならない。

図書館が選択作業の過程において把握した情報資源に関する情報は，収集業務においても的確に利用できる体制を準備する必要がある。

既存情報の利用

選択・収集等の作業を一連のものとしてシステム化を進めている図書館では，選択結果を，ただちにコンピュータに入力している。そのデータに基づいて収集のための発注行為がなされるので，入手する前段階から目録情報としての精度が要求され，国レベルにおいてコントロールされた書誌データを有効に生かす手段が講じられている。具体的には，責任ある目録作成機関（日本でいえば，国立国会図書館があたるであろう）の作成する書誌データ（NDL サーチ，NDL-Bib といったシステムから入手できる JAPAN MARC，JM-BISC など），新刊情報を提供してくれる出版情報登録センター（JPRO）を用いて選択作業を進めたり，選択した情報資源についてあらかじめそれらの情報にアクセスして確認をしたうえで，収集・発注のデータを作成するということが可能になっている。そして，ここで利用された情報が，その後の情報資源組織の段階で再度利用され，あるいは，情報資源との照合のなかで若干の修正を受け，個別図書館における目録情報として管理されることになる。

入手した情報と情報資源の照合

納入された情報資源が，図書館の要求したものであるかどうかをチェックするのは，発注先に提示した書誌データによって行われる。提示したデータに誤りがあれば，納入されたものを見て「間違っている」と判断を下す事態にもなる。正確なデータに基づいて発注・入手を行っているにもかかわらず，異なった情報資源が納入されたならば，そうした対応の原因を追究し，情報資源選択の段階に立ち戻っての検討が必要となってくる。

●…………蓄積

情報資源のグループ化

情報資源の有効利用を図る形での蓄積は，書架上で同種のものがグループ化されている状態で果たせる。ここでいうグループは，常に主題をもとにしているものではない。大きさ，情報資源の利用対象，刊行形式，図書・CD・ビデオテープといった情報資源の媒体，通読する性格の情報資源かどうか，などといった属性もグループ形成の根拠とされる。

情報資源組織は，蓄積の段階においては，分類作業に力点をおいた形で関係が生まれてくる。一つの情報資源に対して一つだけ与えられる書架上の分類は，利用者との接点をより多くする方向で検討されなければならない。

書架上の位置

一つしか設定することができない書架上の位置を，複数の立場・視点・主題からアクセスできるようにするのは，目録作業である。大きさ，情報資源の利用対象，刊行形式，情報資源の媒体，通読する性格の情報資源かどうか，などといった属性を超越した立場でグループ化するのが目録作業の使命であり，同一の主題に関する情報資源を一覧できる機能を果たせるように準備される必要がある。

●…………提供のための体制

図書館の情報資源は利用者に提供されてこそ，その使命が全うされる。たとえ保存を主眼とする図書館であっても，提供をまったく考えないで組織することはありえない。目録作業・分類作業・書誌データのコントロールという情報資源組織の業務の成果は，ここに集約されると考えるべきであろう。

利用者の視点に立った目録がつくられ，利用者にとって理解しやすい分類記号が与えられ，それにそって書架上の位置が設定されているならば，提供のための基本的体制はできあがったということができる。次に整備される必要のある体制は，利用者に対して，情報資源組織の結果をどのように利用すれば図書館側が意図している情報資源利用に沿うのかをアピールすることであろう。直接的に目録作業・分類作業にかかわるものではないが，それらの作業結果を有効に利用するための技術を理解してもらうための方策を確立することである。利用者の検索性向に添えるような目録作業・分類作業を展開することが期待される。

目録利用ガイダンス

さらに，情報資源組織を，図書館内部の作業にとどめておくことなく，目録利用案内や，目録利用方法についての広報・周知といった行動を積み重ね，形成された書誌データが利用者の目的である資源等の発見・利用・活用に効果があることを宣伝し，それらの成果との連動を図ることを目標として利用者ガイダンスを実施することが必要だろう。当然のことであるが，目録カードを繰り込む作業や，コンピュータ目録でのデータ排列といった目録編成段階で，利用者の検索が成功するように，適切なアクセス・ポイント（標目）を設定するとともに，多くの参照データを作成することも，これらの体制づくりに役立つ。

●…………**廃棄処理**

廃棄処理は，先に述べた選択作業の裏返しと把握することができる。利用頻度が高かったがゆえに物理的に利用に耐えなくなる情報資源，国レベルでコントロールされた書誌データを見ることによって得られた新版の情報，学問の進展を背景としてすでに時代遅れとされる内容の情報資源，一時的なブームが去り今後は利用が期待されなくなってしまった情報資源，これらが廃棄処理の対象となる情報資源である。

「情報資源の選択」と「廃棄」の関係

物理的に壊れてしまった情報資源とブームの去った情報資源を除くと，情報資源を廃棄処理の対象とするためには，詳しい情報資源についての情報が目録作業・分類作業を通じて把握できる状態になっている必要があるだろう。例をあげるならば，『日本目録規則　2018年版』の「版表示」について「2.3.1.2　記録の方法　任意省略」を適用して「初版」の記入を省略してしまうと，廃棄処理作業を進める際に「版の違い」を現物と照らし合わせて内容を確認することが必要となってくるかもしれない。

初版

以上，見てきたように，図書館で利用者の目に直接触れない形で遂行されている大部分の作業もまた情報資源組織という作業と密接に関連している。情報資源組織を共通の土台として図書館の各パートの運営内容が互いに関連づけられ，一体となって利用者の効率的な情報資源利用を裏づける構造が成立している。

UNIT 4

◉情報資源組織の意義

多様化するメディアと情報資源組織業務

情報の伝達媒体は，科学技術の発展に伴って次々と新しいものが登場している。新しいものは，それなりに技術が凝らされ，それらを利用する人たちも増加していくなかで，図書館の所蔵・提供する媒体にすることが求められるようになる。

●…………多様化するメディア

どのようなものが図書館で扱われるようになっているかを，馬場俊明編著『図書館情報資源概論　新訂版』(JLA 図書館情報学テキストシリーズⅢ：8，日本図書館協会，2018) から取り出してみよう。

情報資源の内容区分

内容面	主題別（哲学，歴史，社会科学，自然科学，芸術，文学など）
	利用目的別（一次資料，二次資料など）
	地域性別（官庁資料，地方行政資料，郷土資料など）
	言語別（和漢書，洋書など）
物理的形態	記録材料別（紙，紙以外の資料）
	記録形態別（図書，図書以外の資料）
	刊行形式別（紙媒体，電子媒体）
	表現形式別（文字系，非文字系資料）

情報資源の物理的形態

さらに，国立国会図書館関西館や奈良県立図書情報館をはじめ多くの図書館のように,「情報」を提供することをサービス形態にうたっている館においては，物理的形態を伴わないメディア（ネットワーク情報資源（『日本目録規則　2018 年版』では「オンライン資料」という）など）が利用に供されている。

多様なメディア

図書館で扱うメディアは，情報記録媒体の技術的展開にそって，次々と広がってきている。そのことが「情報資源組織業務」とどうかかわりをもつのであろうか。

●…………「著作」としては同じ

すでに述べたように，情報資源組織業務は，利用者に対して図書館が提供できる資料・情報を明らかにし，また，それらへの効率的なアクセスを保障するための作業である。この趣旨からすると，伝達媒体・記録媒体によって左右されるものではないことは明らかである。

情報を伝えたいという意思をもった著者等は実体としての「著作」を形成する。そのうえで，その意思をもっとも的確に反映できる伝達媒体と記録媒体を選択する。そして選択された結果を背景として「表現形」，「体現形」，「個別資料」が成立する。ここで「　」にくるんで提示した4つは，『日本目録規則　2018年版』で取り入れた『書誌レコードの機能要件』（FRBR）等の概念モデルで，階層的な4実体（第1グループの実体）である。

第1グループの実体

図書館は，それらを利用者に提供できるように「組織化」するという役割をもつ。組織化は，伝達媒体・記録媒体がどのようなものであっても「同じレベル」で分類し（外国語による情報資源は，データの把握が難しいからといって詳細に分析しないということがあってはならない），同じレベルの書誌データを記録することが期待されている。分類を，物理的形態を重視して行うのではなく，「主題によって実施する」と設定したときは伝達媒体・記録媒体に左右されなくなる。「目録」においても同様である。目録記述のデータとして「伝達媒体・記録媒体」がどのようなものであるかを明示し，それらに対応できる機器・機材を準備するサービス態勢が整えられるならば，利用者は，その個人的能力にもとづいて自ら選択し利用することになる。『日本目録規則　2018年版』では，こうした流れに対応して，「キャリア」に関する情報をすべての情報資源について記録し，情報資源のすべてを把握できるようにすることを目指している。

伝達媒体と記録媒体

キャリアの情報

●…………電子化情報と情報資源組織

科学技術の発展に伴って図書館の所蔵する媒体の種類が急速に広がっていることを指摘した。ここでは，最近になって図書館資料として取り上げざるをえなくなってきている「電子化情報」について組織化のあり方を述べる。

●…………パッケージ系メディア

パッケージ系のメディアを『日本目録規則　1987年版改訂3版』においては，アクセスの方法として「ローカルアクセス」と位置づけている。利用者自身が，光ディスク等の媒体（キャリア）をコンピュータの周辺装置に挿入することで利用可能となるシステムを指している。なお，『日本目録規則　2018年版』では，「ローカルアクセス」も，通信回線等を利用する「リモートアクセス」も，規則そのものから消えており，「用語解説」のみとなっている。

ローカルアクセス

リモートアクセス

物理的な媒体としては，CD-ROM（音楽用CDも含む），DVD，フロッピーディスク（FD），ブルーレイディスクなどが日常的なものである。FDからCDあるいはDVDが主流となった背景は，収納できるデータ量が大きいこと，利用のための機器類の低廉化，利用にあたって必要とされるソフトウェア等の技術が親しみやすいものとなってきたことである。

収納できるデータ量が多いことは，文字情報，画像情報，音声情報といった各種の情報を同時に扱うことを可能とし，いわゆる「マルチメディア化」が進行して，情報伝達機能を飛躍的に高めている。1枚のディスクへのデータ集積量が多くなると，それらを適切に使いこなすために，含まれている個々の情報を明確に区別できる機能を備えることが必要となってくる。この機能は，図書館が培ってきた「情報資源組織化技術」を応用することが求められるだろう。『日本目録規則　2018年版』による書誌データの記録は，こうしたことに対応できるものとなっている。

マルチメディア化

○特定資料種別，機器とオペレーティング・システム（OS）

『日本目録規則　1987年版改訂3版』「第9章　電子資料」の「形態に関する事項」（9.5）を見ると，パッケージ系の電子資料にかかわる特定資料種別が2つのレベルであげられている。「第1レベル：磁気ディスク」には，3つの第2レベルの資料種別があり，それぞれ異なった機器を必要としている。「第1レベル：光ディスク」では8つの第2レベルの種別があげられている。そのなかの一つである「DVD」についてパソコン関係の資料を見ると，記憶容量や書き換えタイプによって7つに分類され，同様である。機器のなかには2つ以上のタイプに対応できるものもあるが，利用者にこれらのディスクを提供するときには，利用可能性について事前に判明していることが求められるだろう。

電子機器

オペレーティング・システム（OS）は，『日本目録規則　1987年版改訂3版』では「注記に関する事項」とされ，「9.7.3.0 ウ）」の「システム要件」として記録することになっている。利用者に提供する書誌データの一部として確実に記録しなければならない条項であろうが，「注記」の位置にしか記述できない。果たして，利用者は理解し，読み取ってくれるであろうか。

オペレーティング・システム

OSに関してはバージョンを問われることも多い。『日本目録規則　2018年版』では，他の書誌データと同様に「装置・システム要件」として記述することになっており，データとしての重要性が意識されている。

○分出の機能

音楽用CDは，1枚に70分以上の音楽を収録できる。多くの楽曲は，この時間数を満たすだけの時間に達していないので，1枚に複数の曲を収録するのが当たり前となっている。演歌やポップス曲になると20曲近くを収録している。1枚のCDのタイトルとして与えられるものは，ほんの一部の曲名であることが多い。

対応するためには，目録作成における「分出」機能を存分に利用することが求められる。分出をすれば，それぞれに対応して作曲者・演奏者等の責任表示も数多く

分出機能

なってくる。目録として記録すべき情報量は，たちまち巨大なものとなり，それらの情報管理のためのシステムへの負荷も大きくなる。この機能を『日本目録規則 2018年版』では，「分析的記述」によって実現しようとしている（1.5.2.2）。 分析的記述

●…………ネットワーク情報資源（オンライン資料）

ネットワーク情報資源は，他の資料・情報とは根本的に異なったものである。すなわち，図書館が「所蔵する」ことのない情報資源であり，リモートアクセスによって利用が図られるものである。このような資源についても『日本目録規則 1987年版改訂3版』および『日本目録規則　2018年版』では扱うこととしている。情報を収録した媒体（キャリア）は，図書館およびその利用者の手元には存在せず，ネットワークを介してのみ利用可能な遠隔にある大規模記憶装置やハードディスクに格納されている。必要に応じてネットワークに接続し，情報格納者の機器にアクセスし，必要な部分のみについて提供を受ける。図書館は，こうした利用を希望する利用者に対して，通信機能をもった機器の提供と，若干の利用上のサポートを提供することになる。なお，『日本目録規則　2018年版』では「オンライン資料」とされ，すべて「刊行物とみなし」(2.5.0.1)，「機器種別」としての「コンピュータ」を利用する情報資源と規定された。

リモートアクセス

オンライン資料

○記述する情報

リモートアクセスが可能な情報資源は，すでに「刊行物」（すなわち「著作」）として成立していると見なす。

情報源は「内部情報源」のみであり，当該情報そのものを開いて見ないと把握できないものである。記録すべき事項は，タイトル画面やメニュー画面から把握するほか，「Read me ファイル」などからも入手できる。 Read me ファイル

次のような事項は，記録しない。

　形態に関する事項

　更新が随時に実施される場合は，版に関する事項

情報資源の存在する場所等を示すURL（Uniform Resource Locator）と，利用にあたって必要とされる環境情報として「利用権を示すIDの要否」と「利用権を確認するパスワードの要否」を，必ず記述しなければならない。 URL

書誌データを作成した時期を示すために，『日本目録規則　2018年版』では最新の「アクセス日付」を記録するとされている。「時刻」の表示は不要となっている。 アクセス日付

　例：最終アクセス：2015年6月10日

　　　閲覧日：2014年11月5日

UNIT 5

◉情報資源組織の意義

情報資源へのアクセスと情報資源組織

●…………情報資源組織の目標は「アクセス」の確保

図書館サービスは，利用者からの情報資源に対する要求・アクセスが存在してはじめて成立する。利用者からの要求・アクセスがどのように顕在化するかを検討し，その過程において情報資源組織がどう反映されるかを考えるのが課題である。

●…………利用者の情報資源アクセスの実態――開架方式

開架方式

現代の図書館では，通常，開架方式が採用されている。利用者が情報資源の置かれている書架や棚に直接アクセスして，情報資源の適否をその場で判断しながら，求める情報資源を探すことができる。利用者の自主的判断に基づき，また図書館員を介在しない形で情報資源探索が進められるのが当然の形態となっている。情報資源そのものが貴重であった時代，図書館の利用が住民の権利であると認識されていない時代，図書館員の介在なくして情報資源利用を許そうとしなかった時代においては考えることのできなかった情報資源の提示方式ということができる。

けれども，この方式が十分に機能するためには，いくつかの条件が整えられていなければならない。

●…………情報資源へのアクセスと分類

書架上の分類

利用者が情報資源を探索する行動について図書館側が明確に把握して，それに対応できる形で，開架位置を容易に見つけることができるように設定されている必要がある。このことは，同じ情報資源でも，利用者の意識によっては異なった位置にあると判断される場合には，それぞれに対応できるよう書架の上で工夫・整備されていることが求められる。たとえば，出版社シリーズといってもよいような新書・文庫といったものがあるだろう。ある利用者は，個々の図書のタイトルで探そうとするだろうし，著者で探す場合もある。別の利用者はシリーズの名前でもって探し始めることもあるだろう。いずれの場合にも求める情報資源が，その図書館にあることが判明しなければならない。なんらかの方法で求める資料の書架上の位置を把握できる方策が講じられるべきである。

利用者のすべてが，求める情報資源をタイトルや著者という形で特定して図書館にやってくるわけではない。「なにか，いい本な〜い？」とやってくる利用者も多い。また「どんな資料でもよいから，○○に関する本を見たい」という要求も増えてきている。前者に対しては，読書案内といったサービスが対応することとなるだろうが，後者は，情報資源組織の能力を問われることとなる。「○○」が，図書館の準備している主題に対応している場合は，それなりの対応が可能であるが，適切な対応ができていないときには，利用者のもってきた「○○」を読み替えたり，概念を広げ，あるいは狭め，さらには調査をする必要が生まれてくる。社会が変化し，話題となるテーマが次々と生まれ，学問・研究が展開するなかで，こうしたことは当然発生することであり，図書館は，そうした環境の変化に対応できる準備を常に心がけることが期待されている。

利用者要求を読み取る

このような準備が適切に行われているときには，利用者の認識を新たにさせる場合もある。概念の把握を深めたり，類縁主題を提示できることもある。このためには図書館は研ぎ澄まされた感覚で社会状況や時代を把握し，対応できる能力を備えていなければならない。

図書館に設定されたコーナーとして，児童コーナー，参考資料コーナー，大型本コーナー，外国書コーナーなどがある。こうしたコーナーは，情報資源のもつ利用対象，利用目的，外形，文字情報の違いなどから区分けをし，別の場所に置いてきたものである。これらの区分けも情報資源管理を主たる目的とした情報資源組織の一つの現れであるが，決してすべての利用者が理解できるものではないだろう。通読する性質のものではないとの理由からコーナーを成立させてきたレファレンス資料でさえ，複本を備え積極的に貸出に応じる図書館も増えている。利用者の情報資源に対する態度の変化から，情報資源組織の方式をも再検討しなければならない時代となっている。

利用者に対応するコーナー

情報資源の外形に対応するコーナー

●…………情報資源へのアクセスと目録

これまで述べてきたところは，情報資源そのものが図書館に存在し，貸出中あるいは他の利用者が閲覧中でないことが前提となっている。「貸出中あるいは他の利用者が閲覧中」という状況は，書架または所定の棚から情報資源そのものがどこかに移動しているのであるから，それらにアクセスしたいと考える利用者が発見できるわけはない。

存在しないものへのアクセス

それ以外にも，利用者の情報資源へのアクセスを困難にしている要因としていくつかの事柄を述べておかなければならない。複数の主題を扱っている情報資源について，主題の数だけ「複本」を用意して対応ができる図書館はありえないだろう。媒体別のコーナーや，新書・文庫コーナーなどが設置されている図書館では，同じ主題の情報資源が館内の複数の場所・位置に分散していることになる。

複数主題をもつ情報資源

「貸出中あるいは他の利用者が閲覧中」という状況，複数の主題を扱っている情報資源，複数のアクセス希望者，予約の処理，複数の場所・位置に分散していることに対応する情報資源組織は，目録の作成・編成である。

アクセスの保障と目録

目録の作成・編成は，「いかにして情報資源へのアクセスを保障するか」という視点から展開されるようになった。目録に記述される情報の多くは，情報資源そのものから取り出される。したがって目録記述の精粗のレベルを同一とする図書館間においては違いは存在しないであろう。けれども，情報資源へのアクセスとの関係においては異なったものとなる可能性がある。情報資源にアクセスするための検索キーをどのように設定し，またそこに至るガイダンスとしての機能をもつキーをどれだけ付加するかは，それぞれの図書館が利用者の利用傾向を勘案しながら設定できるものであり，同一の情報資源に対して図書館によって異なった結果が生まれてくる。

●…………情報資源へのアクセスと書誌コントロール

最後に，UNIT 6 以下で詳しく述べる予定の書誌コントロールと，情報資源へのアクセスの関係を考えてみよう。

書誌コントロール

図書館の書架の前に立つ以前に，求める情報資源についてなんらかの情報を得てきた利用者は，どこかのコントロールされた書誌データに基づいて探しにきた場合が多いだろう。テーマから情報資源を探そうとする利用者が，まずそれぞれの図書館に備えられた目録を検索し，その館の所蔵する情報資源の全体についての知識をもって書架にあたろうとする場合もずいぶん増えている。効率的な図書館の利用方法が周知されるようになった結果であろう。この検索で利用者が得た書誌データは，それぞれの図書館のレベルでコントロールされた書誌データということになる。

さらに，利用者がレファレンス資料類の充実している都道府県立図書館をまず訪ねて，そこで相当程度の調査を経たうえで，それぞれ最寄りの市町村の図書館にやってくる例も多い。最寄りの図書館の所蔵情報をあらかじめ入手しての来館というわけである。こうした場合の利用者がもっている書誌データは，当該都道府県立図書館の所在する地域レベルでコントロールされたものとみなすことができる。

コントロールされた書誌

書誌へのアクセスが，このようなコントロールされた書誌をもとに行われるようになると，情報資源への到達度は非常に高いものとなる。

◉——option A

情報資源アクセスにおける目録

ここに架空の資料「島原半島における火山と地震活動について」を想定して，例示を試みることとする。

この資料がもっぱら対象とする事象は，1990年11月17日の土砂混じりの水蒸気噴出から始まり，1995年2月半ばまで続く火山活動と，それに伴う地震やその被害であるが，島原半島の生成からそこで発生した火山現象や地震活動，さらにはそれらと人間の関係などを取り扱っているものとする。

資料の主たるテーマは「火山」と「地震」であり『日本十進分類法　新訂10版』では「453」に分類し，書架上での排架が行われる。同じ書架には「阪神・淡路大震災」,「東日本大震災」の資料も「ラバウル・カルデラの噴火」に関する報告書も並べられている。けれども九州・長崎県にある図書館では，この資料を「郷土資料／地域資料」として扱い,「090/099」を独自の考えで展開して与えたり，別置記号，たとえば“L”（Localの略）などをつけて郷土資料コーナーに置くことも考えられる。九州・長崎県に所在しない図書館が，対象となっている事象に通じるものとして地理上の名称をとらえ,「291.93」または「219.3」を与えることもできる。情報資源に対するアクセスを，どのような観点から利用者が行うであろうかを考慮し，それぞれに対応できるよう複数の分類を与えることが必要となる。書架上での排架として考えられるものをあげてきたが，ここに例示した分類記号は,「郷土資料／地域資料」として扱ったときの独自展開や別置方法を除いて，そのまま重出させて，いずれの図書館においても分類目録で検索できるようにしてほしいところである。

作成・編成された目録は,「貸出中あるいは他の利用者が利用中」のため書架上に情報資源を発見することができなかった利用者への対応ともなる。ただし，こうしたことが対応として評価されるためには，目録の検索を勧める図書館員による適切なガイダンスや,「効率的な図書館利用を行うには目録を使いこなすことが重要である」との利用者に対するサポートを日常的に行っていることが必要である。

同時に複数の利用者が存在するときや，情報資源に対する予約を行う場合も，目録上において利用者自身が発見できる手段を準備しておかなければならない。雲仙普賢岳の火砕流を扱ったビデオテープがあるならば，目録のなかでその存在を知ることができるようにしてほしい。視聴覚資料のもつメディアとしての特性に着目するならば，図書館の情報資源全体を統合的に活用できる目録の効用に気づくだろう。

UNIT 6

◉書誌コントロール

書誌コントロールの定義

●…………書誌コントロールと現代社会

「書誌コントロール」ということばの英語形は bibliographic control であり，1940 年代にアメリカ合衆国で初めて用いられた（根本彰著『文献世界の構造：書誌コントロール論序説』勁草書房，1998）。日本に紹介されたのは日本図書館協会編『図書館ハンドブック』増訂版（日本図書館協会，1960）で「文献活動・文献行政・書誌調整など」とされた。ここでいう「書誌」とは「文献を記述すること」を意味し，単に完成した書誌・目録・索引といった文献記述の集合体を表すだけでなく，それらの形成過程の総体を含んだ大きな概念と考える必要がある。まず，この場合，「文献」を「筆録または印刷されたもの」と限定してはならない。なんらかの意図をもって伝達することを目的として作成された「記録」と，「口伝え」をも含むものと理解することが必要である。『日本目録規則　2018 年版』における「著作」をベースとして生産される「体現形」および「表現形」と考えてよいだろう。

文献記述

文献記述の集合体

著作と表現形

文献記述の集合体を利用することで，文献をはじめとする文化活動の成果が生産され，出版などという形態を備えて流通が行われる。その出版物が再び文献記述の集合体に吸収・記述され，利用という局面で消費が進行する。

文献記述の消費

書誌コントロールの目的

●…………書誌コントロールの目的

人間の文化活動のあらゆる局面にかかわりがあるとした書誌コントロールは，文献記述の集合体およびそこに見出すことのできる多くの情報資源を，適切な時期に，適切な形でもって，もっともふさわしい内容をもったものを提供できるようにすることが目的とされなければならない。こうした条件は図書館におけるサービス一般に求められる要件と同じである。

けれども，ここに述べた提供は，図書館だけが独占的に果たしているものではない。博物館などの生涯学習支援機関，出版流通に携わる企業や組織，各種の情報をサービスする機関などが同じように提供を企図し，そして多くの情報に携わる個人などが図書館との協働を進めようとしている。また，文化活動を進めようとする人々は，こうしたサービスを受けることが「図書館においても可能である」との程度の認識で接していると判断した方がよいと思われる。図書館は一つの選択肢にすぎない。インターネット全盛の時代に入り，コンピュータと通信回線さえ確保すれば，世界中の情報サービス機関と自由に交信し，求める情報資源を探索できるようになると，図書館だけが提供できるという考えに安住することは許されない。

インターネット全盛の時代

このように考えると，書誌コントロールの目的は，さらに広がった世界での視点を持ち込むことになる。文献記述の集合体を形成するという行為は，必ずしも背景に文献集合をもたなくても可能である。インターネットの世界では「リンクを張る」という表現で，他の情報サービス機関のデータへのアクセスを図っているが，これらは，背景に文献集合をもっていないという状況そのものである。また，それぞれの情報サービス機関やコンピュータの管理機関において随時に実施するデータの更新が，機関・組織によって時差が存在することからデータそのものの信頼性を低下させる場合もあることに注意しておく必要があるだろう。誤りをもった文献記述の集合体を利用した文化活動は，その誤りを拡大・増幅させる可能性を有している。書誌コントロールは，このようなことがないように機能させる必要がある。

文献集合をもたない情報サービス機関

コントロールには「制御」という意味のほかに，「調整」とか「管理」という意味も含まれる。またコントロールの対象と具体的事象を十分考える必要がある。単に文献記述の集合体というだけでなく，記述に含まれている個々のデータも制御・調整・管理の対象と把握しなければならない。すなわち，文献記述の集合体の背景となっている個別文献あるいは情報資源（『日本目録規則　2018 年版』にいう「第 1 グループの実体」である）をも把握することが求められる。けれども，内容の評価をもとに制限を加えるものであってはならない。

書誌コントロールの対象

第 1 グループの実体

●…………書誌コントロールの内容

書誌コントロールの内容

人間の文化活動の所産である各種の情報資源を余すところなく文献記述において表現できることが書誌コントロールの基本である。また文献記述が，他の文献記述と比較されて同一であるか否か判定する際に十分役立つことが求められる。このためには目録記述法の統一ということが必要になってくる。

文献記述の集合体（目録）を作成する機関が，それぞれ個別に目録記述法を制定し，個々の判断のみでそれぞれ文献記述を作成しているならば，対象となっている情報資源が同一か否かの判定を下す道具としては役に立たない。

文献記述の集合体としてあげられるものには，国のレベルで作成される全国書誌，それぞれが情報資源を所蔵する複数の機関によって合同して作成される総合目録，情報資源そのものについての内容および価値について評価を含めてはいるが一貫した視点で編集される各種の主題別書誌，それらの情報資源への多くの利用可能性を案内する索引類・抄録などがある。これらの道具を作成するのに必要となる目録記述法が統一されていなければ，ある一つの情報資源に関する文献記述の集合体のな

目録記述法の統一

かで，それとは異なるものとして重複して出現する可能性を避けることはできない。この統一が書誌コントロールの最初にあげられる内容である。

こうした調整は，個別の提供システムである図書館等の努力で相当程度までは進むであろうが，行政の一環として形成されるよう推進しなければならない。協力組織をつくり出していく行政的課題と把握すべきである。

書誌コントロールの機能

●…………書誌コントロールの機能

書誌コントロールには，次のような機能がある。

(1) 情報資源の存在の同定

情報資源（物理的形態をもつものだけでなく，その中に含まれるものも，ネットワークから提供されるものも含む）を同定・識別し，入手可能とする機能。存在そのものは，出版情報や，書評・レビュー，主題別書誌リストなどの手段で提供され認知される。

(2) 情報資源の把握

書誌コントロール機関が，コントロール対象とする情報資源を把握する機能。図書館では，蔵書として「収集対象」と認識することと，書誌を所蔵の有無にかかわらず作成する場合の「収録」対象とすることの双方が相当する。

(3) 情報資源のリストの作成

目録規則等の規程にそって，情報資源のリストを作成する機能。

目録の作成・編成と書誌リストの作成などがあたる。

(4) 情報資源への高度なアクセスの提供

情報資源について，そこに記述・記録されているデータのみを提供するのではなく，より高度なアクセスのための手段を付加して提供する機能。検索のためのデータとなる標目などの付与，主題分析，典拠コントロールなどである。

(5) 情報資源の所在の指示と提供

情報資源の入手方法に関する情報，また情報資源自体を提供する機能。

図書館においては所蔵・所在情報を示し，資料そのものを提供する行為に相当する。

書誌コントロールの実施主体

●…………書誌コントロールの実施主体

書誌コントロールの内容としては，単位組織でのコントロールも忘れてはならない。個々の図書館は，まず自らが所蔵する情報資源についての正確な文献記述を作成する必要がある。この文献記述は，対象となる情報資源を所蔵しているのであるから詳細なものにできるし，内容的分析も詳しく行うことが可能である。国レベルで作成される書誌は，対象としている情報資源から機械的に把握できるものを中心につくられる傾向があることは，ある程度やむをえないだろう。扱う量の多寡によって分析的手法をとることができない場合がある。

●…………単位レベルの書誌コントロール

書誌コントロールの単位

書誌コントロールを実施する主体のレベルには，単位レベルと複合レベルがあり，前者は個々の図書館があたり，後者は国内レベルと国際レベルに分けられる。

書誌コントロールを実施する対象となる情報資源は，これらのコントロール実施主体のレベルに共通するものである。コントロールの実施主体が対象とする情報資源を設定し，それらに対して文献記述を行うわけである。

単位レベルの書誌コントロール

単位レベルでは，一つの図書館あるいは書誌情報サービス機関における，その組織内での文献記述と提供のための情報管理を意味し，記述の単位もその機関・組織としての目的によって任意に設定できるであろう。1冊の雑誌を「雑誌のタイトルレベル」で把握しても，物理的存在として「個別の号」でとらえても，さらには「掲載されている記事・論文」を単位として記述しても，コントロールの及ぶ範囲が個別図書館あるいは情報サービス機関内でとどまる限りは，なんら影響を及ぼすものではない。単位レベルでのコントロールを考える範囲では，書誌コントロールの対象とする情報資源の多寡に気を配る必要はない。

単位レベルでの書誌コントロールの作業で求められるのは，文献記述の対象とされる情報資源の網羅的収集への意欲と，記述上における正確さということであろう。特に当該単位レベルとして特色をもとうとすればするほど，形成された書誌データ群を利用する人たちから，こうした要求は強く出されるということを心得たい。

●…………複合レベルの書誌コントロール

一つの図書館あるいは情報サービス機関の範囲で完結する文献記述と情報管理の範囲を越えて，複数の機関等で実施される書誌コントロールを「複合レベルの書誌コントロール」という。これの実現のためには，コントロールに参加する各機関がそれぞれの範囲で厳密な整合性を確保していなければならない。

複合レベルの書誌コントロール

さらに，参加する各機関の合意のもとに実施する作業のための基準ないしはマニュアルが明確にされている必要がある。そうした基準ないしはマニュアルに規定しておくことが求められる条項は，書誌コントロールの対象の把握方法であり，文献記述方法についてである。

複合レベルの書誌コントロールは，地域規模，一国単位での規模，さらには国際的な規模という形で設定されるものであり，それぞれにおいて対象の把握方法や，文献記述方法の基準，あるいはマニュアルが明示されることになる。

合意された記述の基準とマニュアル

UNIT 7

◉書誌コントロール

書誌コントロールの対象

●…………書誌コントロールの対象となる媒体

書誌コントロールは,「文献記述の集合体」に対して実施される制御・調整・管理であり,記述の対象となる「文献」が対象となる。

「文献」の定義

では「文献」とは何か。『広辞苑』第7版(岩波書店, 2018)によれば2つの定義がある。「書き取られたものと賢者が記憶しているもの。書き伝えと言い伝え。記録と口碑」,「筆録または印刷された文書・書物」(なお,『広辞苑』第5版(岩波書店, 1998)にあった「ある研究題目についての参考論文の書誌」は削除されている)である。『学研国語大辞典』(第2版,金田一春彦・池田弥三郎編,学習研究社, 1998)では類語として「資料」が掲げられている。やや古くなるが『国語学辞典』(国語学会編,東京堂出版, 1955)では「文字で書き残され,文化的事象の研究に役立つ資料の総称」とし,「文字」から離れられない定義をもっている。情報そのものの媒体としては「文字」となるであろうが,文字を記録する媒体としては碑文,メモ,写本,印刷物など幅広くとらえることができるようである。『広辞苑』のいう「賢者が記憶しているもの」は,目に見えるものとして把握することは困難である。それらまでも「文献」ということばに包摂されることは注目しておいてよいだろう。これらは『日本目録規則 2018年版』にいう第1グループの「実体」そのものである。

「言い伝え」を記録する媒体としては,文字として書き残す筆録・口述記録のほかに,言い伝えそのままで記録する各種の録音媒体がある。往時は記憶力の発達した個人を記録の媒体として「語り部」といった職人も成立したが,現代においては録音テープ,録音ディスク,音声レコーダー,CD,MD(もう市場からなくなった)といったものが主流となっている。記録の方法もアナログ方式からデジタル方式に重点が移り,コンピュータを利用した記録へと変化している。

各種のメディア

さらに映像との合体で映画フィルム,ビデオテープ,DVD,ブルーレイディスクなどマルチメディア化が進んでいる。

物理的存在

これまでに述べた記録媒体は,利用者の目の前に提示することのできる物理的存在を伴っていた。しかしコンピュータと通信技術との有機的結合は,インターネットでつながった目の前に存在しない「記録」をも自由に利用できる情報環境を人間にもたらしている。

現代の図書館における情報資源のサービスは，図書以外のさまざまな形態のメディアを利用して実現されており，「書誌」なることばの「書」にとらわれて文字・図書といった狭い範囲で考える時代ではなくなっているというべきである。 「書」の終わり

●…………記述の単位

記述の対象は，あらゆるメディアを含むものとしてとらえるが，ここでは便宜上「文献」とまとめて呼ぶこととする。文献記述の単位は書誌コントロールの目的にそっていくつかの段階に区分することが可能である。 文献記述の単位

もっともありふれた図書・雑誌を例に考えてみよう。

1冊の図書は，一つの著作のみで成立するとは限らない。小説などの芸術的作品の多くは一つの著作で成立するであろうが，「文化的事象の研究に役立つ」図書は，ほとんどの場合，数多くの小さな部分の集合として成り立っている。一つの著作のような体裁をとりながら，子細に見ると，過去において学会雑誌等の数か所に発表してきたものを前後の整合性を生み出すように改稿してとりまとめたものも多い。学会雑誌等の論文においては，情報資源としてのまとまりは1論文で1著作ということができる。

しかしながら，図書においても雑誌においても，章に分け，節に分けて述べている事柄については，それぞれ独立した資料として成立する。視点を変えて，利用するという立場から見るならば，小節や段落も一つの単位として把握することができるだろう。さらに句点を含む一文すらも単位として成立すると考えることができる。句点と句点の間に表現されたいくつかの単語によって構成される一文の一部すら記述の単位として把握されていることは，多くの「文献引用」の実際が示しているところである。けれども，単語のみによって情報が形成されることは非常に稀である。文字を情報の記録媒体として利用する図書においては，最小の記述単位は「文」とすることができるだろう。文献記述の対象としての「文」を的確に参照できるように記録することが書誌の役割である。 書誌の役割

たしかに最小の記述単位は「文」であるが，これを利用する立場から見ると，そのような最小単位に直接アクセスする環境は，全文データベースやコンコーダンスの検索以外は実現していない。より上位の単位である段落・小節・節・章としてとりまとめ，そこでの固有の情報に対してなんらかの操作を加え，アクセス手段を構成したうえで，それらの「全体としての文献記述」を行うのが通例である。本テキストシリーズの「欄外事項」は，こうした機能をも備えている。コントロールの対象としての書誌の役割は，著作のそれぞれの部分に着目すると同時に，それらを含む物理的存在をもつ全体について正確に客観性をもって記述することによって果た 記述の単位

される。

情報を物理的に固着した媒体である図書や雑誌においては，各著作のなかにある小さな部分に着目することが可能である。そこでは時間の相を越えることができ，利用する側の能力に応じて緩急自在に情報を取り出すことができる。

文献記述の対象

視聴覚資料としてとらえられる録音テープ，映画フィルム，ビデオテープ，CD等においては，それぞれの資料媒体の仕様として設定されている時間の上限を越えることができない。複数の楽曲が含まれていることもあれば，オムニバス形式で語られる映像もある。それぞれの曲・作品は，図書や雑誌における小さな部分と同じレベルで把握することができるものである。それらも文献記述の対象として独立しているとみなさなければならない。

スライド，写真，一枚ものの地図等は，各1枚が文献記述の対象とされる。その上でセットとして成立する主題をもったスライド集，地図帳なども対象として考慮することが求められる。あるいは箱などに入れられたセットものも考慮しなければならない。

コンピュータを利用することでデータとして提示が可能なファイル類に至っては，さらに異なった扱いが必要となる。プリントアウトなど利用のためのソフトウェアが準備されているならば，時間の相を越えた利用が可能である。求めるデータの存在場所は目による確認はできず，必ずディスプレイに表示するかプリントとして紙の媒体に固着することが必要となる。これらの文献記述は，図書や雑誌とは異なった方法で考えざるをえないだろう。

文献記述の方法

データの消滅

コンピュータのネットワーク上を飛び交うデータについては，文献記述の方法について論議が深まりつつある。利用の時点で存在したデータが数時間後にはなくなったり，内容を変えているといったことがしばしば発生する。このことはSNS上の文章やFacebookの実際を見れば了解されるだろう。文献記述として記録したとしても，その安定性は非常に脆いのがこれらのデータである。記録の単位にしても，コンピュータファイルと同様に扱う考え方と，データに責任をもつサイトとの関連を明示した形での処理とがありうる。データの消滅・改変という状況を配慮するならば，データとして把握した時点において何をおいてもプリントアウトし，紙のうえに固定する以外に，そのデータの存在そのものを証明することも不可能という認識をもたなければならない。

UNIT 8

◉書誌コントロール

国際レベルの書誌コントロール

●…………歴史

1545年にゲスナー（Konrad Gesner）が，世界書誌（Bibliotheca Universalis）を編纂した。これはラテン語・ギリシャ語・ヘブライ語の著作を集めた書誌であり，もっとも早い国際レベルでの書誌コントロールの試みだといえるだろう。

ゲスナーの「世界書誌」

国際レベルにおける書誌コントロールを目指す動きは，19世紀から始まっている。英国王立協会は，国際的な範囲で雑誌論文を対象として書誌コントロールを図る目的で1867年から *Catalogue of Scientific Papers* の刊行を始める。実際は19世紀の文献を対象として，数学・機械工学等の科学技術分野について刊行された。

英国王立協会

1895年にオトレ（Paul Otlet）とラ・フォンテーヌ（Henri La Fontaine）が中心になって設立した国際書誌協会（Institut International de Bibliographie）は，15世紀以来の雑誌論文をも含む全世界の印刷物を記録しようとしたものであった。当時の書誌コントロールはカードを使用して行われていたが，この計画は1000万枚を超えるものとなり，その維持管理が困難となり，1930年代に挫折してしまった。

P. オトレ

H. ラ・フォンテーヌ

国際書誌協会

●…………国際レベルの書誌コントロール実現の要件

これらの経験は国際レベルの書誌コントロールを実現していくための教訓を残した。すなわち，一個人や一組織が独自で書誌をコントロールするということは不可能であり，なんらかの社会的装置を必要とすることである。また，作成される書誌が有効に機能するためには，そこに収録された資料そのものを提供できる体制を備えなければならないということであった。あと一つ付け加えることとして，書誌そのものの信頼性と整合性を確保するための方策の必要性である。

社会的装置としての書誌コントロール

国内レベルでの書誌コントロール機関の設立と堅実な運営，それらの機関の国際的協力組織を形成することで実現される国際分業体制による書誌コントロール，収録される書誌情報の品質確保のための国際的に統一された目録規則の存在が，国際レベルでの書誌コントロールに不可欠のものと認識されてくる。

国際分業体制

1950年に開催されたUNESCOの「書誌サービス改善に関する国際会議」は，国内書誌コントロールの機関の設立と，そこでの「全国書誌」（国内レベルでの書誌コントロールの成果として成立する）の整備を勧告している。国際的協力組織とし

UNESCOの国際会議

ては，国際連盟傘下の国際知的協力委員会（International Committee on Intellectual Cooperation，1922年設立）や，国際図書館連盟（IFLA：International Federation of Library Associations and Institutions，1927年設立，1976年までは「国際図書館協会連盟」と呼ばれた）などがあげられ，いずれも資料・情報の所蔵と提供サービスを国際的に協力していく方針をもっている。

国際的書誌コントロール
パリ原則

国際的に統一された目録規則の作成は，国際図書館連盟主催で開かれた1961年の目録原則国際会議で具体化が図られる。いわゆる「パリ原則」が採択され，これをもとに各国は目録規則を再検討することとなったほか，文献記述の国際的標準化を目指した国際標準書誌記述（ISBD）制定への道を歩み始める。

ISBD
CIP
ISBN
ISSN
UDC
FRBR
FRANAR

出版界との協力によるCIP（Cataloging in Publication：出版前に出版者から情報を入手し基本的書誌を出版物に刷り込む），図書類への一意的識別子の付与であるISBN（International Standard Book Number），同じく逐次刊行物のISSN（International Standard Serial Number），主題に関する標準化としてUDC（Universal Decimal Classification），書誌レコードの機能要件の定義を目指したFRBR（Functional Requirements for Bibliographic Records），典拠レコードの機能要件と典拠番号に関する規則であるFRANAR（Functional Requirements and Numbering Authority Records），翻字規則のルール化などが検討されていく。さらに書誌情報の国際的交換を目指すプロジェクトも展開する。具体的には2009年にIFLAの「典拠レコードの機能要件と典拠番号に関するワーキンググループ」によってまとめられたFRAD（Functional Requirements for Authority Data）があり，2011年には同じくFRSAD（Functional Requirements for Subject Authority Data）が報告されている。さらにFRBRも含めた概念モデルを統合してIFLA Library Reference Model（LRM）が2017年8月に承認され，Linked Dataとしての書誌データの利用が促進されるようになりつつある。『日本目録規則　2018年版』も，これらの国際的な動きを背景に成立していることは同書の「目録委員会の報告」（p.iii ～ x）に詳しく記述されている。

FRAD
FRSAD
LRM

UNIMARC
XML
Z39.50
ダブリンコア
HTML

異なるMARCフォーマットの交換のためのUNIMARC，マークアップ言語の流通・交換を目指すXML（eXtensible Markup Language），通信プロトコルの整備であるZ39.50，などが検討され，国際的な合意の形成が図られている。新しい情報資源であるネットワーク情報資源についても「ダブリンコア」の制定，文字コードや表現形式をコントロールするHTML（Hyper Text Markup Language）の利用などが進んでいる。ネットワーク情報資源については世界的に広がっているネットワーク上の資源であり，これまでのような国別を主体とする書誌コントロールに見合うものかどうか問題があり，新たな枠組みの検討も必要となるだろう。

●…………世界書誌コントロール（UBC: Universal Bibliographic Control）

UBC は，1973 年に IFLA が「UNESCO が推進すべきものとして」提案・議決したもので，「国際書誌調整，世界的文献制御，世界（的）書誌調整，国際（的）書誌コントロール」などとも訳されている。UBC は，すでに述べたゲスナー以来の「世界書誌を作成したい」という夢に一歩近づくシステムである。それが計画から確実な実施へと進展する背景として 3 つのことがあげられるだろう。

UBC

UBC の背景

第一は情報資源に対する要求の変化である。学術研究のスタイルや，知識の利用方法が変わったと表現してもよいだろう。あらゆるレベルからの知識の要求が増大し，情報サービスを利用しようとする人の数が圧倒的に増加している。生涯学習時代といわれる現代においては，公共図書館に対して要求される内容の変化がはなはだしい。日本を例にとれば大学院大学への指向，新しい学部・学科・研究コースの開設，総合的学習・研究の必要性など，伝統的な学習方法はいまや遠い世界となりつつある。これらの動きは，図書館や情報サービス機関に対して新しい要求をつきつけている。より高度で，深化した情報資源，新しい学部等に対応する広範囲なテーマを扱った情報資源，総合化を図りうるだけの豊富な情報資源，研究の細分化や特定地域を扱う傾向に対応できるような新鮮で詳細な情報資源が求められるようになってきた。

情報資源要求の変化

2 つめの背景は，第一の要因を解決するために，多くの国において組織的な収集体制がつくられつつあることである。日本では，大学図書館等を外国雑誌センター，文献資料センター，データ資料センターとして指定し，計画的に情報資源を収集している。収集された情報資源を公開するため総合目録やデータベースを作成し，多くの情報資源要求に応えるようにしている。アメリカ合衆国においても，1965 年に成立した高等教育法 Title II-C によって確立した議会図書館の全米収書目録計画（NPAC：National Program for Acquisitions and Cataloging）が，学術上価値があるとされるすべての情報資源を世界中から取り寄せ，それらの目録を迅速に作成して，印刷カードなどによって文献記述を頒布する責任を議会図書館長に課している。

組織的収集体制

NPAC

第三の要因は，図書館におけるコンピュータ技術の展開である。

IFLA における UBC についての提案・議決を受けて，1974 年，IFLA 国際書誌調整事務局（IFLA International Office for UBC）が英国図書館の参考局内に設置された。この事務局は，世界各国がそれぞれに全国書誌を作成し，それらの効率的な交換・流布によって国際的な書誌コントロールが行われるとの認識でいるので，直接的に書誌を作成・編集する立場にはない。主たる役割は，文献記述の国際標準化に関係する多くの計画の援助と展開であり，書誌に関する諸企画への援助，文献記述の標準化に関する情報のクリアリングハウス，書誌情報作成機関間の連絡と調整といった機能を果たしており，並行してこれらの動きを全世界に伝える出版物

国際書誌調整事務局

International Cataloging 等の発行を行っていた。UBC を実現するためには，国内レベルの書誌コントロールを改善し，書誌コントロールに関する国際的な標準を開発し普及させることが必要で，国際標準化機構（ISO：International Organization for Standardization）も大きな役割を果たしている。

ISO
国際標準化機構

その後，コアプログラムとしての UBC は，コンピュータ化の進展にあわせて 1987 年に国際マークプログラムと統合され，国際書誌調整と国際 MARC（UBCIM：Universal Bibliographic Control and International MARC）プログラムと改称される。一方，UNESCO は，IFLA の書誌コントロール活動を支援し協力するほか，自ら科学技術情報に関する国際的書誌コントロール活動に相当する UNISIST（United Nations Information System in Science and Technology）計画や，各国の情報整備を促進する全国情報システム（NATIS：National Information System）計画を推進する。

UBCIM
UNISIST
NATIS

世界各国の書誌コントロール体制が確立し，コントロール手法である各種規準類の標準化が進み，従来追究されてきた書誌コントロールがほぼ完成に近づきつつある時期に，新たな局面が生まれてきた。それは先にも触れたネットワーク情報資源の課題と，美術館・博物館・史料館等の図書館以外が所蔵・管理する資料・情報との接合である。これらの解決を目指して，UBCIM は 2003 年に終了し，UDT（Universal Dataflow and Telecommuncations：国際データ流通と通信）コアプログラムと，ICABS（IFLA-CDNL Alliance for Bibliographic Standards：書誌標準のための IFLA と国立図書館長会議の同盟）の活動へと引き継がれる。また，情報工学技術の展開から生み出されてきたサーチエンジンを利用した「全文検索手法」や「ディレクトリ型検索」は，これまでの「典拠管理」との優劣を課題として生み出すこととなっている。コンピュータの利用が資料・情報の蓄積・検索・利用のあらゆる局面で新たな展開を見せつつある。

UDT
ICABS
全文検索手法
ディレクトリ型検索

●…………UBC と UAP

UBC

国際レベルでの書誌コントロールである UBC の目標は，継続的な書誌データベースの作成・配布，要求に応じた書誌データの提供，文献内容の分析調査ということになるが，利用者の目から見ると，これらの目標の後ろに情報資源そのものの提供が見据えられている。利用者がどこにいても必要とする情報資源を適時・的確に利用できる体制を整備することが必要であり，そのために利用を妨げている各種の障害を取り除く努力が国際的に払われなければならない。

UAP

それが UAP（Universal Availability of Publications）である。「出版物の世界的利用」とか「出版物の国際的入手・利用」とかと訳されているが，目指すところは，世界のどこにいても，誰にでも出版物が利用できるようにしようということである。

UNIT 9

◉書誌コントロール

国内レベルの書誌コントロール

UBCの根底には，世界各国がそれぞれ国内レベルにおける書誌コントロールに責任を果たすべきだとする考え方があることをすでに学んだ。国内レベルにおける書誌コントロールには2つの方法がある。一つは，その国の責任ある機関が単一の書誌を作成し国内のすべての情報資源を網羅する方法であり，もう一つは，個人あるいは団体（図書館ということもありうるだろうし，専門分野の学会や研究組織もなりうる）の実施する書誌コントロールに価値を認め，それぞれのミクロな書誌作成を連結・調整することにより，結果として網羅的な把握を可能とする方法である。前者は「全国書誌」によるものであり，後者は「個別機関の所蔵目録」あるいは「主題別の書誌」ということができる。

書誌コントロールの責任機関

●…………全国書誌の定義と役割

「全国書誌」とは

「全国書誌」の定義について，『図書館用語集』（四訂版，日本図書館協会用語委員会編，日本図書館協会，2013）では「ある一国内で刊行されたすべての出版物を網羅的に収録することを意図した書誌」としかしていないが，『ALA図書館情報学辞典』（Heartsill Young編，丸山昭二郎ほか監訳，丸善，1988）では「特定の国で出版された文献の書誌。ひいては，当該国に関する文献または当該国の言語で書かれた文献の書誌」としてより概念を広げている。全国書誌の作成を勧告した国際図書館連盟の「全国書誌作成機関及び全国書誌のためのガイドライン」（国際図書館連盟世界書誌コントロール国際事務局編，豊田淳子訳，『図書館研究シリーズ』第23号，1982）によれば「印刷形態（及び（または）カード目録，機械可読テープのような他の形態）で定期的かつできる限りすみやかに発行される，国内出版物についての典拠となる，しかも網羅的な集積」と定義している。

これらの定義に耐えうるには，作成機関はその国における責任ある組織である必要があり，組織として法的根拠をもつとともに書誌作成のための財源が保障され，さらに作成機能を法的に規定されているという条件が必要である。特に『ALA図書館情報学辞典』の「関する文献」，「言語で書かれた文献」にまで広げるには，相当する財政的基盤が必要であろう。

網羅的な記録

また「網羅的な記録」の意味するところは，対象となる情報資源が網羅的であるだけではない。それらの情報資源について詳細な文献記述・書誌データを細大漏らさず記録していることが求められる。

そして「記録」は，出版社のリストや広告などから得た情報に基づくのではなく，

情報は対象の情報資源から採録する

情報資源そのものを調査した後に作成することが必要で，そのためには国内で生産・出版されるすべての情報資源に対して迅速かつ確実で容易なアクセスが保障される環境下でつくられなければならない。これを可能にする方法としてもっとも有効な手段が「法定納本制度」である。

法定納本制度

全国書誌の要件

一般的な全国書誌の要件には，次のようなものがあげられる。

(1)　網羅性　過去から現在に至るまでの当該国におけるあらゆる情報資源が網羅されていること

(2)　速報性　出版物の刊行後，すみやかに書誌データが収録・提供されること

(3)　正確性　提供される書誌データは，正確で，情報資源を適切に識別できること

(4)　付加情報の豊かさ　情報資源の特徴を正確に把握できるよう十分な書誌データが提供されていること。また，それらを的確に検索できるシステムが存在することが望ましい

(5)　入手可能性　原情報資源を確実に入手できる体制が整えられていること

(6)　活用可能性　提供される書誌データが，他のシステムで活用できるような媒体とされていること

これらの要件を備えた全国書誌の役割は，国内における書誌コントロールの手段としてだけでなく，国内および国際的に流通する書誌データの標準化という点でも大きな役割が期待される。

日本の全国書誌

●…………日本の全国書誌

国内で出版された出版物の網羅的なリストという意味では，出版ニュース社の発行する『出版年鑑』（出版年鑑編集部編），日外アソシエーツ編集の『BOOK PAGE 本の年鑑』（日外アソシエーツ刊），日本書籍出版協会の『日本書籍総目録』（2002年版から図書の形での発行は中止され，CD-ROMとなり，『出版年鑑』とセット販売となる。2005年版以降は，CD-ROMでの発行もやめられ，日次更新の「Books.jp」（http://www.books.or.jp）において検索できる。その後，日本出版インフラセンター（JPO）の出版情報登録センター（JPRO）と2018年4月に統合され，「出版書誌データベース」となった。URLは変更されていない）などもあげることができるが，先に述べた要件を満たすものは国立国会図書館の『日本全国書誌』をおいてほかにないだろう。

『日本全国書誌』

タイトルは変遷を重ねており，1948～1949年『納本月報』，1949～1955年『国内出版物目録』，1956～1980年『納本週報』，1981～1987年『日本全国書誌 週間版』，

1988年から『日本全国書誌』(週刊)となっている。年間累積版として，1948～1976年『全日本出版物総目録』と，1977年の『日本全国書誌　昭和52年版』とがあるが，その後は年間累積版は刊行されていない。書名および著者名索引も季刊で刊行されており，一定の検索にも耐える構成となっている。なお，『日本全国書誌』は2001年4月以降は電子化情報として提供されるようになった。冊子体は，その後も刊行されていたが，2007年6月の「2007年22号」をもって終刊した。

1981年から国際標準フォーマット（ユニマークフォーマット：UNIversal MARC Format）に準拠した機械可読ファイルとしてJAPAN MARCが作成され，磁気テープで頒布されているほか，CD-ROM版のJ-BISCが1988年から日本図書館協会を通じて頒布された。JAPAN MARCは，国立情報学研究所（旧：学術情報センター）等の書誌ユーティリティに収録されており，J-BISCを図書館の利用者に公開する大学図書館や公共図書館もある。J-BISCは2009年からWeb版も提供されている。なお，J-BISCは2013年以降，製作・発行が「文字・活字文化推進機構」となり，名称もJM-BISCとなった。全国書誌データは，国立国会図書館によって，JAPAN MARC，DC-NDLなど複数のフォーマット形式で提供されている（https://www.ndl.go.jp/jp/data/data_service/jnb/index.html）。

JAPAN MARC

J-BISC

JM-BISC

●…………海外の全国書誌

以下に例示するもののほかに，多くの国で全国書誌が作成されるようになっている。それぞれに，収録対象，年代，形態，刊行頻度等に違いがあり，利用にあたっては若干の注意が必要であるが，UBCの実現に向けて各国が協力している実態を見ることができる。

冊子体として刊行されているもの。

- National Union Catalog
- National Union Catalog pre-1956 Imprints
- British National Bibliography
- Bibliographie de la France
- Catalogue General des Livres Imprime de la Bibliotheque National
- Deutsche Bibliographie
- Gesamtverzeichnis des deutschsprachigen Schrifttums

機械可読ファイルとしては，以下のものがある。

- MARC21…古くはLC MARCといわれていた。1969～
- UK MARC…英国図書館の作成するもの。1969～
- MAB2…ドイツの全国書誌。1977～
- INTERMARC…フランスの全国書誌。1988～

アメリカの全国書誌

イギリスの全国書誌

フランスの全国書誌

ドイツの全国書誌

MARC形態の全国書誌

・KORMARC…韓国国立中央図書館が編集している。

・CHINA MARC…中国国家図書館による。

●…………個別機関の所蔵目録

所蔵目録

書誌コントロールの主体となるのは，個々の図書館や情報サービス提供機関であり，それらの機関が収集・入手した情報資源を対象として作成する所蔵目録という形態をとる。

コントロールの機能は，対象となる情報資源を，機関として把握・管理することが第一とされ，それぞれの機関の利用者が把握・管理の原則を規定することとなる。どのような情報資源を選択・入手するのか，入手した情報資源についてどの程度の文献記述を行えば当該機関にとって必要かつ十分な書誌コントロールが図れるのか，情報資源提供の段階において管理上必要とされる文献記述はどこまでなのか，といった内容を，利用者の意向にそって設定することが期待される。

利用者に合わせた所蔵目録

したがって，利用者の意向が異なれば，異なった文献記述を行うこととなり，他の機関との連携を困難にする可能性をはらんでいる。専門図書館における専門分野以外の情報資源に対して行う文献記述が，専門分野のそれと大きく差がある事例を一つの典型とできるだろう。

●…………主題別の書誌

主題分野別書誌

個別の図書館や学術研究団体などの単位レベルで実施されるコントロールは，主題別の場合もっとも恣意的に行われる傾向がある。対象となる主題の範囲が限定されればされるほど，できあがった書誌の利用者の範囲も小規模なものとなり，恣意的なコントロールを受け入れる素地が是認されてしまう。収録対象とする情報資源の選択，それらの文献記述，記述のためのデータ採集にあたっての分析・加工のいずれもが標準的な扱いと異なるものとなる。

作成が計画的に全学問領域に広げられることは少なく，欠落した分野があったとしても責任を追及できないし，追及されることもほとんどない。

国内レベルとしての書誌コントロールの一環を担うものではあるが，相互の連携も調整も実施されることが少ないので，これらの総体としての全分野・領域にわたるコントロールが実現されることは期待することができない。

学術審議会や日本学術会議といった学術研究推進組織の弱体化も，こうしたことの背景にはあるだろう。公的な学術研究推進体制が力をもちえないのならば，新たにそうしたことを目指す組織を立ち上げ，積極的なかかわりをもつなかで，書誌コントロールへの方向性を見出すようにすることが必要であろう。

UNIT 10

◎書誌コントロール

書誌コントロールと目録規則／分類法

●…………目録規則の性格

目録規則は２つの性格を有している。一つは，個々の情報資源について，その形態，内容，タイトルをはじめとする書誌データなどの特徴的な事柄を適切に表現し，その情報資源についておおよそのイメージを得ることができるようにすることである。このイメージは，それぞれの情報資源を完全に他の情報資源と識別できるように形成されることが可能でなければならない。あと一つは，これらの表現を記述したひとかたまりの情報に対して，一定の見出し語などを与え，その見出し語などで排列・編成・検索するための順序・方法などについて述べるものである。後者の性格は，排列・編成・検索の対象となる書誌データが目録規則にそって一定の範囲に収まっていなければ明確に示すことができない。無限に存在する数多くの表現を対象として，排列・編成・検索という作業はできるわけがなく，目録規則の場合は，この対象を個々の図書館の所蔵する情報資源に限定して適用される。ただし，排列・編成という作業は，目録記述のメディアがカードであったり，冊子として作成するときにのみ必要なものである。

書誌データ表現のための目録規則

情報資源識別のための目録規則

排列・編成・検索のための目録規則

目録規則は，単一レベル（＝個々の図書館）の書誌コントロールを実施していくためのツールということができる。

『日本目録規則　2018年版』においては，コンピュータによるデータ処理が前提となるので，『日本目録規則　1987年版改訂３版』の「第Ⅲ部　排列」に相当する規定はなくなった（序説　4-2⑪）。その意味では，従来から措定されてきた目録規則の性格を変更させるものといえるだろう。

一方，情報資源の識別は，識別すべき対象となる情報資源が，どの範囲から取り出されたものであるかによって，個々の図書館の領域を越えてしまうことがありうる。図書館利用者が，一つの情報資源について所蔵の有無を調べようとするときは，それぞれの図書館が所蔵しているかどうか判明していない情報資源についての書誌データをもとに，「識別」という作業を試みている。このことは，個々の図書館にとっては所蔵の領域を越えた範囲での識別に耐える内容を盛り込んだ表現が期待されているといえる。図書館にとっては見たこともない情報資源との識別に役立つと想定される書誌データを準備することが必要とされ，個々の情報資源の特徴をどの

情報資源の識別機能

ように記述することが，その情報資源以外の情報資源と異なるものであることを把握できるのかを考慮することが求められる。利用者が目前にある2以上の情報資源の表現を比較・検討しようとしているとき，図書館は，両者を識別できる書誌データを記述するだけで利用者に応えていることとなる。

図書館利用者が，それぞれの図書館の所蔵する情報資源のみを対象として識別できる機能を期待している状況下においては，目録規則は，個々の図書館が独自に定めることが可能である。たとえ，標準的な目録規則を採用しているにしても，目録作業を進めるにあたっての個別・具体的な事象に関しては「適用細則」などを設定し，標準的な目録規則の範囲から逸脱することも許される。手書きに準じた方法で目録が作成されていた時代の図書館においては，個々の図書館が目録規則を作成・制定し，それに基づいて書誌記述を行ったので，利用者は情報資源についての表現を個々の図書館ごとに学び，理解しなければならなかった。

目録規則の適用細則

●…………書誌コントロールと目録規則

目録に記述されるデータの範囲は，それぞれの情報資源を，それ以外の情報資源と識別したり，同じであることを判断できる程度の詳しさを備えていることが必要である。その範囲は，情報資源のあり様によって異なってくる。出版物や情報資源の爆発的な生産状況になっている現代においては，必要とされる範囲は次々と広がっているだろう。

それらの情報資源に利用者が到達できるためには，利用者の使える検索のためのキーが準備されていなければならない。かつ，検索のためのキーは，利用者が調べようとしている単一レベルの情報資源収集組織・機関のなかでは，統一された視点で付けられていることが必要である。このために，それぞれの組織・機関では，検索キーのつけ方を規定した目録規則を定めるとともに，統一のための典拠を管理することが必要となる。

識別・同定の範囲

典拠は，これまで使用した検索キーの形を示すとともに，その検索キーがどのような情報資源を背景として，その組織・機関で使われるようになったかを示すことが求められる。同じような情報資源を，再びその組織・機関で扱うことが必要になったとき，前回の状況を把握し，それと食い違いの起こらない形で検索キーを付けるようにしておかなければ，利用者は，際限なく目録を探さなければならなくなってしまう。

検索キー

個々の図書館の特徴をもろに表現する目録の背景とされる個々の目録規則を，書誌コントロールという視点から見ると，単一レベルで作成される書誌の並立状況と考えることができる。それぞれの単一レベル内では，「コントロールされた書誌」とみなすことができるが，それらの並立された全体を見たときには「コントロール

「コントロールされた書誌」v.s.「コントロールされていない書誌」

されていない書誌」となってしまう。表現が個別的であり，利用者は，それぞれの図書館ごとに書誌記述の方法・編成・検索のためのキーのつくり方を理解しなければ，目録そのものの利用もおぼつかない状況に追い込まれる。個別機関・組織の制定する目録作成にあたっての適用細則が数多く存在する状況は，表現される書誌記述そのものをバラエティに富んだものとしてしまい，結果として識別能力の低下につながる可能性が生じる。

書誌コントロールの機能は単一レベルの一館目録でどう実現できるか

書誌コントロールの機能は，情報資源の同定・識別と，特定の情報資源の検索とを目標としている。目録規則は，単一レベルにおいて，同一の目標をもって作成される目録に適用されるものであり，共通する性格をもっている。その目録規則を単一レベルのみを対象として考えるのではなく，複数の組織・機関が共通して適用するものにしていくなかで，書誌コントロールをより広いレベルで考えることができる基盤が生まれてくる。

各組織・機関が個別に目録規則を制定したり，標準的な目録規則の「適用細則」を工夫するのではなく，国別に行われている書誌コントロールの結果として形成された書誌・目録を完全に取り込んだうえで，それぞれの組織・機関が固有にもつ情報資源の特徴を，それらに付加する形でコントロールするならば，利用する側からは効率的な情報資源の同定・識別が可能な環境となる。

●…………書誌コントロールと分類法

分類とはグループづくり

分類とは，対象となるものを，分類作業に従事する側が定めた規準により，グループ化することである。対象となるものが異なれば異なった規準がありうるし，作業者が一方的に規準を変更することも可能である。しかし，作業の結果は，必ずグループがつくられるのであって，対象そのものを個別化するということではない。

書誌コントロールは，対象となる情報資源の同定・識別が基本的な目標であり，そのために最低限に必要とされる書誌データの管理を行うことが求められる。情報資源の種別レベル（たとえば，物理的に一つと数えられる1冊の図書のレベル，その図書に含まれる複数の論文を個々に一つと認識する論文レベル，その図書を含み込む複数の図書で成立するシリーズのレベル等がある）ごとに同定・識別に必要とされる最低限の書誌データは異なる。また，同定・識別は，物理的に，あるいは，表層的に把握できる範囲で考えられるのが通例であり，内容情報に立ち入ることは難しい。しかし，分類は，外形的なもの（例：大きさ，資料の物理的媒体の違い（ビデオテープ，録音テープなど））によることも多々あるが，どちらかというと内容の分析を踏まえて実施されることが多い。

分類は情報資源の種別を越える

分類は内容情報に立ち入るものであり，資料の物理的媒体の違いを越えることのできるものである。分類法の規準が同じであれば，一つの雑誌論文も，ビデオテープも同じグループを形づくることができる。また，標準的な分類法が存在するなかにおいては，図書館の利用者は，同じグループに属する情報資源を，異なった図書館においても同一の手順で探すことができる。

標準となりうる分類法は，それを適用するどのレベルにおいても共通して使うことのできる分類規準を備えていなければならない。ここでいうレベルとは，資料種別のレベルにおける場合でも，書誌コントロールのレベルの場合でも同一であることが必要で，書誌コントロール上での単一レベルのみを前提にした規準のみでは不十分である。書誌コントロール上での単一レベル（＝個々の図書館）の規準は「分類細則」と称した方がよいだろう。

単一レベルでの分類は書誌コントロールとはいえない

●…………資料種別レベルを越えた同定・識別の効果

資料種別のレベルとは，先に例をあげておいたが，文字情報を中心とする文献・資料についていえば，物理的に一つと数えられる1冊の図書のレベル，その図書に含まれる複数の論文を個々に一つと認識する論文レベル，その図書を含み込む複数の図書で成立するシリーズのレベル等がある。

これらのレベルの違いは，同一の資料種別レベルについてのみの書誌記述を扱っている限りは問題になることは少ない。しかしながら，情報資源を求める立場から見ると，この資料種別レベルはぜひとも越えることが期待される。

資料種別を越えた分類は現代の情報資源の情報要求にマッチする

すなわち，同じテーマ・内容について触れているのならば，図書であろうと，雑誌の一部に含まれた論文・雑報であろうと，ビデオテープであろうと，インターネット上に流通している情報であろうと，同じように有用な情報資源として利用者は認識し，求めようとするということである。

先に述べた「目録規則・目録法」においては，書誌記述の単位が異なると，記述そのものが大きく異なることとなる。しかし，分類法という観点から書誌記述を考えるならば，記述そのものは異なっていても，内容情報という意味で同一と把握することが可能となり，利用者にとっては，その書誌記述のもとになる物理的媒体を目の前にしてはじめてその違いに気づく。同定・識別という働きが，分類法においては，異なった資料種別・物理的媒体を対象とするときでも可能となるという効果は，内容・テーマ・主題によって情報資源を求める傾向の強まっている現代において重要なものと認識することが必要である。

◉——option B

書誌コントロールとメタデータ

書誌コントロールの対象は，人類が生産してきた，また今後生産するであろうすべての情報資源とされる。これまでは物理的形態を備え，いずれかの図書館等の情報サービス機関に所蔵されていることが，対象として把握される前提と考えられてきたが，インターネット全盛の時代となって様相が異なってきた。インターネット上で利用することのできる情報資源は，物理的に固定される必要性はなく，特定の位置や装置に固着されることも求められない。所蔵の有無が問われなくなり，情報サービス機関といったバリアに依存することのない情報資源は，その存在にかかわる情報もバリアフリーに流通し，書誌コントロールの対象となるようになった。

メタデータ

書誌コントロールの対象となる情報資源（文献，資料なども）について，どのようなタイトルをもち，内容に責任のある人が誰であるか等を明らかにする「情報についての「情報」」を，「メタデータ」という。メタデータは「データに関する構造化されたデータ」（Structured Data about Data）とされ，広義には辞書，抄録，書評からはじまり，典型的には目録，索引が例とされる。図書の標題紙や奥付に記載されている「情報」もメタデータであり，情報分析・加工して付与した件名標目や分類記号も「情報についての『情報』」とされる。インターネット上の情報資源についても，収載サイト，ホームページのタイトルなどのメタデータが存在する。

コントロールされるメタデータ

あらゆる情報資源について，メタデータが明らかにされることにより書誌コントロールの世界に組み込まれ，情報資源の組織化が実現される。これらの情報についてのメタデータとしては，情報の識別名，形態に関する記述，内容の概要，主題を表す言葉，所在位置などがあるだろう。これらの「情報」によってインターネット上の情報資源も含めてあらゆる情報の識別・同定が可能となり，情報を確認するための所在が示され，情報の内容についての記述が明らかにされる。

ダブリンコア

こうした記述の機能も，その内容も図書館が所蔵している文献・資料等の目録と共通性が高い。次の 15 要素（当初は 13 要素）を基本となるものとする「ダブリンコア」（Dublin Core Metadata Element Set）が有名である。

情報生産者の与えるタイトル，著者または生産者，主題およびキーワード，記述（抄録などの文章による内容の記述），発行者，著者以外の情報生産に関与した人，情報生産日付，資源の形式（ホームページなど），必要なソフトウェア識別のためのデータ形式，識別のための URL，その情報のもととなった情報，使用言語，他の情報との関係，情報が有効な地域や期間など，著作権などの権利管理

これらのエレメントは，2003 年に ISO15836 として制定され，デジュール規格となった。その特徴としては，記述の柔軟性（入力必須項目を定めず，すべてを任意項目とする。繰り返しの記述が可能）と，拡張性（限定子によってすべての項目が細分できる）があげられる。

他のメタデータ規則

ダブリンコア以外のメタデータ規則として，次のようなものがある。

CSDGM（Content Standard for Digital Geospatial Metadata）：地理情報

IEEE LOM（IEEE Learning Object Metadata）：学習・教育情報

MPEG-7（Moving Picture Experts Group-7）：音声・映像コンテンツの内容記述
（なお，動画の圧縮技術である MPEG1 や MPEG2 とは異なる）

ONIX（Online Information Exchange）：欧米の書籍出版・販売業界で利用

DC-NDL（Dublin Core by National Diet Library）：日本の国立国会図書館によって機能を拡張されたダブリンコアによるメタデータ

junii2：日本の学術情報センター（国立情報学研究所）が 2006 年に公開した，ローカルリポジトリのメタデータをより高次のサービスで活用することを目的とした，学術情報センター（国立情報学研究所）が各リポジトリからハーベストするためのメタデータフォーマットである。

UNIT 11

◉書誌情報の作成・流通・管理

書誌ユーティリティの機能

●…………書誌ユーティリティとは何か

書誌ユーティリティ

bibliographic utility という用語は1970年代末からアメリカ合衆国で使われはじめた。日本語の適切な訳語はなく，書誌情報ユーティリティ，書誌情報企業体，目録情報提供機関，書誌ユーティリティ，書誌公共事業などと訳されることがあった。「ユーティリティ」とは，鉄道・電気・ガス・水道などのサービス事業などのように，社会生活を営むうえでの基礎的資源として，その品質のよさと安定供給という面で重い責任を負っている公益事業体である。書誌データについても，基礎的資源としての性格に着目し「ユーティリティ」の位置づけを受けるようになってきた。

その事業内容は，単に書誌データを安定的に供給することだけにとどまらず，書誌データを媒介にして，オンライン分担目録作成システム，オンラインデータベースサービス，総合目録の編集と形成，オンラインによる図書館間協力システムの運営，それらを基盤にしたレファレンスサービス，図書館等の管理するコンピュータを相互につなぐネットワークの構築と維持など，広い範囲にわたるようになってきており，これらの事業の主体となる組織を総称して「書誌ユーティリティ」と呼ぶようになってきた。

図書館の効率的運営

書誌ユーティリティが誕生・発展してくる背景には，個々の図書館における業務全般の効率的運営を図ろうとする期待がある。「図書館業務」という共通性を軽視して，いたるところで繰り広げられていた重複している業務を，共同で運営するセンターにおいて統合・調整する過程で書誌ユーティリティが生み出され，図書館業務の変容に対応して発展してきたわけである。

●…………書誌ユーティリティと個別図書館

このような書誌ユーティリティの誕生と展開は，個別図書館の活動にどのような影響を及ぼすであろうか。

入力の軽減

高品質の書誌データ

書誌ユーティリティを利用する図書館は，入手あるいは所蔵している情報資源の書誌データを自館で作成・入力することなく利用できるようになる。また，データの形態はカード，コンピュータファイル等を選択することができる。しかも標準化された高い品質のものである。これらは個別図書館にとっては大きなメリットである。

しかし，入手したデータは，そのデータを利用しようとする館の独自な事情を反映できているわけではなく，標準化された（どの図書館にとっても有用であろうとされる）範囲のものにすぎない。たとえば，書誌ユーティリティの提供する分類記号は「書誌の宇宙全体のなかでの位置づけ」を示すものであって，決して個別図書館の所蔵情報資源という限られた世界のなかでの位置を示すものではない。利用者が複数の図書館を渡り歩く時代である現代においては，この「標準化」ということは重要な意味をもつが，個別図書館の個別性を軽視することにつながりかねない。

個別性の軽視

標準化された書誌データは，総合目録形成の局面においては大きな役割を果たす。総合目録をつくり，他の図書館の所蔵する情報資源についての情報を提供できるということは，図書館のサービスを飛躍的に向上させるものである。

総合目録への展開

書誌ユーティリティの存在していなかったころの総合目録編纂事業は，中心的役割を果たす組織と，そこにおいて作業する作業者の大きな犠牲によって支えられてきた。「犠牲」とは，ひとたび編纂を始めたら永久に続けることが自己の存在を意義づけることであり，カード目録の形態で編纂することがもっとも効率的であるにもかかわらず，カード目録であるがゆえに参加館のすべてに配布が困難で，利用場所が限定されたりするところに見ることができる。

書誌ユーティリティから提供される標準化された書誌データは，参加各館の共通する基礎的データとして利用され，各館によって実行された同定・識別の結果をとりまとめるだけで総合目録の編纂を完了することになる。しかも，コンピュータと通信技術を組み合わせたネットワークを利用するならば，ただちにすべての参加館にデータベースとして提供できる。

個別図書館が書誌ユーティリティを利用することは，その館の目録を標準化されたものに近づける動機となり，その館の利用者が情報資源を同定・識別するのを効率化させ，図書館間協力への第一歩となる。そして，その館のオリジナルな書誌データの入力を続けるなかで，個々の図書館の存在をアピールすることにつながると認識すべきである。

図書館間協力への第一歩

相互貸借

郵便やFAXを利用して行われていた情報資源の貸借依頼や複写依頼が，書誌ユーティリティの提供する総合目録データベースシステムと結合した電子的メッセージ交換に移行してきた。これにより，所蔵機関等の検索，依頼先の選定，依頼業務，処理状況の確認，必要とする料金決済などが一つのシステムでの連続的な業務として処理できる。米国の研究図書館グループ（RLG）のArielでは，電子的文献送付手段を採用し複写物の流通までもシステム内で完了するようになった。

RLG

参加機関の図書館業務やレファレンスに有用なデータベースを購入・形成し，検索システム上に搭載・提供することで，情報検索サービスを強化する書誌ユーティリティも多い。各参加機関は，エンドユーザーに対して，こうした情報検索サービスのためのゲートウェイ的な機能を果たしている。 情報検索サービス

オンラインジャーナルや，電子化された原資料類を提供するサービスを始めた書誌ユーティリティもある。米国のOCLC（Online Computer Library Center）が1999年から開始したCORC（Cooperative Online Resource Catalog）は，オンライン情報資源の書誌データを取り込んでおり，電子化された情報資源と連動して効果を発揮している。 OCLC

OCLCが始めたQuestionPointは，レファレンス質問およびそれへの回答をデータベース化したもので，書誌ユーティリティが蓄積してきた能力を大きく広げるものである。いまや書誌ユーティリティと同じと思える日本の国立国会図書館の運営する「レファレンス協同データベース」事業も，同様な効果を発揮している。2019年3月現在で472の公共図書館と191の大学図書館を含む805の図書館等が参加している。 レファレンス支援

書誌ユーティリティに参加することで，個別図書館は自館職員の研修機会を増やし，目録作成にかかわる負担が軽減されるなかで，その分を利用者の教育機会増大に充てられることが期待される。研修は，共同で作成される総合目録等のデータベースシステムの品質管理にもつながり，書誌ユーティリティ側にも効果が期待できる。利用者等への教育は，システムの効率的運用に有用なものとなる。 職員の研修 利用者教育

複数の組織・機関のサポートによって運営される書誌ユーティリティは，大規模なシステムの開発・維持・管理能力を保持し，そこから新たな技術的課題への取り組みを必然化する。そこでの技術開発は，参加組織や関係機関に多大な影響をもつことになる。個別図書館は，それらの成果を利用できることになるだろう。 技術開発

以上，述べてきたような「影響」は，書誌ユーティリティを「総合情報サービス企業」として成長・展開させる方向を示しているであろう。

◉——option C

代表的な書誌ユーティリティ

歴史も実績もある代表的な書誌ユーティリティには，アメリカ合衆国のOCLC（Online Computer Library Center），RLIN（Research Libraries Information Network），WLN（Western Library Network），カナダのUtlas（Utlas International Canada），イギリスのBLCMP，日本の国立情報学研究所（旧：学術情報センター（NACSIS））などを挙げることができる。

OCLC（Online Computer Library Center）

オハイオ州コロンバスに本拠を置く，オンラインで結ばれた共同利用のネットワークセンターである。1967年に大学間オンライン共同目録情報サービスセンター（Ohio College Library Center）として発足し，1977年にOCLC Inc., 1981年に現在の名称に改称した。

その後，中国語・日本語・韓国語の目録情報処理システム（CJK system）の開発，オンラインによるILLシステムの拡充，書誌データの遡及入力作業の支援，逐次刊行物管理システムの稼働，出版社への発注システムの開発など，図書館業務全般へのサービスへと広げられており，もっとも充実した書誌ユーティリティに成長してきた。

2006年7月に次項で述べる研究図書館グループ（RLG）が運営するRLINと統合し，2010年7月には書誌データサービスを提供するSkyRiver社から「独占禁止法違反」と提訴されるほどに圧倒的な書誌ユーティリティと評価されるようになった。

現在，提供しているWorldCatという名のデータベースではファインダーシステムも構築されており，各種の検索要求に応えられるようになっている。

RLIN（Research Libraries Information Network）

1974年にハーバード大学図書館，コロンビア大学図書館，エール大学図書館，ニューヨーク公共図書館によって結成された研究図書館グループ（RLG：Research Library Group）が母体で，サンフランシスコ近郊のスタンフォード大学に本部が置かれている。2006年にはBL（英国図書館）も参加した。

当初の目標は，蔵書構築の協力，蔵書の共同利用，資料保存，高度な書誌的ツールの構築であり，その後，遡及入力作業と文書・記録・手稿本などを対象とするMARC作成が付加された。会員館によって形成された総合目録データベースは，一つの目録記録について各参加館がそれぞれ書誌レコードを保持する方式をとっており，入力された目録記録の調整をしていない点が特色となっている。1998年6

月以降，日本からもTRC MARCが参加し，データベースの強化が実現した。また，コロンビア大学エイベリ建築・美術図書館が作成・提供している建築雑誌論文のデータベースは，検索のみを参加図書館に許している専門データベース（他にラトガース大学が作成している通貨の記録などもある）で，共同作業を存立の原則とする書誌ユーティリティと若干異なった性格を有している。この方式は，日本の国立情報学研究所においても取り入れられている。

美術品の画像情報データベースCAMIOの提供など独自の活動を展開していたが，2006年7月にOCLCと統合し，RedLightGreenという名称のWeb総合目録サービス（その後，RLG Union Catalog）は，2006年11月に終了した。また，刊行していたニュースレターも2007年には休刊となった。

WLN（Western Library Network）

1977年にワシントン州内図書館の共同機械化システムとして活動を始め，総合目録を分担して作成することがベースとなっている。当初は，ワシントン州立図書館の一部門であったが，1985年には独立の非営利組織となった。

総合目録形成のためのシステムのほかに，図書受入システム，遡及変換システム，相互貸借システムなどを開発・稼働させたが，個別館の事情に影響されやすい貸出システムや雑誌受入システムは含んでいない。総合目録形成のベースとなる書誌ファイル中のデータは，個人名・団体名・件名のすべてについて所蔵データと，関連が明確にされている典拠レコードとが結びつけられ，データとしての信頼性は非常に高いものである。既存の書誌ファイルと関係なしに入力されるオリジナルデータについても，品質管理部門の担当者が厳しく検査を実施し，この点でも評価が高い。COM（Computer Output Microforms）やCD-ROMでの総合目録データベースの配布を実施して，ダウンロードしたり，そのデータに所蔵情報を付加してセンターに送付する形での総合目録形成システムも順調に稼働していた。

1999年1月に前に述べたOCLCとの合併が発表され，参加していた図書館等はOCLCメンバーとなった。

Utlas（Utlas International Canada）

このシステムの母体となったのはトロント大学図書館である。1963年以来目録データの機械可読化を進め，1973年にはオンタリオ州，ケベック州の公共図書館・大学図書館を参加館とするオンライン総合目録の作成と提供を始めている。その後トロント大学の図書館から独立し，1983年には営利企業となり，何の制約もなくすべての図書館が利用・参加できる体制をつくり上げた。

Utlasの総合目録システムは，アメリカ議会図書館（LC）の1897年からの目録データ等を含むMARCで構成される書誌情報源ファイル，各参加館の所蔵資料を示す書誌所蔵データからなる専用ファイル群，それらを統合的に検索できる索引ファイルの３つが骨格を形成する。それぞれの書誌データは各ファイルの範囲でのみ典拠づけがなされている。参加館は，書誌情報源ファイルや他館の専用ファイルを参考にしながら，オリジナルデータをも含むそれぞれの専用ファイルをつくり上げ，Utlas のセンターにそれらのファイルが集中されて，そこで横断的に索引ファイルが作成されるという形態をとっている。

Utlas は，総合目録システムのほかに参考業務用のデータベースシステム，受入管理システムを稼働させており，相互貸借は，これらのシステムの運用のなかで実現している。また，図書館業務全般を対象とする機械化システムや，貸出システムも提供しており，書誌ユーティリティにとどまらない活動となった。

BLCMP

1969 年にアストン大学図書館，バーミンガム大学図書館，バーミンガム公共図書館で着手したバーミンガム図書館共同機械化計画（Birmingham Libraries Cooperation Mechanisation Project）に端を発している。発足当初はバッチ処理による総合目録がつくられていたが，1980 年以降はオンライン共同分担目録の形成へと移行した。オンライン共同分担目録のベースとなる MARC は，UK MARC と US MARC（その後 MARC21）で，これらの書誌データに参加館が所蔵データを付加する形で形成されている。バッチ処理の目録システム，受入システム，貸出管理システム，OPAC などのシステムが提供されているが，相互貸借に関するシステムは稼働していない。

NACSIS

国立情報学研究所（旧：学術情報センター）は，日本における学術研究を総合的に支援する機関として設立・運営されている。

書誌・所蔵情報システム（目録所在情報サービス：NACSIS-CAT）

1985 年から稼働しているシステムで，NACSIS-CAT と称している。参加図書館の所蔵資料について書誌データと所蔵データを登載した「総合目録データベース」と，10 個の MARC（US MARC（その後 MARC21），JAPAN MARC，UK MARC，TRC MARC，GPO MARC，DN MARC（Deutsche National bibliographie），CH MARC（CHINA MARC），KOR MARC，BL など）で構成される参照ファイル（1 か月に１～２回の割合で更新）からできあがっている。参加館は，受入れた情報資源を対象として参照ファイルを検索し，合致する書誌データがあれば，総合目録データベースに書誌データを登録し，その所蔵データを追加登録する形で総合目録への参加ができる。参照ファイルに書誌データを見つけることができなかった場合は，オリジナルデータとして書誌データを入力することで，他の参加館が総合目録データベース中にそれらの書誌データを見出すことができるようになる。このオリジナル入力にあたっての作業の基準は『目録情報の基準』第4版（1999.12）として同研究所ホームページ上で示され，それによると，書誌データの記述はISBDに従い，コード体系はUS MARCに準拠している。10個のMARCから入手される書誌データが，このシステムにおける標準化された書誌データであり，それらとほぼ同等のレベルをもったオリジナルデータが並存している。入力データの典拠を作成する作業は，システム稼働時点では義務づけられていたが，参加図書館の増大や入力作業者に対する研修の機会が十分準備できなかったところからやや曖昧にされ，いまでは典拠ファイルとしての意味が相対的に低下している。典拠ファイルは著者名典拠と統一書名典拠が作成されているが，約1,236万件の書誌データに対して180万件程度しかつくられていない。

2019年9月現在のおおよそのデータ量は，図書書誌（和・洋あわせて）1,236万，同所蔵1億3,900万，タイトル単位で示される雑誌のデータは書誌（和・洋あわせて）35万3,000，同所蔵464万となっている。雑誌については雑誌名の変遷をたどることのできる変遷マップが準備されており，書誌の同定や情報検索に威力を発揮している。

なお，このシステムをインターネット上で利用できるNACSIS Webcatが1998年4月から公開された。現在はCiNii Booksとして運営されている。このように，Webcatが本格的に使えるようになったことで，個別大学図書館の目録情報と国立情報学研究所を利用して検索できる他の大学図書館のもつ資料についても目録情報との間に壁が存在しないことになり，利用者にとっては，居ながらにして総合目録を検索できることになった。Webcatの検索に「連想検索機能」を加えたのがWebcat Plus（2005年4月開始）である。

図書館流通センター（TRC）

株式会社図書館流通センターが発足したのは1979年である。書誌ユーティリティの出発点となるTRC MARCを20万件の書誌データをもって発売したのは1982年であった。このMARCは1985年には，前記の学術情報センター（現在の国立情報学研究所，NACSIS）の参照MARCに組み入れられ，多くの図書館現場で利用・活用されるようになる。その後，注文システムであるTOOLiを稼働させ，さらに情報検索ソフトを開発することで単なる書誌情報データベースを提供する書誌ユーティリティから，図書館全体の運営をサポートする体制が整備されてくる。1998年6月以降，RLINに参加し，2008年にはOCLCへのMARC提供もするようになっている。2018年5月の調査では，日本の公共図書館3,273館のうち90％近くの2,901館がTRC MARCを利用している。

内容細目ファイルや目次情報ファイルを充実させ，それぞれに典拠データファイルと連動させて幅広い検索に対応できるよう準備されている。

UNIT 12

◎書誌情報の作成・流通・管理

OPAC（オンライン閲覧目録）の背景と歴史

OPAC

●…………OPACとは何か

Online Public Access Catalogの短縮形が「OPAC」であり，「オンライン利用者用目録」とか「オンライン閲覧目録」と訳し，「オパック」と読んでいる。なお，『図書館用語集』（四訂版，日本図書館協会，2013）では，「オーパック」と伸ばして読んでいる。

オンライン利用者用目録

オパック

図書館の所蔵している情報資源の書誌データをコンピュータに記録し，それらをデータベース化して「MARC」（機械可読目録）を形成し，そのデータベースをホストコンピュータに蓄積し，端末装置あるいは通信システムを搭載したパーソナルコンピュータ等からの接続・アクセスを許し，利用者に提供可能な情報資源を検索するために，それぞれ必要なデータの出力を受けるシステムを総称して指している。それぞれの図書館では，「オンライン目録」，「コンピュータ目録」，「蔵書検索システム」，「利用者端末目録」，「目録データベース」などの名称をつけて呼んでいる。

MARC

●…………OPAC形成の背景

所蔵している情報資源の書誌データ提供は，それぞれの図書館の基本的機能である。財産一覧として作成されはじめた目録は，所蔵する情報資源の利用が目指される過程で検索機能をもつことが要求されるようになる。こうした機能強化に対応できる目録の作成は，情報資源全般に対する知識と，組織化に関する技術を求められるようになり，専門的業務とされる。

専門的業務としての目録の作成

この業務は，情報資源のもつ固有性・個別性から「合理化」の難しい領域とされていた。けれども，コンピュータ技術の飛躍的発展を背景として，その目録業務への適用が可能となってくる。ひとたびコンピュータ技術を導入すると，目録業務は急展開をしていく。入力・加工といった原初的技術に加えて，データベース化を図る過程はコンピュータ技術の側にも多くの関心を生み出し，相互に展開を加速してゆく。検索技術や情報提示技術，さらには，それらのデータを高速で遠隔地に送達する通信技術へのコンピュータ技術の適用が，目録の世界を大きく変貌させ，OPACの誕生へとつながった。

コンピュータの活用

●…………OPAC の歴史

「目録の機械化」を越えて「OPAC」へと進んでいく歴史は，アメリカでは1970年代に始まっている。同じようなアルファベット文字を利用するヨーロッパでも1980年代初めに追随する。アルファベット文字以外の文字を日常的に利用する諸地域では，その地域固有の文字種をコンピュータで処理できる技術が開発されるなかで歴史がつくられてくる。日本では，1980年代後半になって，OPACにつながるような形での目録作業のコンピュータ化が始まっている。

OPACの世代は，次のように分けられる。

・ゼロ次世代のOPAC

カード目録の置き換え世代。入力と加工の次元を，コンピュータによって処理しただけであり，出力は，従前のカードであったり，すべてのデータをプリントアウトした「リスト」の形式である。コンピュータを利用した効果は，加工・編成といった処理工程での人力の軽減という点に尽きている。

入力と加工のコンピュータ化

・第1次世代のOPAC

自館で作成した目録情報の多様な利用が目指された世代。図書館の管理するホストコンピュータに目録情報を蓄積し，館内の多くの業務で，その情報を共同利用しようとする。もちろん，館内において利用者への目録情報提供も試みられるが，恩恵的色合いを残し，「利用者開放端末」などと称していた。

館内のみでの利用

この世代の後期においては，目録情報の自館での作成を少なくし，書誌ユーティリティの機能を利用して標準化された書誌データの入手を始める。

・第2次世代のOPAC

通信技術へのコンピュータ利用が盛んになり，個別館を越えたネットワーク環境が整備されてくる。他の図書館のOPACにアクセスしたり，商用データベースの利用などのゲートウェイ機能が組み込まれる。しかし，それぞれの検索にあたっては個別システムに依存するので，利用者は提供されるサービスについて通暁していることが求められる。

ネットワークの形成

・第3次世代のOPAC

システムのシームレス化が展開され，他の図書館のOPAC，商用データベース，インターネット空間に存在する各種の情報資源などを横断的に検索できるようになっている。利用者は，各システムの特性について煩わされなくなる。

シームレス化

●…………OPAC データの対象情報資源

それぞれの図書館の所蔵する文献・図書（情報資源）を対象として開始された書誌データのコンピュータ処理は，当初は必ずしも利用者に提供できるデータの世界

対象資料の拡大

を広げるものではなかった。その拡張を目指して各館の努力と，コンピュータ技術の展開が相互に影響しあい，次第に文献・図書＝情報資源の範囲が広げられる。逐次刊行物の特集号を，あたかも１冊の図書として扱うレベルから始まり，個々の雑誌論文をも入力の対象へと展開する。さらに，ビデオ資料やCDなどの録音資料へとデータ項目が異なる媒体に展開されるなかで，共通の分類法や件名付与が試みられる。資料の物理的媒体の違いを乗り越える方向性が生まれてくる。

各館におけるこうした努力を，情報サービス機関全体の共有財産化することが，ネットワーク技術と通信技術の融合のなかで進行する。対象とする情報資源が個々の図書館という限界を乗り越える方向である。

そして，インターネット上の情報資源をもOPACデータの一部として提供できるシステムへの展開で，利用者はまったく新しい世界に誘われることとなる。これらの動きは目録規則の改訂によって支えられたことはいうまでもない。

●…………検索機能の変化と利用者に求められるスキル

検索機能

対象となる情報資源の広がりと平行することであるが，検索機能においてもいくつかの世代を見ることができる。

・第１世代

「目録カードの機械化」というイメージを色濃くもった世代である。検索は，

タイトルと著者名

目録カードと同様に，タイトル名と著者名がメインであり，分類・件名といった主題からのアクセスは十分に深められなかった。

また，検索方式は「完全一致」のみであり，利用者側に求める資料についてタイトル名や著者名といった事前の知識を要求するものであった。

さらに，提供される書誌データは，コンピュータの蓄積・伝送能力が低かった

簡略データ

ため，目録カードよりも低次元の簡略データのところが大部分であった。

・第２世代

コンピュータ技術の発達と，ハードウェアの低廉化が急速に進行し，蓄積でき

キーワード検索

ブール演算

ブラウジング機能

るデータも飛躍的に多くなる。こうした状況を受けて，キーワードによる検索，ブール演算を応用した検索式の可能性，設定されている索引語のブラウジング機能などが付加されて，利用者にとって使いやすい検索機能が増えてくる。求める情報資源についての事前の知識が少なくても，検索過程において獲得されるデータがそれらを補ってくれるシステムへと進化する。利用者に求められる検索機能に関するスキルは，相対的に低いものへと変化し，誰でもがOPACにアクセスできることを可能にしてくれるようになった。

貸出システムとの連動

図書館等の情報サービス機関は，貸出システムと連動させて「貸出中」といっ

たステータス情報を示したり，所蔵していない情報資源の検索に応じて他館のもつ情報資源資料への案内を試みたり，新しいサービスの付加を進める。

現在の多くの図書館が提供しているOPACは，この世代である。

・第3世代

次のような機能が加わることになるだろう。(1) 自然語での検索をシステム側のもつ検索語に変換して検索する。(2) 入力された検索語の「誤り」や「あいまいさ」を指摘し，より適切なものへのガイドを実施する。(3) キーワードの重みづけを可能とし，効率的な検索を保証する。(4) 利用者が気づかないところで，あらゆる情報資源をシームレスに検索し，結果を提示する。

「検索」のガイド機能

このような世代への展開は，利用者に新たなスキルを求めることになる。すなわち，検索結果として提示されたデータを評価する能力である。システムの側で，いわばブラックボックスのなかで，進められた「検索」という作業を「提示された結果」でのみ評価しなければならなくなる。より展開されたシステムでは，書誌データの提示から「電子化された情報そのもの」の提示が可能となるので，利用者にとって情報そのものを評価する能力が重要な要素として求められるようになってくる。

検索結果の評価

UNIT 13

◎書誌情報の作成・流通・管理

MARC

●…………「MARC」とは

MARC
目録そのもの
目録作業

「MARC」には2つの意味がある。一つは，MAchine Readable Catalogであり，コンピュータを利用して管理された書誌データないしはその結果として示される目録そのものである。あと一つは，MAchine Readable Catalogingで，前者を作成する作業自体を示すものである。情報資源組織化にかかわりをもつ人たちの間では，両者を明確に区別して論議してきているが，図書館界一般においては，必ずしも明確にされていない。このUNITの最初で，なぜこのような「ことわり」を必要とするかというと，それらを利用あるいはアクセスする主体は，まったく別であり，次の図のような関係となるからである。

情報資源－組織化作業－利用者

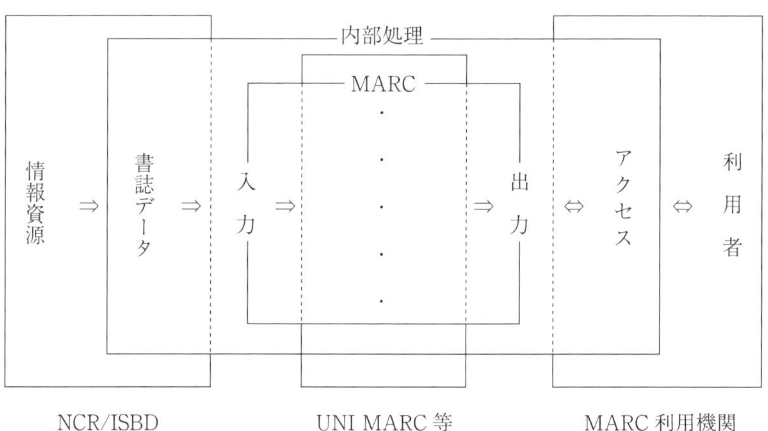

情報資源と利用者の間に介在する一連の情報資源組織化の作業は，入力および一部の内部処理は『日本目録規則　2018年版』，『日本目録規則　1987年版改訂3版』，国際標準書誌記述（ISBD）といった書誌データの把握・記述に関する国内的・国際的標準に従うことが要求され，一方，それらを直接的に検索等で利用する利用者にとっては，それぞれの図書館なりMARC作成機関（ときには，他の情報資源組織化を手がける機関の作成したMARC利用機関・利用者となる）が主体的に策定した規準等で管理されるものである。入力される書誌データは，情報資源そのもの

に依存して決定されるが，入力の様式はMARCフォーマットとして各MARC作成機関が設定することになる。また，それに基づいて提供される出力様式（カード，冊子，コンピュータ画面などがある）は，入力された書誌データそのものの内容は変化しないけれども，形式その他は利用者のより容易なアクセスを目指して，それぞれの機関が設定できるものである。

入力様式と出力様式

●…………MARCフォーマットの構成要素

MARCフォーマットは3つの要素から構成される。

MARCフォーマット

一つは，すべてのコンピュータ用ファイルのフォーマットに必要とされるもので，レコードラベル，ディレクトリ，データフィールド群などを示す「レコード構造」と呼ばれる要素である。個々のデータを入力した「レコード」が，どのような構造となっているかを示し，レコードの取り扱い方についてコンピュータプログラムにおける処理の判断を進める役割を担う。

レコード構造

2つめは，それぞれのレコード内に入力されているデータの内容を明らかにする機能を示す「タグ番号と識別子」である。タグ番号はデータの性格を示すフィールドごとに異なったものが与えられるが，番号相互の関連を示す形で付与されるのが通例である。識別子は，同一のフィールドのなかに異なった内容を盛り込むために設定する。

タグ番号と識別子

3つめの構成要素は，「レコードの内容」そのものである。

レコードの内容

●…………3つの構成要素と『日本目録規則　2018年版』

すでに触れたことであるが，日本における標準目録規則である「日本目録規則」では，1977年の『日本目録規則　新版予備版』以来コンピュータ目録への対応が考慮されてきた。それぞれの規則に掲げられた例示などを見ると，カード目録を前提としているように思われるが，個々の規定から離れて，その構造を大きく把握しようとすると，そのことが明確になる。

○レコード構造――「部」の構成

レコード構造

『日本目録規則　新版予備版』で採用した記述ユニット・カード方式，『日本目録規則　1987年版』各版の記述ユニット方式は，「記述」の部と「標目」指示の部によって構成されている。なお，『日本目録規則　2018年版』では，「標目」に関する規定がなくなり，「記述ユニット方式」についても触れていない。記述と，検索のためのアクセスポイント（標目）に，規則では定められていないが資料番号等を含む「その他の部」を組み合わせてつくりあげられる構造が，MARCフォーマットにおけるディレクトリに対応すると考えてよい。『日本目録規則　1987年版改訂

記述ユニット・カード方式

記述ユニット方式

データフィールド群

3版』第Ⅰ部の「記述」に述べられている書誌データは，データフィールド群についての詳細な規定と見ることができる。レコードラベルに対応するものは，コンピュータフォーマットという視点から見ると「外形式」にあたるものであり，「入力マニュアル」ならば必要とされるかもしれないが，「目録規則」においては必須のものとは言えない。ただ，効率的なコンピュータ処理を実現するためには，この部分のデータとして，入力データをもつタグ番号の指示や，それぞれのタグあるいはサブフィールドに入力されているデータの長さ（文字数といってもよいだろう）等を示しておくことが必要である。

タグ番号

外形式

それぞれのMARC作成機関においては，外形式の情報を取り決めておけば『日本目録規則　1987年版改訂3版』等を「MARC対応」と措定することが可能である。逆のいい方をすれば，レコード構造という認識からすると『日本目録規則　1987年版改訂3版』等で作成された目録カードを，MARCレコードとして利用できるというわけである。このことが，多くの図書館でのカード目録をベースとしてコンピュータデータ化を図る「遡及変換作業」を可能としている。遡及変換作業は，すでに所蔵している情報資源の書誌データの記録媒体を変換するもので，遡及入力作業と異なり，情報資源との照合を避けて可及的速やかにMARC化を図ろうとするものである。過去の入力作業が，所定の目録規則等の規準に適切に準拠して行われてきたことが前提である。

遡及変換作業

タグ番号

識別子

○タグ番号と識別子――区切り記号

ISBDに定められた区切り記号法が，標準目録法にあたる「日本目録規則」に採用されたのは，『日本目録規則　新版予備版』がはじめてである。そこでは「記述の各書誌的事項の区切りは，字あけとし，ISBD（国際標準書誌記述）の区切り記号法は用いない」とした。ただし，規則における唯一の「参考条文」がつけられ「全国書誌作成機関等が作成する書誌の記述にはISBDの区切り記号法の採用が望ましい」とし，『日本目録規則　1987年版改訂3版』における「必須の書誌的事項」と「標準の書誌的事項」との中間程度に位置づけられる記述方法が，「追い込み式」で示されている。この時点での区切り記号の役割は，各書誌的事項の「区切り」という面が重視され，書誌データそのものとの関係は明確に示されていなかった。

書誌データの区切り

追い込み式

ISBD区切り記号

書誌的事項間の区切りとしてのISBD区切り記号は，「ピリオド・スペース・ダッシュ・スペース」の組み合わせで表示される。UNIT 27以下で学ぶように，一つの情報資源についての記述は，いくつかの書誌データ（＝エレメント）から構成され，それぞれを，この組み合わせによって区切ることになっている。各書誌的事項は，さらにいくつかの部分に区分けできる。たとえば，「出版と頒布に関する書誌的事項」は「出版地・出版者・出版年」の3つの部分から構成される。これが，

『日本目録規則　2018年版』では，3つの部分がそれぞれ別のエレメントと規定され，独自の役割を担うこととなっている。

コンピュータファイルにおいては，書誌データの区切りを「フィールド」とし，各書誌的事項のなかのデータの区切りを「サブフィールド」とする。MARCフォーマットにこれをあてはめると，前者はタグ番号で示し，後者はサブフィールド識別子として設定する。

フィールド

サブフィールド

『日本目録規則　2018年版』においては多くのところに「ISBD区切り記号法を用いて記録した例」が出ているが，ISBD区切り記号法そのものについての説明は見当たらない。もともと区切り記号法は，複数のデータ要素を一つのデータ項目として記録する際に求められるものであり，『日本目録規則　2018年版』においてはデータ要素を最小単位で扱えるよう企図しているので，規則として制定する必要がなくなったからである。

データ要素の識別

○レコードの内容──各書誌データ

MARCフォーマットの3つ目の要素である書誌データ要素についての規定は，『日本目録規則　2018年版』等の本来の目的である。記述に関しては，書誌データの選定とその論理的構成について触れ，また，アクセス・ポイントについては，その選定と形式の統一（統制形アクセス・ポイントとして形成される）を細かく規定している。

データ要素の規定

○アクセス・キー

アクセス・キー

このUNITの最初のページに掲げた図をもう一度見てほしい。「MARCから出力されたもの」と「アクセス」，「アクセス」と「利用者」の間の矢印は双方向としてある。しかし，記述の対象である情報資源からMARCに至る矢印は，一方通行のものである。アクセスにかかわる部分は，情報資源とはかけ離れたデータとして作成できることを表現している。MARCフォーマットにおいては，これら「データそのもの」も「アクセスにかかわる部分」も同一のレベルで取り扱うが，「レコード構造」として入力・取り扱われる部分において独自の性格をもつのが，このアクセス・キーにあたる部分である。

UNIT 14

◉書誌情報の作成・流通・管理

OPAC の形成と利用

●…………OPAC ができるまで——入力

まず書誌データのコンピュータへの入力が必要である。入力にあたっては，単にコンピュータ処理可能な形で入力すればよいというわけではない。処理の結果としての出力（この場合，利用者が利用する目録ということになる）に効率的で最適な方法が選択される必要がある。UNIT 2で述べたことであるが，目録は「情報資源の身代わり」を表現する。情報資源は，図書であれ，ビデオテープであれ，内容も形態も千差万別の状態にあるが，目録として一つにまとめるためには情報資源所蔵者が考える一定のルールに則って一つの形式に整えられる。

書誌種別コード

タグ

識別子

一つ一つの情報資源に対応する個別化された番号，タイトル，情報資源の成立に責任をもつ人たちの記録，出版や頒布にかかわりをもつ個人や家族・会社・団体についての情報，情報資源が成立した時期についての情報，情報資源そのものの形態を推測できるだけの内容をもった大きさなどの形態に関するデータ，これまで掲げたようなデータでは知ることのできない情報資源の内容情報などを，書誌種別コード（「タグ」と呼び，後に続く文字列（データ）が「タイトル」であるか「出版にかかわる事項」であるかなどを示す），書誌種別コード内でのデータの種類分け（「識別子」と呼び，後に続くデータが，「出版にかかわる事項」の場合は「出版者」，「出版地」，「出版年」などを区別するためのもの）などとともに，正確に記録・入力が行われなければならない。コンピュータに記録する場合は，こうした形での処理・整理が必要となってくる。

●…………OPAC ができるまで——加工

検索システムとの関係

入力された書誌データは，データベースとして利用できるように加工が行われる。加工の段階においても，まず考慮されるべきことはデータの検索と出力についての関係である。検索システムがカタカナで作動するにもかかわらず，検索のためのキーを入力・記録すべき位置に漢字が入力されているならば，検索はできなくなる。またタイトルからキーワードを取り出して検索できるシステムを構成しているならば，それぞれのタイトルを語の単位に切り分けるシステムによる加工が必要となる。ローマ字ヨミによる検索や表示をするシステムをつくっているならば，入力時点でローマ字ヨミを入力していない限り，加工の段階ですでに入力されているカタカナからローマ字ヨミへの変換を施さなければならない。同一のカラム（欄）に複数のデータを入力できるように設計されている分類記号や件名は，それぞれの記号なり件名からの検索が可能となるよう切り分けと組み立てをしておくことが必要である。分類記号のように数字しか扱われていないカラムに数字以外の文字が入力されていないかどうかをチェックし，エラーメッセージを出して，修正を加えることも必要である。機械的に行うことのできるデータ形式としてのチェックとあわせて，データ内容そのものについてもチェックが必要とされる。加工は，入力されたデータを利用可能な形に変換するという視点で見るのでは不十分で，内容面も含めて正確性と統一性を確保するための作業である。

データチェック

●…………OPAC ができるまで――蓄積

蓄積を単純至極に「溜めておく」だけと考えてはならない。蓄積の目的は，どこまでも，蓄積された書誌データの利用であって，利用を効率的に行えるように配慮しながら実施されることが必要である。OPAC においては，利用は検索の結果として表示されてはじめて意義をもつ。したがって検索のためのデータ群と，表示に使われるデータ群を異なったレベルで管理した蓄積システムが効率的といえる。

検索のためのデータ群

JAPAN MARC においては，データを識別ブロック，コード化情報ブロック，記述ブロック，アクセス・ポイント・ブロック，ユーザ・ブロックの5つに分け，記述ブロック（表示のためのデータ群），アクセス・ポイント・ブロック（検索のためのデータ群）という対応を形づくっている。ISBN のように識別ブロックに含まれるデータも検索のために使えるよう設計する場合もあるが，ブロックによってデータの性格を異なったものとし，効率的な管理を目指すのが通例である。さらに，これらのデータ群は，データの種別ごとにレコード（1冊の図書で1個のレコードが構成される）を越えて一つのまとまりをもたせ，そのまとまりのなかを一定の順序に配列することによって効率のよい検索が保証される。データの種別ごとにつくられたまとまりは，他の種別のデータとのつながりを示すリンク情報によって関係づけられる。利用者から出された検索キーは，検索のためのデータ群をキーの種類に対応する形で探し，合致するデータがあれば，そこに記録されたリンク情報によって表示のためのデータ群を表示システムに手渡すという形で進められる。効率的な蓄積システムが構築されていないと，検索過程に多くの時間が費やされる結果となる。

リンク情報

●…………OPAC ができるまで――出力・表示

以上のような流れを経て，求める書誌データがディスプレイ上に表示される。このときも，コンピュータの側では，データの種別により，あらかじめ設定されたカラムごとに改行などの処理を行いながら進める。出力・表示は，利用者が最終的に書誌データを確認・認知するところであり，利用者の視点に基づいた表示が必要とされることはいうまでもないであろう。

OPAC のメンテナンス

●…………OPAC のメンテナンス

メンテナンスについては，元となるデータベースを更新すればデータの追加・削除・修正が反映される。「修正」は，該当部分のみの手直しではなく，それらを含むレコード全体を，「削除」プラス「追加」で実施するのが通例である。

メンテナンスのための更新頻度は，データ全体の容量やシステムの資源規模，それぞれの館の固有の事情などを反映して決定される。検索のために加工されるデータ処理の多寡によってメンテナンスに要する時間は大きく異なる。

●…………OPAC の利用

OPAC には，それぞれの館内でのみ提供する OPAC（館内 OPAC）と，インターネット上にアップして館外からのアクセスに対応する Web OPAC の２つの形態がある。利用面では，異なった特徴をもつことになる。

館内 OPAC

館内 OPAC では，パソコンなどに不慣れな利用者のために，画面上に選択可能な「選択肢」をすべて提示し，そこから選ばせるというメニューによる検索方式を提供することがある。また，検索キーの入力もキーボードによらず，画面上に五十音図を提示してタッチさせるといった方式をとる。ただし，この方式では煩わしく感じる利用者もいるので，キーボードとマウスによるシステムも平行して準備することが望まれる。図書館によっては，簡略書誌と情報資源の排架場所を示すデータをプリントアウトとして提供している。システムとして初心者向けのものと上級者向けの２種を準備し，後者では，演算子を利用した高度な検索を保証する方法もある。

Web OPAC

一方，Web OPAC の場合は，インターネットに接続したパソコンがあれば，どこからでも利用可能となる。館外からのアクセスが多くなることを考慮すると，書誌データの表示だけでなく，貸出中など情報資源の利用可能性を示す情報を提示することが重要である。さらに展開して，検索結果から情報資源の貸出予約ができるようにすることも検討しなければならない。また，館内 OPAC と異なり，図書館員が直接的にサポートできないことを考慮し，「利用の手引き」や「ヘルプ」機能を充実させることが必要である。電子メールを利用した「質問」も検討すべきシステムであろう。

UNIT 15

◉書誌情報の作成・流通・管理

OPACのこれから（効果・問題点・将来）

●…………OPACの効果

1990年代以降カード目録からOPACに急速に移行する傾向が深まる背景には，それぞれの図書館が所蔵する情報資源数の増加ということがあった。情報資源の数が増えると，それに比例してカードの枚数も増え，カード目録への繰り込みは大きな仕事となっていく。しかもカードの排列場所を決定するために考えなければならない要素は，同一の標目をもつものが増えたり，同一排列順序となるものが増加するに従って，より多くなってくる。OPACの導入は，このカードの繰り込みに対して非常に大きな効果を発揮することとなる。

カード排列は大変な作業

また，タイトルのアクセス・ポイントにおける第2語以下の単語を検索キーとして設定することもシステムの設計さえ配慮すれば可能となる。この結果，一つの情報資源に対して，より多くのアクセスのためのキーを準備することができ，情報資源の有効活用を図ることが可能となってくる。

検索キーを準備する

さらに，タイトルと著者の組み合わせなどによる検索をシステムとして提供することができれば，正確かつ迅速に特定の情報資源を探し出すことが保証できる。

複合検索

情報資源の取り扱う主題などからの検索のように，第1段階での検索において相当多数のヒットがあるときなどに，出版年代を特定するなど他の書誌データの内容を利用して絞り込みを行うといった方法は，データベースシステムがあってはじめて可能となる方法である。

絞り込み検索

このように充実した検索システムを形成するにあたって，必要とされる時間が短くてすむという点もOPACの大きな効果である。それは，OPACで使われるデータが，それらの情報資源と図書館の最初の接点にあたる選択・発注段階において入力されるデータの編集・改変によってつくられるという点にもよっている。従来のカード目録においては，目録のためのデータは，それだけのために作成されたものであって，目録作成時点までに図書館のなかで何度も繰り返してつくられてきた記録を応用することができなかった。コンピュータに入力されたデータは，業務上必要とされる形に変えて出力が可能であり，あるときは，書店への発注書のデータとなり，その後は，書店への支払い書類，情報資源管理のための書類などに形を変えて出力される。目録作成の段階においては，件名や分類記号といったアクセス・ポ

データの繰り返し利用

イント，内容を検討・分析した結果の記録，など目録記述のためにのみ必要とされるデータを新たに入力するだけで完了する。しかも，これらのデータは，書誌ユーティリティが提供してくれる例も増え，迅速なサービス展開に利点をもたらした。

貸出情報とのリンク

それぞれの図書館に設置されたホストコンピュータのなかにOPACのシステムを組み込んだときには，貸出情報（貸出中，予約あり，返却予定日など）とのリンクをつけることが可能となり，利用者に提供できる情報はリアルタイムに更新できるようになる。利用者がOPACを使う動機は，情報資源の利用であり，検索の結果，見つけることができた情報資源の状況を把握できるシステムは，歓迎されるところである。

●…………OPACの問題点

こうした効果をOPACはもっているが，問題点もある。

検索用コンピュータの台数

まず，利用者に提供される検索用の装置の台数である。必要とされる台数は，検索のための応答時間や，効率性の高い検索システムが構築されているかどうかによっても変わってくる。検索キーを入力して結果が出力・表示されるまでに多くの時間が必要となれば，検索用の装置の前に長時間座り込む利用者が出てくるだろう。絞り込みのシステムが準備されていない場合も同様のことが起こる。

検索手段としてのOPACは，多様なアクセス・ポイントから検索できるシステムとして構成することはできるだろう。一方において，ブラウジングによる「意外な発見」が得られないという短所は，なんとも処置のしようがない問題点である。ただし，利用者が賢くなって，検索の結果として得られた書誌データに盛り込まれた「件名」や「分類」を利用して，再検索を実施するなどの工夫があれば，若干は改善されるものである。

表示される情報

表示される書誌データがわかりにくかったり，検索システムが複雑であったり，利用のためのマニュアルの整備が十分なされていないなどの状況も，問題点になる。

●…………OPACの将来

大学図書館は所属する大学のホームページを利用し，公共図書館は自らのホームページを自治体や教育委員会のもとなどに開設して，インターネット上にOPACを公開する図書館が急速に増えている。これらのインターネット上でアクセスが可能なOPACをWeb OPACと呼んでいる。1997年4月の日本図書館協会による調査では，都道府県立2，市区町村立4であったのが，2012年11月には，都道府県立47，市区町村立1,119となっている。インターネットにアクセスできるコンピュータやスマートフォンをもっていれば，個人であろうと図書館や法人であろうと，公開された情報としてそれらの図書館の蔵書の状況を見ることができる。

Web OPAC

結果としてそれぞれの図書館の所蔵する情報資源についての情報が非常に大きな範囲で流通することとなり，効果は大きい。自治体内の住民に対しても，図書館が近くにない人たちに対しても，情報資源を知らせることができるWeb OPACの公開を進めるべきだろう。これらのシステムを利用して所蔵情報を調べるだけでなく，求める主題に関連する情報資源そのものの存在を確認する機能も期待されるところである。いわば，レファレンスツール（文献調査）としてWeb OPACは利用することも可能である。

それぞれの図書館にのみ備えられたコンピュータでしか検索できない館内OPACでは，利用者はそれぞれの図書館に足を運ばなければならなかった。オンラインによるOPACは，端末等の利用登録をすませた人にとっては，足を運ばなくても情報資源についての情報を知ることのできる環境を保障した。さらに，インターネット上に公開されるWeb OPACにより「事前に登録をすませる」という制限をも取り払ったこととなり，情報資源に関する情報へのアクセス可能範囲が急速に拡大することになる。

端末利用登録をすませた人たち

アクセス可能範囲

情報資源についての情報の流通という面では大きな効果を期待できるWeb OPACであるが，問題がまったく存在しないわけではない。

インターネットを利用してアクセスしている最中におけるOPAC利用者のプライバシーはほとんど保護されていない。多くのWeb OPACでは，情報資源についての情報の検索に入ろうとする利用者に対して「プライバシーが保護されなくなる」可能性について注意を喚起するメッセージを流すようにしている。

利用者のプライバシー

また，情報資源の所蔵情報がWeb OPACから入手できても，利用者の求めているのは「情報資源そのもの」であり，情報資源流通体制の補完がなされなければ公開していることの効果は薄れてしまう。むしろ利用者としては，求めている情報資源の存在を知りながら，その所在を知らず，入手・利用ができないという状況を確認してしまうことになる。インターネット上にOPACを公開するにあたって，情報資源流通体制をどう整備するかについてもあわせて検討することが求められる。

存在と所在

Web OPAC上での情報提供は，その多くが一館単位あるいは一自治体単位のものである。特定の情報資源を探そうとしている利用者は，所蔵するであろう図書館を予想し，そのWeb OPACにアクセスすることが必要である。どの図書館が求める情報資源を所蔵しているかを予想するための情報は十分整備されているとはいえない。そして予想に基づいてアクセスしたWeb OPACごとにシステムが若干異なっていることを発見するし，さらには複数の図書館のWeb OPACを検索しようとすると，その度にキーワード入力が必要となる。Web OPACは多くの図書館，情報センター，情報資源所蔵機関が参加する「総合目録」化されたときに真に利用者へのアクセスがつくられたと考えるべきだろう。

一館単位のOPAC

総合目録化されたWeb OPAC

横断検索システム

この問題点をクリアする最近のシステムとして「横断検索システム」と称するシステムがある。ほとんどの都道府県立図書館等が導入している。タイトルなどの一つのキーワードを入力して検索を実行すると，複数の図書館のWeb OPACに順次アクセスを行い，その結果をとりまとめて表示してくれる。所蔵図書館を表示する書誌データ等の検索結果は，それぞれの図書館の提供するWeb OPACであり，館ごとに異なった表示となっている。所在を確認するという目的は，たしかに実現できるのであるが，利用者の側からすると統一性のない世界の提示にしかすぎない。個々の図書館のWeb OPACに習熟することは至難のことであろう。

Z39.50プロトコル

この問題に対応するのが，Z39.50プロトコルを利用した横断検索である。日本では欧米ほど広がりを見せてはいないが，東京工業大学図書館などではゲートウェイにZ39.50プロトコルを導入して，統一された横断検索の結果を示すようにしている。プロトコルとして提供されるものであり，より使いやすくするためのプロジェクトZING（Z39.50 International：Next Generation）も進行している。国際日本文化研究センターの「Z39.50書誌情報横断検索」(http://db.nichibun.ac.jp/ja/category/oudan.html）では，アメリカ議会図書館（LC），英国図書館（BL）など海外の図書館を含む82館（国内は東京工業大学図書館など5館）のシステムを公開している。

ZING

検索洩れ

「統一性に欠けた世界の提示」という問題とともに，「検索洩れ」の可能性も大きな課題である。2002年から約10年にわたって横断検索システムを提供していた「J-Cross」(http://www.jcross.com/navi/）では，11の大きなパターンに分け，さらにそれぞれの検索上の特徴（全部で63パターン）を明らかにしていた。このシステムを利用して「検索洩れ」を起こさないようにするには，すべてのパターンについて試みることが必要となってくる。

J-Cross

インターネットが普及し，知りたいことがあると最初にサーチエンジンを用いる人が増えてきた昨今では，「サーチエンジンで探せば十分でWeb OPACの役割は終わった」と考える人がいる。しかし，全文検索が基本のサーチエンジンでは，大量のノイズが発生する。著者名典拠による同名異人の区別，件名標目で培った統制語の付与など，インターネット全盛時代以前の図書館が確立してきた手法を再評価すべきであろう。さらに館内OPACの利用者サポート活動で蓄積された技術と知識を，「ヘルプ画面」等で提供する過程でOPACに共通する存在意義が明らかになってくるであろう。

UNIT 16

◉コンピュータによる目録作成の実際

コピー・カタロギングとオリジナル・カタロギング

●…………目録とコンピュータ

1960 年代以前の図書館の目録といえばカード目録であった。それぞれの図書館が複数枚の目録カードを手書きで作成し，標目（見出し語）（『日本目録規則　2018 年版』では「アクセス・ポイント」に相当する）を記入し，書名目録，分類目録等を編成していた。何枚もの手書きカードの作成を，小型謄写版に置き換えるところもあった。原稿となるカードは，「標目未記載」であり，印刷・複製された個々のカードに標目を手書きやタイプライタを利用して記載した。できあがった標目の記載されたカードを，目録編成規則を手元において，1 枚 1 枚目録カードケースに組み込んでいた。この作業をしていると，しばしば，利用者が目録の探し方をたずねてきた。情報資源の貸出だけが図書館員の仕事ではないことを実感するときであった。

カード目録

標目未記載

目録編成規則

原稿となるカードを，国立国会図書館から入手できる時代がやってくる。標準化された目録の編成と提供を目指す集中目録作業への展開であった。

印刷カード

目録原稿の作成・複製・標目の記載・目録編成といった一連の業務は，多くの人手を要する作業であり，図書館業務合理化の波にのみこまれる。

1960 年代のはじめに，アメリカ議会図書館で開始された目録業務の機械化は，コンピュータという道具を活用することで急速に進展した。当初，英数字しか扱えなかったコンピュータは，カタカナを扱い，やがて漢字をも扱えるようになる。平行してデータの蓄積能力も高まっていく。処理のためのソフトウェアも，次々と研究・開発される。さらに蓄積されたデータを効率的に探し出す検索技術が追いかけてくる。これらがあいまってコンピュータはデータベースシステムを扱う優れたシステムとしての位置を確保する。

目録業務のコンピュータ化

データベースシステム

図書館における目録は，データの蓄積・保存と，それらを効率的に探し出す技術があいまったところに成立する。この本質はコンピュータの有無に左右されることではないが，コンピュータの利用は一連の作業とサービスを効率的に処理できるものとして定着する。

●…………コンピュータによる目録作成

コンピュータが目録業務に応用されるようになった頃（1960 年代）の目録作成・

ワークシート
キーパンチャー
データチェック

入力作業は，目録作成を専門とする人が，所定の入力作業指示票（ワークシート）を目録規則等を利用して作成し，入力作業そのものはキーパンチャーと呼ばれていた入力専門の作業者に渡して行われていた。ワークシートは，タイトル・著者等の記入場所が決まっており，目録作成者は，あたかもカード目録を作成していた時代と同じような感覚で，データを記入していた。キーパンチャーは，その指示に基づいて定められた位置にデータを入力する。できあがったデータ群は，プリントアウトされ，目録作成者によって指示どおりの入力になっているかのチェックを受け，承認が得られるとハードウェア担当者に引き渡され，あらかじめできあがっているソフトウェアを利用してデータベースシステムとしてコンピュータ上に反映された。

ホスト／端末システム
オンライン・カタロギング・システム

1970年代には，コンピュータ技術の展開は，効率化を目指して進み，ホストコンピュータであるセンターマシンと端末で構成されるシステムに変わっていく。さらに技術は発展し，端末はコンピュータの機械的操作にとどまらず，データの直接入力が可能となる。この結果，ワークシートの作成は不要となり，目録作成者が端末に向かって入力する方法へと進化する。目録作成者は，端末のキーを操作してデータを入力する技能を求められるようになり，キーパンチャーという職業が消えていく。こうしたシステムを「オンライン・カタロギング・システム」と呼んでいた。

PANからLANへ

通信技術へのコンピュータ技術の適用も急速に展開する。個別の組織・機関で完結していたホストコンピュータと端末で構成されるシステムから，ホストコンピュータ同士を接続するネットワークシステムが形成されてくる。プライベート・エリア・ネットワーク（PAN）から，ローカル・エリア・ネットワーク（LAN）への進化は1980年代に急速に進んだ。

集中目録作業
目録所在情報サービス

この結果，目録情報をはじめとするデータをやりとりできる範囲が拡大し，共同で目録をつくる体制ができあがってくる。全国書誌作成機関が形成する目録データベースを核とする「集中目録作業」が，複数の目録作成機関によって運営される共同目録作業・総合目録形成事業へと展開される。この展開は，日本では，1984年の大学図書館を中心に発足した「目録所在情報サービス」に見ることができる（運営の主体は，次のような変遷をたどった。東京大学情報図書館学研究センターと同大型計算機センター　→東京大学文献情報センター　→全国共同利用機関としての文献情報センター　→学術情報センター　→国立情報学研究所）。

現代の各図書館における目録作業は，共同目録作業の成果を利用する「コピー・カタロギング」と，個別図書館の目録作業の結果を積極的に反映する「オリジナル・カタロギング」で構成されることになった。

●…………コピー・カタロギング

MARC21，JAPAN MARC，民間MARC，それらを背景として成立している書誌ユーティリティ等を利用して，ベースとなる書誌データを入手し，その複製（コピー）をそれぞれの館の書誌データとして利用する。各館が行う目録作業は，登録番号，排架記号，独自の分類記号，独自のアクセス・ポイント，独自の視点から必要と考える書誌データ等の付加であり，データ入力作業の負担は大きく軽減できる。

コピー・カタロギング

この作業が成立するには，2つの条件が必要である。

まず，高品質の書誌データを，情報資源刊行後，時間をおかずに入手できる環境である。この環境では，誤ったデータの速やかな修正・更新機能も重視されなければならない。このことはベースとなる書誌データ提供側では適切に修正・更新を行っているにもかかわらず，それを受ける個別機関・組織のシステムに更新機能が低いなどの問題があったのでは意味をなさない。

高品質の書誌データ

2つめの条件は，入手した書誌データを適切に評価できる目録作成者の能力である。誤ったデータは当然としても，いま目録を記述しようとしている情報資源と「ベースとなる」とされる書誌データの異同を確実に認識できなければならない。目録作成能力と同時に出版状況等についての知識と経験が問われる局面である。

目録作成者の評価能力

コピー・カタロギングは，目録作成能力の低い作業者でも「可能」という幻想が流布されたことがあるが，決してそうではない。

●…………オリジナル・カタロギング

ベースとなる書誌データを入手できない情報資源について，目録を作成するにあたって進められる入力作業である。公共図書館においては，地域で出版された地域資料等が主な対象となる。

この作業でデータベースに繰り込まれるデータ群も，高品質の書誌データと混在することになるということに留意しなければならない。全国書誌作成機関等で，日常的に専門的作業を進めている人たちと同レベルの目録作成能力が求められる。しかも，それらの情報資源は地域の利用者にとっては，すぐにも利用したいと考えるものであり迅速な目録作成が期待されている。

共同目録作業・総合目録形成事業に参加している図書館等におけるオリジナル・カタロギングは，ただちに参加図書館から評価される。また，その図書館が「なぜ」対象となる情報資源を入手することとしたか，その事由となる情報を明らかにするならば，その情報資源の流通にも役立つ情報提供につながる。地域の図書館の新たな役割を発揮できる場ともなっていくと考えて対応するべきだろう。詳しくはUNIT 38を参照してほしい。

オリジナル・カタロギング

UNIT 17

◎コンピュータによる目録作成の実際

総合目録：集中型と分散型

●…………総合目録の機能と役割

総合目録

総合目録（union catalog）とは，図書館や資料センターなどの複数の情報資源所蔵機関の蔵書などを一覧できるように編纂した目録である。それらの機関同士の相互利用や，相互貸借（ILL：Inter-Library Loan）を実施するために，相互に情報資源の所在・所蔵を確認するためのツールとして作成される。

できあがった総合目録は，情報資源の分担収集，分担保存といった図書館協力活動を実施するうえで必要とされる情報のよりどころとして活用される。

参加する機関の範囲

このことから，どのような機関・組織が協力して相互利用などの活動を実施するのか，その協力ネットワークの構成をどのように設定するかによって異なったタイプの総合目録が編纂される。同一の組織・機関内の中央館対分室・分館，利用対象とされる人たちが同じような組織・機関，館種別，近隣関係にある図書館同士，同じ主題を収集している館同士，マイクロ資料・逐次刊行物など形態を同じくする情報資源を収集する機関・組織同士，などである。たとえば，ある大学図書館の中央館と各学部にある分館・分室による「全学総合目録」，地域館と中央館による自治体内の総合目録，県内の公共図書館のもつ雑誌等を集めた「○○県公共図書館逐次刊行物総合目録」などが編纂されてきた。

総合目録の物理的媒体

総合目録の物理的媒体としては，カード，冊子，マイクロフィルム，CD-ROMといったものがあり，物理的媒体をもたないオンラインの総合目録も編纂されている。これらの背景には，参加する図書館などの目録作成作業が何によっているかという条件と，編纂された総合目録を，どのように利用してもらうのかといったことを組み合わせてできあがると考える必要がある。カードで編纂された総合目録は，そのカードケースを設置している機関・組織に行かないと利用できない。オンラインでWeb上に提供しているならば，参加組織・機関外からのアクセスを保障することもできる。

●…………総合目録の構成要素

2つの構成要素が必要とされる。

書誌データ

一つは，書誌データである。それぞれの情報資源の所蔵機関・組織が作成する目録と同様に，タイトル，著者などの責任表示，出版者に関する情報，情報資源の物理的状況を示すデータ等が基本となる。これに加えて，分類・件名といった主題分析の結果を示すデータも求められるだろう。書誌データによって期待されることは，情報資源の同定・識別についての有効性である。たとえば，漢籍などのように，情報資源によっては，通常の目録規則などで規定されている範囲を越えた情報の提示を求められる。

同定・識別

2つめは所在情報である。まずは，所蔵機関・組織の名前が必要である。あわせて，それぞれの機関・組織のなかでの所在を表す「請求記号」が求められる。総合目録の利用は，当該情報資源の利用が目的であり，できる限り手間を省いた形での情報資源へのアクセスを可能にする必要がある。

所在情報

請求記号

総合目録には，これらの情報資源そのものに関する情報とあわせて，参加機関・組織についての情報も求められる。休館日などの情報，交通アクセス，外部からの利用に対しての方針などを一覧できる形で提示することが望まれる。

休館日

交通アクセス

●…………総合目録の編纂

○カード，帳票

いまや時代遅れのものであるが，総合目録編纂の基本を知ることができる。参加機関・組織は，それぞれが所蔵する情報資源について作成した目録カード（または，あらかじめデータ項目・記入様式を定めた帳票）に「機関名」を明記したうえで，編纂を担当する機関に届ける。編纂機関は，届けられた目録カード・帳票の書誌データをチェックし，データの同定を行ったうえで，定めている排列規則に従ってカード・帳票を排列する。利用者は，排列規則を参考に検索し，求める情報資源に対応するカード・帳票が複数ある場合は，そのなかから利用を依頼する組織・機関を選定し，相互利用の約束により利用を申し込むこととなる。

機関名の入ったカード

この総合目録編纂では，参加機関・組織の目録作成能力が均質化していることが望ましい。また，集められたカード・帳票の同定に多くの労力が払われる。記入されたすべてのデータを比較しないと同定・識別は困難である。これは，次の項で説明する「集中型」の編纂作業である。そして，作業は継続されることで意義づけられる。中断することは，過去の作業全体を否定することにつながる。

集中型の編纂

カードや帳票で集められた書誌データと所蔵情報は，同定・識別されたうえで，①カードのままで排列提供される，②印刷用の原稿を作成し，活字を組んで（校正作業が必要になる）活版印刷をし，「冊子」として刊行される，③カード・帳票を，そのままコピーしたり，縮小コピーをして「原稿」とし，オフセット印刷（校正は不要である）を利用して「冊子」を作成する，というような形で公表され，図書館業務に役立てる。

○オンディスク

所蔵データを伴う書誌データを，電子化し，フロッピーディスク，USB（Universal Serial Bus）等の磁気データ記録媒体に入力し，編纂作業実施機関に提出するものである。電子化ファイルをオンラインで転送するFTP（File Transfer Protocol）という方法もある。情報が電子化されているので同定・識別にコンピュータを積極的に利用できる。

データの転送・提出

データ内容もさることながら，全角文字・半角文字といった違いや，スペースの有無までが同定・識別結果に影響をもたらすので，入力作業とそのチェックに最大の注意を参加機関等は払わなければならない。

同定・識別作業は，参加機関が入力した各種の標準番号（ISBN，ISSN，全国書誌番号など）が「識別キー」として利用される。より正確な同定・識別作業を実施するためにタイトルや，タイトル・キーを切り出して行うこともある。

識別キー

この作業の結果としてできあがる総合目録は「集中型」である。

編纂が終わると，コンピュータを利用して「冊子」としての刊行ができるほか，データベースに組織化し，オンラインで提供できることとなる。

オンディスクでのデータ提供は，提供から利用までの間に編纂組織による編纂作業が存在し，連続的な工程とならないところが特徴である。その結果，タイムラグという重大な問題点を発生させてしまう。

○オンライン

各参加機関等が，総合目録を管理するセンター機関のコンピュータに接続し，そのオンライン端末であるかのような機能を利用して，必要に従って書誌データを同定・識別したうえで，所蔵情報を入力する方法である。同定・識別の主体は，各参加機関等に委ねられ，目録作成能力が均質化していることを求められる。

書誌共有型

書誌並列型

書誌データをどのように管理するかで，書誌共有型と，書誌並列型に分けることができる。書誌共有型では，重複書誌データをつくってしまわないように慎重に同定・識別を各参加機関等が行わなければならない。書誌並列型では「所蔵データに対応した書誌」と見ることができ，書誌の流用ができるかどうかを参加機関等が見極める必要がある。

どちらの型であっても，コピー・カタロギングを利用できる場合は，所蔵情報だけの追加であり，非常に簡便に総合目録の形成が可能である。オリジナル・カタロギングによる場合は，入力した書誌データを他の参加機関等が利用することになるので慎重を期すことが必要である。

書誌共有型であろうと書誌並列型であろうと，同じシステムで書誌データが提供され，それを利用して書誌ユーティリティであるかのごとく機能するので，各参加機関等の目録作成能力とあわせて，センター機関による総合目録の質を維持する作業が問われる。こうした意味で「集中型」とされる。

編纂された総合目録は，リアルタイムに，そのまま利用者に提供できる。

●…………集中型と分散型

「集中型」は，上に述べてきたように，総合目録編纂のセンター機関・組織にデータベースを構築し，利用に供するものである。書誌データの同定・識別を，データベース構築側（各参加機関またはセンター機関）が実施する。図書館利用者等は，示された結果を利用するだけである。書誌データの厳密な異同を問題にする必要がなく，また，問題にできる能力をすべての図書館利用者等がもっているわけではないので，「集中型」は「利用者にとってやさしい」システムということができる。

集中型

利用者にとってやさしい

「分散型」は，そのようなセンター機関をもたない総合目録である。書誌並列型の総合目録形成事業も「分散型」とみなすことができるが，形成事業は，図書館等の目録作成機関が参加するものであり，図書館の利用者が，そのデータベースを直接利用する機会は少ない。

分散型

現代における「分散型」は，「横断検索システム」によって提供される。図書館利用者やインターネット利用者が，横断検索システムにアクセスし，検索のための「キー」を入力すると，システムは，組み込まれているデータベース・サービス機関を順次に検索していき，「キー」に対応する書誌データをもっているところをリストアップしていく。組み込まれたデータベース・サービス機関のすべてを検索し終えないと「結果」は提示されない。提示された「結果」は，どこのデータベース・サービス機関が，該当する情報資源を所蔵しているかを示すだけであり，その書誌がどのようなものであるかは，それぞれのデータベース・サービス機関の管理するデータベースにアクセスしないと明確にならない。それぞれのデータベースにおける書誌データの記録は，独自にデザインされている。資料そのものを求めている利用者は，独自にデザインされたものを，いくつも，いくつも見ることが強いられる。しかも，書誌データのレベルは，データベース・サービス機関によって異なっている。ベースとなる情報はともかく，各データベース・サービス機関の考える書誌データの重要度が反映される。

横断検索システム

「横断検索システム」を利用した「分散型」の総合目録は，「総合目録を提供する」という大義名分を成立させることができても，その本来の目的である「利用者の時間を節約する」形での総合目録とはなりえないと考えるべきだろう。

利用者の時間を節約する

UNIT 18

◉目録法の基礎

目録法の基礎（1）

●…………2つの目録法

目録法は，2つに分けられる。一つは，情報資源のタイトル等の書誌データを記録して，それらを手がかりとして，すでに存在のわかっている情報資源の所蔵や所在を確認するためのものである。これを記述目録法（descriptive cataloging）という。あと一つは，利用したい主題に対応する情報資源の存在を探すためのもので，主題目録法（subject cataloging）と呼んでいる。

記述目録法

主題目録法

目録を作成・編成する側からいうならば，記述目録法は，対象となる情報資源そのものから記録すべき書誌データ（優先タイトルなどの典拠形アクセス・ポイントを含む）を抽出し，そのまま利用できるが，主題目録法は，情報資源に盛られている内容を分析・把握する必要があるほか，把握した内容を検索可能な形（「件名」と呼ばれる「ことば」や，分類記号。『日本目録規則　2018年版』においては「非統制形アクセス・ポイント」とされる）に変換するという高度な作業を伴うものである。

目録法の意義

●…………目録法の意義

目録法とは，英語ではcatalogingにあたることばで，一般的には，情報資源の書誌データを記録し，管理し，また，それらの利用を図るための規則類の整備や，編成・編集等を含む目録作成のための種々の作業を包括する概念とされている。

目録記入

それぞれの図書館は，所蔵する一つ一つの情報資源に対して，対応する記録（これを「目録記入」という）を作成する。そして，それらの目録記入を組織的に編成し，一つのまとまった集合体としたものが目録である。したがって，目録記入の記載方法や，編成方法が一定のルールのもとに管理されていなければならない。統一した方針がなかったならば，誤った書誌データにまどわされたり，所蔵している情報資源へのアクセスができなくなるなどの問題が発生する。

ルール集

適用コード

目録法は，このような事態が発生しないように，あらかじめ，それぞれの目録作成機関・組織が定めるルール集と考えてよいだろう。ルール集は，ルール適用のための規則とともに，適用されるコード等（『日本目録規則　2018年版』の「付録」などが例としてあげられる）も含めて考えておくことが必要である。

●…………目録作成の目的

「10万冊開架」を標榜する図書館も増えている。情報資源の展示・提供のシステムとして開架方式はすでに当然のこととなっている。こうした傾向が一般的になってくるなかで，目録作成の意義を否定する論議が横行している。

開架方式と目録

たしかに，情報資源の主題を表現する分類記号の順に並べられた開架書架があれば，テーマをもって生涯学習を進めようとする人たちには歓迎されるだろう。けれども，その分類記号についてどれだけの知識を，その人たちがあらかじめもっているかというと心許ないのが現状ではないだろうか。個別の図書館内ではシリーズにまとめてしまった文献・資料，大きさやテキスト言語が違うばかりに別の場所に移されている文献・資料，内容やテーマが同じであるのにビデオテープであるがゆえに特別の手続きを必要とする資料，など利用者が簡単に探せない状況がたくさんあると思われる。

また，情報資源を手にとって，利用者自身がその有効性について判断しながら選択できることの意義は重要であろうが，手にとることのできる情報資源のみに頼ることの危険性を，どれだけの利用者が気がついているだろうか。現にほかの人が利用している情報資源は，所蔵はしていても書架のうえにはないのであるから，利用者は「この図書館の資料は貧弱である」との印象をもったまま立ち去っているかもしれない。同様の危険性は，インターネット上に公開された情報だけを利用するという場合にも発生しうる。

もちろん，情報資源そのものを提供してこそ図書館の役割は果たされる。したがって，書架のうえにないものをどれだけ書き連ねても，利用者の要求にその場で応えたことにはならない。しかし，数日後には渡せる情報資源の情報を与えないままでお引き取り願うことが，利用者の信頼をかちえるためにプラスに働くことはない。

目録の効用

目録は，情報資源そのものに表示された事柄以外のところからも探し出せること，現時点において図書館に所在しない情報資源をも含めて，図書館の所蔵する文献・資料の一覧を提示できること，利用者の求めている情報資源が所蔵されているか否かについての情報を提供できること，書庫に収納されている等の理由によって手にとって見ることのできない情報資源についておおよそのイメージをつくれるだけの情報が入手できること，などを目的として作成される必要がある。

●…………目録の種類——検索方法別

検索方法別に目録の種類をあげると，タイトル目録，著者目録，件名目録，分類目録，辞書体目録となる。

タイトル目録

(1) タイトル目録は，図書の書名，ビデオテープのタイトル，雑誌の誌名，雑誌論文の標題，CDのタイトル，そのCDに含まれているそれぞれの曲のタイトル，インターネット上にあるファイルにつけられたタイトル，などから検索する目録である。排列の順を決めるキーと検索のためのキーは，タイトルとされる。個々の情報資源についてタイトルをデータとして取り出し，タイトル順に排列していく。タイトルを書名のレベルで把握するか，あるいは収録された論文のレベルで把握するかによって，文献・資料についてのアクセスを豊富にすることが可能なものとなる。

著者目録

(2) 著者目録は，「著者名目録」という場合もある。情報資源の内容に責任をもつ著者名または家族・団体名から検索することを目的とした目録である。個々の情報資源について，著者・家族・団体等を見出し語として目録記入を作成し，その順に排列していく。見出し語とされる著者・家族・団体等には，複数の著作を収載する合集に含まれる各著作の著者，翻訳を担当した訳者，本文に対して注釈を加えた注釈者など，その情報資源の成立にかかわったすべての個人と家族・団体が含まれる。この目録に，伝記等の被伝者を見出し語として作成し，これらを含めた目録とすると「固有名目録」(name catalog) を作成することができる。

件名目録

(3) 件名目録は，情報資源を主題から検索するための目録の一つである。個々の情報資源の主題に対して与えた件名（主題または情報資源の形式を表す「ことば」など）を，目録の見出し語とし，その音順または字順によって排列したものである。

分類目録

(4) 分類目録も，件名目録と同様に情報資源の主題を対象として作成される目録である。それぞれの主題を数字等の分類記号により表現し，情報資源を階層的体系のなかに組み込むことができ，利用者のアクセスの可能性を体系に沿って広げたり狭めたりすることができる目録ということになる。

辞書体目録

(5) 辞書体目録は，タイトル目録，著者目録，件名目録の3つを，同一の目録として編成したものである。著者名も含めて「ことば」による検索キーばかりを集めたものということができ，利用者が検索するキーの性質（「タイトルか，件名か」といった）に配慮することなく検索を進めることができる。「ことば」が一義一語で成立している言語において有効な目録であるが，「本＝図書＝書籍＝書物」のように同義語の多い日本語では，効用が小さい。

検索エンジン

インターネット上の検索エンジンを利用した検索は，検索キーの性質を問わないという面で，辞書体目録の利用に似ている。

●…………目録の種類――用途別（目録の利用者別）

用途別に目録を分けると，利用者用目録（閲覧目録）と事務用目録になる。

(1)　利用者用目録はpublic catalogと呼ばれ，利用者に提供している情報資源を利用者が検索・利用しやすいように工夫された目録である。工夫としては，たとえば件名目録においては，利用者の思いつく「ことば」から図書館の取り上げている件名に導くための「参照記入」を豊富に作成することなどであろう。

利用者用目録
public catalog
参照記入

検索方法別の目録のうち，タイトルや著者等から検索できる機能がまず必要である。そのため，タイトル目録，著者目録が利用者用目録としてまず整備される。

同じ主題からの検索を保障する分類目録は，情報資源そのものを分類順に並べる開架方式がとられていることが多いことから軽視されることがあるようだが，複数の主題を扱った情報資源の存在や，図書館側の都合で，シリーズであるとか，参考図書であるとか，大型であるとかの理由で別置する情報資源があるので，利用者の観点からは整備が必要な目録である。

(2)　事務用目録はofficial catalogであり，図書館業務の遂行上で必要とされる。利用者目録を共用するという方法もあるが，次のような目的をもつ場合は，当然のことであるが別の目録として編成されなければならない。

事務用目録
official catalog

書架目録：書架上に情報資源が並べられているとおりに排列した目録であり，一つの情報資源に対して一つの目録記入のみがつくられる。排列にあたっては，大型資料で別置しているとか，参考図書とか，児童用の資料といったように分けておく必要がある。用途は情報資源の点検や，書架上での排架位置を決定するための記号をつけるため，などがある。

書架目録

典拠目録：人名，家族名，団体名，「千夜一夜物語」，「アラビアン・ナイト」のように異なった表示方法の存在する無著者名古典等のタイトル等を統一するための目録である。『日本目録規則　2018年版』では「統制形アクセス・ポイント」としている。情報資源に表示されたままを目録記入には記載するが，同一の情報資源を一か所で見ることができるように「参照記入」をつくる場合に必要となる。

典拠目録
統制形アクセス・ポイント
参照記入

事務用目録において，あと一つ重要な機能が期待されている。それは，受入・発注・組織化作業中の情報資源を把握することである。この機能を果たす目録のことを「イン・プロセス・ファイル」(in-process file) と呼んでいる。選択・収集を決定した情報資源が，現在どのような作業段階にあるかを知るとともに，まだ編成を終わっていない情報資源の重複発注を防ぎ，さらに，長期にわたってイン・プロセス・ファイルへの滞留を避けるよう管理することで，情報資源組織化の作業を必要以上に遅延させない効果をもっている。

イン・プロセス・ファイル

これらは，コンピュータ目録においても，その機能が，特定の業務などで必要となるものである。

UNIT 19

◉目録法の基礎

目録法の基礎（2）

目録の機能

●…………目録の機能

『日本目録規則　2018年版』の「0.4　目録の機能」では，次のように述べている。「目録は，利用者が資料を発見・識別・選択・入手するための手段を提供し，資料のもつ利用可能性を最大限に顕在化する道具でなければならない。」

それぞれの図書館の情報資源の所蔵内容と直接かかわりをもたない「書誌」を除く「目録」の基本的機能は，次の3つにまとめることができるだろう。

所蔵の有無を示す

一つは，特定の情報資源の所蔵の有無を示すことである（発見・識別）。利用者が目録を利用するにあたっては，タイトルとか著者名とか出版者などの書誌データをあらかじめ把握してくる場合と，求めている情報資源の主題やテーマを設定してアクセスする場合とがある。図書館の目録は，こうした利用者の要求に対応できるように準備されていることが必要である。利用者が所蔵の有無を知るには，正確なタイトルなり著者名を知っていて検索を行うのがもっとも確実であるが，常に正確なタイトルなどを知っているとは限らない。また利用者が正確なタイトルを知っていたとしても，利用者の探そうとしている情報資源が図書館の目録において同じタイトルで書誌データを作成しているとも断言できない。たとえば，シリーズに含まれる1冊1冊が独立したタイトルをもつシリーズの記述は，1冊ごとのタイトルのこともあれば，シリーズのタイトルとすることも図書館の目録作成方針によって存在しうる。これらの場合，著者名からの検索を行えば，求める情報資源に到達できるのであるが，利用者が常にタイトルとあわせて正確な著者名を知っているということも期待できない。「特定の資料」という場合，特定の版とか，特定の刷りとかを求める場合もあるだろう。

特定の版・刷り

どのような情報資源を所蔵しているか

2つめにあげることは，特定の著者・特定の主題やテーマに関して，どのような情報資源を所蔵しているかを示し，利用者の選択を可能とすることである（選択）。この機能を充足していることで，先ほど述べたような正確でないタイトルや，異なった取り扱いを受けている情報資源を探し出すことが可能となる。また，利用者があらかじめ情報資源を特定しないでアクセスしてきた場合にも対応ができる。「なにか，いい本な～い？」といったようなアクセスは別にして，主題やテーマが少しでも明らかにされたならば，その要求を目録上においてどのように表現しているかを考え，指し示すことが司書の役割であろう。この機能は，レファレンスサービスなどでも利用されることはいうまでもない。

最後の機能は，所蔵していることが明らかになった情報資源の，図書館内での位置を示すことである（入手）。所在場所が利用者にわかるようにされていなければならない。開架書架，書庫，児童コーナー，参考図書コーナー，大型書架，CDの棚など，図書館内の情報資源の置き場所を正確に示し，利用者がアクセスできるようにしておく必要がある。この機能は，それぞれの図書館が任意に設定できるものであり，それに見合った記載を確実に行う必要がある。あわせて，図書館は，その置き場所についての説明を目録の近くに掲示などで示しておかないと，利用者の情報資源への容易なアクセスを阻むこととなるので留意する必要があるだろう。こうしたことは，目録作業を目録作成だけに限定しないで，図書館活動全体のなかに位置づけることの必要性を明らかに示している。

図書館内での所在場所を示す

●…………目録の構成要素

目録は，「一つ一つの情報資源についての書誌データを記載した目録記入」と，それらを関係づける「参照」から構成される。

目録記入

目録記入とは，個々の情報資源について「タイトル，著者名，出版者名，出版年など」（これらを「書誌データ，あるいは，書誌データセット」という）を記録したもので，カード目録では1枚1枚のカードが，これにあたる。機械可読目録，コンピュータ目録においては，一連の書誌データの集合として「レコード」という概念で示される。

書誌的記録（bibliographic record）は，記述（description，書誌データ：タイトル，著者名，出版に関する事項，情報資源の物理的形態を表す事項，目録作成者が必要に従って記録する各種の注記，情報資源そのものにつけられた標準番号，入手条件など），所在記号（location mark，それぞれの図書館における情報資源の排架位置を示すもの），その他の事項（どのような標目あるいはアクセス・ポイントをつくるべきかを指示した部分（tracing）や，情報資源の管理上で必要とされる事務的な事項など）からなっている。それぞれの目録記入には，検索のためのキーであると同時に，目録内での位置を決めるための標目（headings，『日本目録規則 2018年版』では「アクセス・ポイント」という）が記載される。標目の種類に基づいて，タイトル記入，著者記入，件名記入，分類記入の4つに分けられる。

書誌的記録

検索キー

標目

アクセス・ポイント

参照（reference）は，目録のなかで，ある標目から他の標目へ導いたり（「を見よ参照」），相互にどのような関係にあるかを案内する（「をも見よ参照」）役割をもっている。『日本目録規則　2018年版』においては，情報資源相互の関連を示す機能を「参照」としており（1.13.2），「をも見よ参照」が強調されている。目録が

参照

情報資源の検索のための道具として役割を果たすためには，ぜひとも必要なものであるが，参照をつくるか否かは目録作成者の考え方に委ねられているので，目録作成者は利用者の目録へのアクセス実態を把握していることが必要である。

●…………図書館活動と目録

それぞれの図書館の作成する目録は，利用者に対して各図書館の所蔵する情報資源が何であるかを明らかにすることが基本的役割である。利用者が求める情報資源をあらかじめ特定したうえで，所蔵情報を求めるということは，逆にいえば「非所蔵」情報の確認ということでもある。このときの利用者の検索方法は，開架書架を目で追っただけとか，覚えているタイトル・著者のみで調べただけで，司書の側からみれば不備だらけの検索となっている可能性がある。しかも，それぞれの図書館の提供する目録情報は，どこに行っても同じというわけではない。利用者は，その実態に対応して求める情報資源を探さねばならないという状況にある。すべての図書館が同一の情報資源については同一の情報，同種のアクセス方法を提供できるようになってはじめて，それぞれの図書館は所蔵情報とあわせて非所蔵情報を提供していることになるであろう。

「非所蔵」情報の確認

求める情報資源に関して，図書館が準備している目録を検索するのに十分なほどの情報をもっている利用者が図書館にやってくるわけではない。その「十分とは言い難い」情報をもとに，情報資源の所在情報と結びつける作業は，図書館のレファレンスサービスとして実現されることであることに留意する必要がある。

情報を補う機能

これらの一連のサービスを実施しても，利用者の求める情報資源が提供できないとなれば，図書館間のネットワークの活用が図られる。このときには，検索・比較・対照の対象となる情報量が増えることから，求める情報資源についてより多くの情報が必要であろうし，ネットワークを通じて利用しようとした図書館等の情報資源組織化作業の不備が明らかになる場合も大いにありうる。

定型化情報

司書の「介在」

目録として提供される情報は，内容的にも形態においても千差万別の情報資源から，定型化された情報を取り出したものである。さらに取り出した情報を，それぞれの図書館の情報資源の管理体系のなかに位置づけることによって，目録は形成されている。利用者の目から見るならば，図書館員が情報資源と利用者との間に介在しているということである。だが，この「介在」を否定し，数十万冊の資料を全面開架とし，自由に歩き回ってよろしいと言われても途方にくれる利用者も出てくる。

図書館のもつ情報資源が充実すればするほど，また他の図書館との協力関係が強まれば強まるほど，目録整備の必要性が高まると理解するべきだろう。

また，利用者は生涯学習時代に対応して，図書館利用に関して常に司書の手を借りなければならないというふうには考えなくなってきている。自らが目録を検索し，確実に求める情報資源に到達できることを望んでいる。それを保証するために，利用者の目録利用性向を十分に調査して，それにマッチした目録情報，目録体系を生み出す力を図書館員が備える必要がある。

●…………利用者と目録――目録利用実態の把握

目録は図書館にとって利用者と情報資源を媒介するもっとも重要なツールであることは前節で強調した。と同時に，目録はレファレンス，情報資源の収集など図書館業務全体の遂行にあらゆる面で影響を与える。また，目録作成のための経費は図書館運営全体のなかでかなりの割合を占めていることにも留意する必要がある。目録の利用者に対する効果を知ることは，図書館運営に圧迫を加えないで効率的に目録の作成手段を検討するために欠かしてはならないことである。

カード目録の時代から，コンピュータを利用した目録の時代へと変化し，さらにインターネットが当たり前の時代となり，利用者にとっても新しい目録環境が形成されている。そのなかでの利用者と目録の関係を把握することが要請されている。

最後に，目録の利用実態を把握するためのいくつかのパターンを考えてみよう。

目録利用行動の観察

まず，ごく自然な状況のもとでの目録利用行動の観察が最初に手がけることである。その結果をただちに一般化してはならない。観察の結果として把握された関係を一般化しうるかどうかについて知るためには，実験を必要とする。実験は，想定される多くの因子を相互に組み合わせて，各種の可能性を追求できるものでなければ意味はない。観察・実験において，その結果を記録する方式もいくつか存在する。定型化された観察を，定型化された様式に記録する場合でも，記録者の主観が入るような記録方式は好ましくない。また，記憶に頼る記録方式は，正確性も信頼性も低くなるので避けるべきだろう。

行動の分析・研究

コンピュータを使った目録システムは，操作記録などを見ることで目録利用者の行動を比較的把握することができる。しかし行動の把握が，ただちに目録利用の効果を表現していることにはならない。目録利用の効果を判定するには利用者自身の協力なしには進めることができないので，面接とか，質問紙への記入を依頼することになる。

目録システムに問題はないか

目録利用行動の分析・研究を通して目指さなければならないことは，利用者が必要な情報資源を得ることができなかった原因として，目録システム上の問題がないかどうかを知ることである。記録された書誌データ，あらかじめ準備されている検索のためのキー，参照データとして組み込まれているものの適否，検索システムの複雑さなどといった課題が，利用者の行動にどのような影響を与えるかを把握し，その改善に向けての方策を知るのが「目録利用実態の把握」である。

UNIT 20

◉目録法の基礎

記述目録法の概要

書誌記述

書誌目録法

アクセス・ポイントの決定

記述目録法は2つの面をもっている。一つは，書誌記述といわれる面である。すなわち，記述の対象となっている一つ一つの情報資源について，形態，内容，書誌データなどの特徴を示すもので「書誌目録法」(bibliographical cataloging) と限定して呼ぶ場合もある。あと一つは，アクセス・ポイント決定の面である。これは他の情報資源との間に識別できるだけの特徴を見出し，それをなんらかの形で表現しようとすることである。これら2つの面（情報資源の特徴の記録＋アクセス・ポイントの形と選定）を組み合わせた「記入（レコード）」の作成が，記述目録法における生産物，すなわち内実ということができる。

記述の目的

同定・識別

●…………記述の目的

記録の対象となっている情報資源について，他の情報資源との識別と同定が可能な範囲の書誌データの記述が目的である。同定を目的とするのならば，全文を比較・対照することが確実であるが，そのようなことを求めるのは実際的ではないだろう。簡略化した方法として，たとえば，文献を対象として，一定のページの定められた行の末尾のみを複数にわたって比較・対照するというのでも十分ということも想定される。版の異同までを含める程度のことを考えるならば，ここまでの検証素材が必要となってくるであろう。「同一のタイトル」をもつ2つ以上の情報資源という範囲での比較・対照という局面について検討するのならば，それぞれの情報資源について，それらの主題内容，主題を取り扱う視点，取り扱っている範囲，書誌的な背景や来歴などを明らかにする書誌データが明確になれば，作業として進捗することになるだろう。それらの情報資源を利用する者の立場から言い換えるならば，求めている情報資源への適合性を判断・識別できるだけの書誌データが明示されていれば，記述の目的は果たされたことになる。

記述の対象

情報資源としての完結性

●…………記述の対象

記述の対象とされるものは，対象そのもので一つの情報資源としての完結性を備えていることが必須であり，出版・刊行・頒布といった公的に認知される行為を伴う必要はない。したがって写本・手稿などの書写資料も記述の対象となる。また，形態としての要件も設定することが求められているわけではなく，あらゆる形態の情報資源，また，その一部分，あるいは情報資源の集合が対象となる。これらの対象は，その知的または芸術的内容の創造に主たる責任を果たす個人または家族・団体が関与している。しかし，記述の対象として把握するためには，知的または芸術的内容そのものが，その表現方法が言語，数値，音，画像等であろうとも，なんらかの物理的媒体に記録されていることが求められるとされてきた。けれども『日本目録規則　2018年版』においては「表現形」あるいは「体現形」とはなっていないものも，物理的媒体に記録されていない情報資源も，「著作」の実体とするようになったので考え方を広げることが求められている。言い換えるならば，人間が行った知的または芸術的創作活動を「記述の対象」ととらえることとされるようになった。なお，インターネット上の情報資源のように，媒体が目録記述者によって所有・所蔵されているか否かを問われないものも対象とされる。

物理的に固着した媒体

「著作」の実体

●…………記述の情報源

記述の情報源

知的または芸術的創作活動を物理的に具体化するという行為（「体現形」の形成）は，その固着された媒体を複数の人々の間で流通させ，自らの表現した知的または芸術的創作活動を公にすることが目標である。手稿などに典型的に現れることがあるが，文献・資料のなかには，内容に責任をもつ人の意図に反して流通してしまう場合が存在する。けれども，なんらかの媒体に記録するという行為そのものは，「自らのみのためのメモ」という意識があったとしても，後日における利用を想定した行為である。そのメモが時間的経過の末に役割や存在を変化させるということも想定され，当初から自己完結型の流通を意図していたかという点が異なるだけと考えられる。

知的または芸術的創作活動を物理的に固着した媒体・情報資源には，それらを他の媒体・情報資源と識別する目的で，いくつかの情報が表示される。その情報が，記述を作成する際の情報源として利用される。以下では，文献の場合を例示しておくが，これらの情報が明記されていない媒体にあっては，記述作成者が補うことを余儀なくされる。

・タイトルページ

タイトルページ

標題紙

文献の冒頭にあるページで「標題紙」ともいう。これが，本タイトル，著作の内容に責任を有する個人または家族・団体，出版にかかわる事項等の情報源とされる。タイトルページの裏や，タイトルページの前または後ろに，その著作を含み込んだより上位のシリーズタイトルや，本タイトルの他の言語による表現（異形タイトル）などが存在することもある。これらも情報源の一つである。

奥付

・奥付

日本の出版物に多く見られるが，冊子体の文献の最後に表示されているもので，本タイトル，内容に責任を有する個人または家族・団体，出版にかかわった個人または家族・団体，それらの所在地や連絡先，出版あるいは印刷を行った年および月などを記録している。これらの情報により，出版に関する事項等を記述することとなる。

書誌レベル

●…………書誌レベル

一つの目録記述の対象として把握された場合でも，目録記述を作成するにあたっては，そのレベルが問題となる。書誌レベルは，1970年代になって記述目録法に導入された比較的新しい概念である。ISBDでは，次の3つのレベルを規定している。

構成部分

・構成部分（component part）

雑誌のなかの一つの論文や，小説集の一つの作品など，同時に記述対象となりうる他の著作とは形態的に分離されていない著作。

独立部分

・独立部分（single part）

1冊の文献のように，形態的に独立した存在を備えている著作。

包括的対象

・包括的対象（whole item）

全集ものとか，シリーズものを指し，共通のタイトルをもつ多くの著作の集合体である。集合体に含まれる個々の著作は，それぞれ形態的にも内容面でも独立しており，「独立部分の集合」という把握が可能である。

基礎書誌レベル

雑誌は，それぞれの号に「構成部分」（下位書誌レベル）が複数含まれているのが通例であり，それらの集合体として「独立部分」（基礎書誌レベルの一部分）としての号が構成される。さらに，それらの号は，同じ雑誌タイトルとしての「独立部分」（基礎書誌レベル）として認識し，記述を作成することができる。号としての「独立部分」（基礎書誌レベルの一部分）には，数字あるいは年次・日付等の順序を明らかにできる呼称がつけられ，終期を予定しない「基礎書誌レベル」とされている。1年に1回しか発行されないような年報・年鑑といったものも，同一の概念で把握される。

複数巻単行資料

一方，シリーズものや全集もの（複数巻単行資料）は，「包括的記述」の対象として把握し，個々の著作は下位の書誌レベルと位置づけて記述を作成することとなる。

これらの書誌レベルの把握方法の違いが，アクセス・ポイントの選定に一定の影響を与えることがあるが，情報資源を十全に利用してもらうためには，レベルの違いを意識せずに，「著作」ごとにアクセス・ポイントを設定していく態度が重要である。

『日本目録規則　2018年版』では，物理的に単一のユニットとして刊行される情報資源（たとえば1冊のみの単行資料）を「単巻資料」と規定し，ISBDにいう「独立部分」としている。これを「基礎書誌レベル」と設定し，その「上」および「下」に位置づける書誌レベルが存在しているとする。この場合の「下位の書誌レベル」がISBDにいう「構成部分」に相当する（1.5.1）。また，ISBDに規定している「包括的対象」は『日本目録規則　2018年版』では「書誌レベル」とは考えず，「記述のタイプ」（1.5.2）における「包括的記述」（1.5.2.1）の対象としてとらえることとなる。

単行資料
単巻資料
基礎書誌レベル
包括的記述

●…………アクセス・ポイントの機能と要件

アクセス・ポイントの機能

アクセス・ポイントは，図書館等が提供することのできる情報資源の検索の手がかりとなるものである。記述作業を「情報資源の身代わりを作成することである」と考え，情報資源をいろいろな面から発見・探索できるようにするのが目録作成の目的であると考えるならば，アクセス・ポイントの役割は非常に大きなものとなる。

アクセス・ポイントは，図書館等の所蔵する情報資源を，「目録記入」という形に代えてグループ化するという機能をもっている。同一のアクセス・ポイントが記載された情報資源は，多くの他の情報資源と区別され，一つのグループを形成していることを利用者に示すことになる。この機能は，主題からのアプローチを保証する分類記号および件名において典型的に実現されており，著者のアクセス・ポイントにおいても，特定の著者にかかわる「著作」のグループ化という機能を果たしている。

アクセス・ポイントの要件

こうした役割・機能を果たすためのアクセス・ポイントに求められる要件は，情報資源そのものの身代わりとして使われる「記入」の内容を正確に表現できることである。

概念のまとまり

2つめにあげられる要件は，グループの形成を可能とするようにある程度の概念としての「まとまり」をもつことである。これは，主題によってグループ化を行おうとする分類記号および件名において，強く求められる。それぞれの図書館等の所蔵する情報資源の規模および利用者が行う主題からのアプローチに的確に応えることのできる分類表と件名標目表を選択・採用することと，集中させるための「参照」を十分に作成することが大切なゆえんである。

◉——option D

目録規則の標準化と統一

目録法の対象となる情報資源は，個々の図書館の所蔵するものが基本であり，目録作業の準拠するルール集である目録規則は，個々の図書館で維持・管理されるのが通例である。この段階までは，目録規則の標準化が問題となることはない。標準化論議が始まる契機は，①目録法の権威者が提唱する目録規則が普及する，②大規模で管理の行き届いた図書館の目録規則を他の図書館がまねる，③全国書誌を作成している図書館がその成果を傘下の図書館等に頒布・配布するシステムを形成する，④図書館同士の関係が深まり情報資源の相互利用が始まる，といったものである。個々の図書館が，それぞれの利用者のみを相手として図書館運営を続けている限りは，標準化も統一も話題にのぼらないと考えてよいだろう。

印刷カードと標準化

けれども，それぞれの図書館が受け入れた情報資源について，個々に「目録記入」をつくり，目録を編成・作成することは，人的にも経済的にも時間的にも負担が大きいものである。目録作業に経験の深い訓練の行き届いた職員が，それぞれの情報資源について詳細で正確な「目録記入」を作成し，それをなんらかの形で多くの図書館に提供するシステムを形成するならば，受け取る図書館にとっては，効率よく，かつ正確な書誌データを利用者に提供できることを意味し，図書館にとっても，利用者にとっても大きな利益を得ることが可能となる。

こうした考え方に基づいて，1901年，アメリカ議会図書館（LC）は「印刷カード」の頒布サービスを開始した。LCの印刷カードはLCの採択した目録規則によって作成されている。頒布を受けた図書館の採択している目録規則との間には食い違いがあるはずだが，頒布によって受ける効果は，そうした食い違いを背景に押しやり，各図書館は，それぞれの目録規則をLCのそれに合わせることとなる。

こうして複数の図書館が共通の目録規則を採択するようになると，その目録規則の維持・管理のための組織が必要となり，また規則についての意見を反映するシステムも形成されなければならない。組織なりシステムなりが形づくられると，ますますその影響力は大きくなり，やがては国レベルの標準化が実現することとなる。日本における標準的な目録規則とされる『日本目録規則　1952年版』（日本図書館協会目録委員会編，日本図書館協会，1953）策定の背景に国立国会図書館の印刷カード頒布計画があったことは，同書の「目録委員会報告」でも明らかにされている。

相互協力と標準化

図書館の利用者は，利用した情報資源をもとに成長していく。成長した利用者は，より多くの幅広い情報資源を図書館に要求するようになっていく。図書館がそのことを見越して十分に整備を続けていればよいのであるが，利用者はそうした図書館の努力を常に追い越して成長・発展する。こうしたなかで個々の図書館だけでは対応しきれない事態が発生する。情報資源の相互利用を必要とする背景である。

相互利用を保証するためには，互いの情報資源の状況についての情報の交換が必要となってくる。このとき，それぞれの図書館が個別に目録規則を維持・管理していたのでは，十分な情報交換が保証されなくなる。同じ情報資源について，協力しあう図書館の間で目録上の扱いが異なっていると，所蔵の有無すら確認が難しいという事態が想定される。たとえば，著者のジャンルごとに異なった筆名を使っている人の著作について，一か所にまとめる目録規則と，個別に「目録記入」を分散して作成する目録規則がある。いずれの場合も，参照記入を十分に作成してあれば，問題は発生しないが，目録記入の段階でその著者について必要な調査をしないままですませてしまうと，参照機能が働かなくなり，同一著者の著作についての一覧性の欠如した目録ができてしまう。

こうしたことが起こらないように，情報資源の相互利用を行っている図書館の間で目録規則をはじめとする目録作成方針の共通化を図り，さらに，そうした図書館の数が多くなってくると，そこで利用されている目録規則が標準化された目録規則として扱われるようになってくる。情報資源の相互利用が，図書館業務にかかわる協力関係へと展開する。目録規則と，それを規準として作成される目録が，図書館の運営の根幹に置かれているがゆえに，利用者へのサービスをも展望にもった協力関係が形成されると考えてよいだろう。目録規則の共通化，さらに標準化は，総合目録へと展開される。このことは，ドイツ語圏における最初の共通目録規則の所期の目標や，1930年代のアメリカ図書館協会における目録規則改訂の動きの背景に，それぞれ総合目録編纂計画のあったことからも検証できるだろう。

国際レベルでの標準化

図書館間相互協力の一つの成果として国内レベルでの標準化が進行するのと並行して，国際レベルでの標準化も始まる。

1927年に設立された国際図書館連盟（IFLA）は，1935年に目録規則の世界的統一に関する委員会を設置している。第二次世界大戦に伴う緊張関係でこの動きは中断されてしまうが，その後再開され，1961年10月にパリで目録原則国際会議（ICCP：International Conference on Cataloguing Principles）を開催し，組織的な検討の場を設けた。この会議で採択された「標目と記入語の選定と形式に関する基本原則」を「パリ原則」と呼んでいる。パリ原則で重要なことは3つある。一つは，ドイツ系目録規則において存在しなかった団体著者の概念が，団体著者標目を立てる必要のある出版物の増加により，満場一致で承認されたことである。第2は，タイトル記入の自然排列という原則である。3つめは，これらの原則を踏まえて各国の目録規則の制定・改訂作業の推進が合意されたことである。

国際レベルでの目録規則の標準化は，このような形で始まったのであるが，それぞれの国が主体性をもって進行させたことにより，パリ原則について解釈の違いが生じていることが明らかになってくる。これらを調整するために1969年以来，国際標準書誌記述（ISBD）が討議されるようになる。そして「収録する書誌データは可能な限りもれなく記録する」，「データの排列・記載順序を明確に定める」，「句読点の用い方を標準化する」という方向が出され，国際的な書誌データの交換を容易にする基盤が明確になった。

記述の統一化と，標目の標準化

目録規則の国際レベルにおける標準化は，規則そのものを一つにしてしまうことではない。

先に述べたようにISBDの制定・刊行により，書誌データ交換のための基盤は明らかにされたが，これですべてが解決したわけではない。それぞれの国における標準的な目録規則は，その国における言語の特色を反映しており，また当該国の出版事情を色濃く映している。そのためISBDの目標として，①各種の目録作成機関で作成された目録記入の互換性の確保，②言語の障壁を越えるため目録記入の理解を容易にする，③目録記入の機械可読型への変換，の3つを掲げ，目録の対象となる情報資源ごとに，収録する書誌データとその順序を定めるところにとどまっている。それぞれの国は，準拠するものとしてISBDにおいて定めた項目を前提とし，出版事情や言語の特色を活かす形で目録規則を制定・改訂することとなる。

その方向は2つの面から追求される。一つは記述の統一化であり，あと一つは標目の標準化である。どのような書誌データを記録し，その順序はどのようになっているかを明らかにする部分と，句読点の用い方について規定した部分は，記述の統一化につながる。書誌データが異なるたびに繰り返されるピリオド・スペース・ダッシュ・スペースという句読法，斜線の後には必ず当該情報資源の内容に責任をもつ個人や家族・団体が表示されているという順序などが，例としてあげられ，このように統一されることにより，記載された言語・文字についての理解はできなくとも，そこにどのような性格のデータが記載されているかは理解できるということが保証される。パリ原則に基づいて改訂された『日本目録規則　1965年版』（日本図書館協会編・刊，1965）は，14種類もの翻字法基準表を付録として掲げているが，これは，標目の読みの形として，ローマ字に翻字した形を表記することを許した結果である。

標目の標準化は，アクセス・ポイントの選定とその形を統一する必要がある場合について規定されている。たとえば，統一標目を選定する基準として，目録の記述対象となる情報資源に内容的責任をもつのが個人であるか，家族・団体であるかによってそれぞれ基準が設定される。言語としては原語形を用いることを個人でも家族・団体でも共通の原則とするが，その言語が通常用いられないときは，個人については目録利用者の用いる言語が優先され，家族・団体においては正式名が多言語で存在するときにのみ目録利用者の用いる言語・文字が考慮される。

目録記入メディアの変化と標準化

目録記入のメディアは，時代によって変遷してきた。初期は1枚の紙（シート）に大量の情報資源の書誌データを記録した。量が増えてくるとバインダー式に合冊してシーフ状にしたものとなる。さらに，マイクロフィルム技術が発達し，書誌データの縮写が可能となり，マイクロ形態をとった時代もあった。ついには，カード形態に行き着き，多くの図書館が採用した。情報資源の書誌データを扱う業務にコンピュータが普及すると，そのアウトプットをシート状としたり，カードにプリントしたり，マイクロ形態にするなどが試みられた。目録記入メディアの変遷について詳しくは本書旧版のUNIT 19（目録記入のメディア）を参照してほしい。

アメリカ合衆国における目録規則の標準化が，LCによる印刷カードの頒布計画によって大きく進展したことはすでに指摘した。また，ISBDの目標には，機械可読型の「目録記入」への変換が掲げられていた。「目録記入」をどのような媒体に記録するかということは，目録規則そのものに相当の影響を与えている。1枚の紙に多くの情報資源の書誌データを掲載し，それらを一束としたシーフ体の目録だと，全体量を少なくするために個々の情報資源について掲載できる書誌データを制限せざるをえない。また，かつては図書館目録の主流であったカード目録の場合でも，そのスペースの小ささから，やはり書誌データ量は制限を受けていた。そうした制限下で採択される目録規則は，個々の図書館の情報資源の状況を可能な限り反映しようとする動きのなかで，規則そのものの標準化へは進みようがなかった。

機械可読型の目録は，コンピュータの能力さえ確保できるならば，これらの制限を考慮する必要がなくなるとともに，書誌データ記述のフォーマットを問題とするようになる。目録規則は，記述の内容・順序，標目（アクセス・ポイント），排列といったことを規定してきたが，機械可読型の目録を視野に置くならば，これらの入力内容と，利用者の利用する出力形式が分離されることになり，標準化の意味を変化させ，館によって異なる判断が可能ということになる。目録規則の標準化と統一という課題は，いまや，新しいステージを歩み始めているといえるだろう。この後については，option Gを見ていただきたい。

◉——option E

代表的な目録規則

パリ目録原則国際会議以後の目録規則の国際的な流れ

UNIT 8（国際レベルの書誌コントロール）と option D（目録規則の標準化と統一）で学んだように，国際レベルでの書誌データの流通と交換を図るための原則が1961年10月パリで話し合われた。ここで合意したこと（これを「パリ原則」という）の一つは，今後，世界的に書誌コントロールを展開していくために，参加各国は，それぞれの目録規則を標準的なものにするよう努力することであった。以後の目録規則をめぐる動きを見てみよう。

パリ原則を受けて，原則に従いつつ，それぞれの国の出版状況，文化状況，言語にかかわる課題等に応じて独自の目録規則を制定する動きが加速される。パリ原則による標目の統一に続いて，国際標準書誌記述（ISBD）による記述の標準化により，各国の目録規則は改めて見直され，大枠としての標準化が進んでいる。2000年前後からは，MARC フォーマットの標準化への動きや，Web 上の情報資源をも記述対象とする動きが強まり，目録規則の国際化は急速に図られてきている。

国ごとの状況に違いはあるが，語圏という面から見ると，英語圏では AACR が，ドイツ語圏では RAK が大きな影響力をもち，それぞれの語圏内の標準的目録規則とされてきた。さらに『書誌レコードの機能要件』（FRBR）や RDA で求められつつあるのは，情報資源についての「目録規則」から，それらの「記述」をどのようにインターネット環境で扱うかに重点を置き，「データ記述マニュアル」としての性格を強めつつある。

英語圏の目録規則

パリで開かれた目録原則国際会議での合意を受けて，再び英米で一つの目録規則を策定する機運が生まれた。しかし，実務上の慣行の違いが相当程度存在するようになっていたため調整は困難となり，2つの英米目録規則が生まれてしまった。いずれも1967年に刊行されたもので，一つは『英米目録規則　北米版』（*Anglo-American Cataloging Rules : North American Text*）であり，あと一つは『英米目録規則　イギリス版』（*Anglo-American Cataloging Rules : British Text*）である。

パリ原則では「標目の選定と形式」についてしか合意が形成されなかったために，このような事態が発生したのであるが，その後，コンピュータによる書誌データの処理をも射程に入れた国際標準をつくることが目指され，ISBD が制定された。これに基づいて，2つの「英米目録規則」（AACR1）も改訂されていくのであるが，1987年に至り2つを統一した形の『英米目録規則　第2版』（AACR2 : *Anglo-*

American Cataloging Rules. 2nd ed.）になる。標目と記述の分離，図書以外の資料も対等に取り扱うこと，コンピュータ処理を前提にすること，国際的な書誌データの流通に配慮をしていること，などの特徴がある。

AACR2は，1988年に改訂版，さらに，1993年にはその修正事項が公表され，1998年改訂版が出された。その後，1999年および2001年にその修正事項が刊行され，2002年に，1999年以降の改訂を統合し『英米目録規則　第2版2002年改訂版』（*Anglo-American Cataloging Rules. 2nd ed. 2002 revision*）が刊行された。2002年改訂版では，地図資料の内容が大きく改められたほか，「コンピュータファイル」は「電子資料」に，「逐次刊行物」は「継続資料」へと変更されている。ネットワーク上の情報資源を対象範囲に加えて，多様なメディアへの対応も図られた。

AACR2の改訂作業は，その後も続けられ，「国際目録規則」の性格を目指してFRBRとの用語や概念の調整，アクセスポイントの全体的な改訂，典拠コントロールについての言及などが検討されてきた。その経緯についてはoption G（情報資源の記述をめぐる最近の動向：CRからFRBR/ICP/RDA/RDFへ）を参照すること。

ドイツ語圏の目録規則

ドイツでは，東・西の図書館界が合同で目録規則の改訂作業を進めていた。その結果，1969年から1974年にかけて，次々と主要な部分の予備版が公表され，1977年には『アルファベット順目録規則』（RAK：*Regeln fur die Alphabetischen Katalogisierung*）として刊行された。RAKは，団体名の記入規則をもったこと，語順によるタイトルの機械的排列規則を導入したこと，個人・団体名の標目に原語形を採用したこと，ISBDに準拠したことなど，これまでのドイツ系の目録規則とは大きく様相を異にしており，国際レベルの書誌コントロールに対応しようとするものとなった。

けれども数多くの任意規定を内包するものであったため，適用に際して種々の解釈を生じさせ，逆に国内的には目録情報の標準化を阻害する要因となったとの指摘を受けている。こうした問題を解決するために，特別規則として学術図書館用（RAK-WB：*Regeln fur wissenschaftliche Bibliotheken*）と，公共図書館用（RAK-OB：*Regeln fur offentliche Bibliotheken*）を作成し，RAK全体の統一的運用を確保する方策がとられている。

日本の目録規則

後述のoption F（目録規則の変遷）においては，日本のことには触れていないので，簡単に歴史的な流れを述べておこう。

日本の最初の目録規則は，創立まもない日本文庫協会（のちの日本図書館協会）が1893年にまとめた『和漢書目録編纂規則』である。和書および漢書を対象とする規則で，書名を基本記入とし，五十音順に排列することを規定していた。

改訂版といえる1910年発行の『和漢図書編纂概則』でも，これらの原則は踏襲されたが，その後，洋装本の出版が増え続けることや，図書館界でも洋書整理の経験が積まれるなかで，洋書目録法の導入・採用がさかんに行われるようになる。

これらの動きに応えて策定された1932年の和漢図書目録法調査委員会の報告「和漢図書目録法」では，英米の図書目録法にならった著者基本記入方式もあわせて規定した。けれども，どちらを主とするかを決定しなかったため，いわゆる「主記入論争」が起こり，結局，協会としては報告=「案」のままで終わってしまった。

一方，1927年に関西の図書館員を中心に創立された青年図書館員聯盟は，目録規則・分類表・件名標目表の三大ツールの策定を綱領に掲げ，創立以来の研究活動を続け，1936年に「日本圖書目録法案」と題する試案を発表し，1942年に成案を得て，1943年1月に『日本目録規則』（NCR：Nippon Catalog Rules）として刊行した（これは成案を得た年次にちなみ「日本目録規則　1942年版」と称されている）。この規則の特色は，著者基本記入方式の採用と，和漢書と洋書を統一的に取り扱うことを目指したところである。

第二次世界大戦以後，日本における標準的目録規則の維持・管理は日本図書館協会が担うこととなる。1949年に設置された日本図書館協会目録委員会は，「日本目録規則　1942年版」に国立国会図書館における目録慣行を加え，帝国大学図書館協議会制定『和漢書目録規則』，『アメリカ図書館協会著者書名目録規則　第2版』，『議会図書館記述目録規則』などを参考にして『日本目録規則　1952年版』（NCR：Nippon Cataloging Rules）をまとめ，1953年1月に刊行する。「日本目録規則　1942年版」の改訂版の体裁をとっているが，洋書の扱いについては「その和漢の翻訳書を取り扱う上に必要な程度に簡易化」されている。

1961年10月にパリで開催された国際図書館連盟（IFLA）目録原則国際会議で承認された「著者書名目録における標目および記入語の選択と形式に適用される諸原則の説明」に基づくことに改訂方針が改められ，1965年5月『日本目録規則　1965年版』が発行された。著者基本記入方式を採用し，洋書にも適用できる規則となった。

『日本目録規則　1965年版』は，著者基本記入方式を採用したが，基本記入方式そのものに対する批判が図書館界に存在した。それは『整理技術テキスト－簡素化のてびき』（日本図書館協会，1964）に述べられた「標目未記載ユニット・カード方式」である。この背景として，簡素化ばかりでなく，目録カードの複製技術が高度になっていたことも見逃せないだろう。

1971年『日本目録規則　1965年版』の暫定修正作業を行っていた目録委員会は，その作業の中止を決定し，標目未記載ユニット・カード方式を前提とした新たな目録規則の作成に着手した。

このような経過を経て策定されたのが『日本目録規則　新版予備版』（Nippon Cataloging Rules：Preliminary New Edition）である。全国的統一目録規則，国際的標準化を目指してISBDに準拠する，ローマ字によらない和書の特性，欧米の慣習と異なる出版物の形式等を配慮して，著者基本記入方式を再考し，目録カードが容易に複製できる時代ということにも触れながら，図書の記述を標目とは無関係に完結させ，そのカードを複製のうえ，指示に従って標目を後から記入するという「記述ユニット・カード方式」を提起するに至った。この規則の対象とする図書は，明治以降刊行の和書に限定される。付則として「単一記入制目録のための標目選定表」を付け加え，パリ原則にいう目録の機能を単一記入の目録で果たそうとするときに対応できるようにしている。

1987年，「予備版」の本版化を目指し『日本目録規則　1987年版』が刊行された。

その後，「準備中」であった資料媒体についての規程を追加し，各章の構成や条項の配置・表現・用語等の整合性を図った『日本目録規則　1987年版改訂版』が1994年に刊行された。図書館で扱う必要のある資料・文献あるいはメディアは次々と拡張しており，『日本目録規則　1987年版改訂版』では，電子化されたメディアも個別の図書館が「所蔵する」範囲までは射程におき，規則を整備したのであるが，1990年代後半に至るやインターネットの爆発的な普及のなかで，簡単に領域外に出てしまった。こうした状況を受けて「日本目録規則」の維持・管理団体である日本図書館協会目録委員会は，数多くの議論と検討を背景として，2000年8月第9章を「電子資料」と変更し，「非所蔵メディア」への対応を図った。この変更を取り込んで成立したのが『日本目録規則　1987年版改訂2版』（日本図書館協会，2001）である。

この後の，日本目録規則をめぐる動きは大きく3つの要素が出てくる。

一つは，「新版予備版」以来，等閑視されてきた明治以前の資料への適用である。コンピュータ技術の展開と，利用できるコンピュータ資源の低廉化が相乗して，文字種も拡張され，和古書・漢籍を同じレベルで処理できる可能性が高まり，それに対応できるように目録規則を整備することが求められるようになったことである。

2つめは，インターネット情報資源の登場により，これまでとまったく異なったとらえ方を目録規則に要請することになった。これまでの「所蔵」ではなく，「所在」やアクセス，利用条件等の情報が必要となった。さらに，書誌データを，それぞれの目録作成機関が作成しなくてもすむという環境が提供されるようになった。

3つめとして，逐次刊行物用のISBD（S）からISBD（CR）への改訂が大きな影響を及ぼすこととなる。インターネット情報資源を扱うようになったこととも密接に関連するのであるが，継続して刊行される情報資源のうち「内容の一部が次々に更新される」という情報資源の扱いである。『日本目録規則　1987年版改訂2版』までは「加除が行われる資料」として「図書」の一部とされていたものが，更新されるウェブサイトを含む「更新資料」を「逐次刊行物」とあわせて「継続資料」に包含されるようになる（13.0)。記述の基盤が，逐次刊行物は「初号」とされるが，「更新資料」は最新号とされる。

この流れから『日本目録規則　1987年版改訂3版』が2006年6月に刊行された。

◉——option F

目録規則の変遷

近代以前の目録規則

最初は個々の文庫・図書館等で進められる目録作業の統一を図るための「しきたり」を口伝えで伝承するのが目録規則であった。目録作業に専門的に従事する人も少なく，対象となる文献・資料（情報資源）においても画一化されていない状況のなかでは，規則として文章化する必然性もなかったといえるだろう。

けれども，所蔵する情報資源が多くなってきた有力な図書館においては，そうした「口伝え」を，なんらかの形で整理し，成文化する作業が実施されるようになってくる。その際，他の図書館等で行われている目録作業上での工夫なども参考にされることはいうまでもないだろう。

英米における近代の目録規則

近代の目録規則の起源としてあげられるのは，1841 年の大英博物館の刊本目録規則（「パニッツィの 91 条目録規則」として知られている）である。分類目録か著者目録かの論争を受けて 1839 年に理事会の承認を受け，1841 年に刊行された『大英博物館刊本目録』の第 1 巻にパニッツィ（Antonio Panizzi）の解説とともに全部で 91 条の「目録編纂規則」(Rules for the Compilation of the Catalogue）として掲載されている。標目の選定，標目の形式，標目の排列，書誌的事項の記述，参照記入のすべてについて言及している。記述に関する規定は簡単であり，標目は統一を行わず参照記入で関連づけている。標目の種類としては，著者のほかに，聖書，学協会，定期刊行物，暦，目録，百科事典，辞書，典礼書などの形式に関するものも規定している。

「パニッツィの 91 条目録規則」に手を加えて，総合目録作成のための標準目録規則をアメリカのスミソニアン協会図書館長のジュエット（Charles Coffin Jewett）が「ジュエットの目録規則」として提案している。記述，標目，参照，排列という条文構成をもち，標目と同一の責任表示も省略しないなど，冊子体の総合目録を編成するための工夫が凝らされている。特に，同一著者の著作を本名の下に集中すること，改名・改題は新しい方に統一すること，タイトルの排列要素を最初の名詞ではなく「冠詞・前置詞以外の最初の語」としたこと，団体著者の範囲を広げたことなどが特色といえる。条文数は全部で 39 条であるが，ほとんどの規則に注釈をつけることにより，規則の意味を理解しやすいものにしている。

近代目録規則の嚆矢ともいうべきものは「カッターの辞書体目録規則」である。ボストン・アセニアムの図書館長であったカッター（Charles Ammi Cutter）は，同館の蔵書目録編纂の経験から1876年に『辞書体冊子目録規則』(*Rules for a Printed Dictionary Catalogue*)を発表した。目録の目的を，著者，書名，主題から資料が探せること，図書館の所蔵する特定著者，特定主題，特定文学形式の資料がわかること，書誌的特徴，主題的特徴を示し読む資料を選ぶのに役立つこと，の3つを掲げ，それに至る達成方法を示したうえで，それらを実現するために目録作業の原則を体系立てて条文としたものである。序説，目的，方法，用語定義，記入の方法（何の下に記入するのか)，記入の形式（どのように記入をつくるのか)，付録，事項索引といった構成をもち，記入の形式のなかで参照記入や排列にも触れている。1889年に刊行された第2版ではタイトルを*Rules for a Dictionary Catalogue*に変更し，カード目録が主流になっていた図書館界の状況に合わせている。1891年第3版，1904年第4版と版を重ねた。

「カッターの辞書体目録規則」は，個別図書館のための規則であった。19世紀から20世紀に移るとともに，図書館協力の必要性が認識されるようになり，多くの図書館が共通して適用できる標準的な目録規則の制定と，それを公的に維持・管理する組織の定着へと変化する。

1876年に創立されたアメリカ図書館協会（ALA：American Library Association）は，創立まもなくから，共通目録規則の策定にとりかかる。カッターを委員長とし，「カッターの辞書体目録規則」を土台として1877年に草案が提起されている。そして1883年『要約著者書名目録規則』(*Condensed Rules for an Author and Title Catalog*)が承認された。標目の選定，標目の形，記述（書名，出版事項，内容と注記)，その他，排列の条文構成で，定義や実例についてはカッターの規則を参照させるというものである。

イギリス図書館協会（LAUK：Library Association of the United Kingdom）も，1878年「書名記入に関する委員会」を設置し，目録規則の制定を手がけ，1881年『イギリス図書館協会目録規則』(*Cataloguing Rules of the Library Association of the United Kingdom*)を年次大会で承認する。草案はALAの第2次案に検討・修正を加えた形でつくられており，『要約著者書名目録規則』と同根とみることができる。書名（大文字使用法・形態に関する事項・出版事項を含む)，書名などの言語，内容と注記，標目，その他，の49条文からなるが，記述をまず規定するところがALAのものと大きく異なっている。

1888年，デューイ（Melvil Dewey）は，『コロンビア大学図書館著者・分類目録規則』(*Library School Card Catalog Rules, with 52 Facsimiles of Sample Cards for Author and Classed Catalogs*)を出版する。本名とペンネームの関係など若干の相違はあるが，ALAの『要約著者書名目録規則』の表現を変えたり，実例を示すことで理解しやすくしたものと評価されている。

リンダーフェルト（Klas August Linderfelt）は，後述するツィアツコ（Karl Dziatzko）の目録規則をベースとして，先行する各種の目録規則の規定を取捨選択して『折衷的カード目録規則』(*Eclectic Card Catalog Rules : Author and Title Entries, Based on Dziatzko's "Instruction" Compared with the Rules of the British Museum, Cutter, Dewey, Perkins, and Other Authorities, with Appendix, Containing a List of Oriental Titles of Honor and Occupations*) を1890年に発表する。

英米における20世紀の目録規則

1901年, LCの印刷カード頒布が開始された。印刷カードは目録の標準化を推進する契機であり，印刷カード作成のための規則が標準目録規則としての地位をも備えることになる。当初はLC一館の目録規則であるが，その影響力を考慮してALAとの共同作業で規則の標準化が検討されることになる。その結果, 1902年に『要約著者書名目録規則』を基礎として『ALA規則予備版』(*A.L.A. Rules Advanced Edition : Condensed Rules for an Author and Title Catalog*) が公表された。序論に当時未刊であったカッターの第4版が引用されていたり, カッターの規則を参照するよう指示するなど, カッターの影響力のもとで策定されたことが明らかな規則である。

同じ頃イギリスでも目録規則の改訂作業が進んでいた。LA（Library Association : LAUKを改称）は1902年に改訂のための委員会を設置し，1904年には草案がまとめられていた。

2つの改訂の動きがデューイによって結びつけられ，連絡をとりながら作業が進み，1908年に『目録規則』のアメリカ版（*Catalog Rules : American ed.*）とイギリス版（*Cataloguing Rules : English ed.*）が刊行される。「コンコーダンス」の標目（イギリス版は対象著作の著者の下に，アメリカ版は編纂者の下に)，「改名」（イギリス版は最初の名前の下に，アメリカ版は最新の名前の下に）など，いくつかの相違点があるが，先述のリンダーフェルトの規則が参照されたり，LCの規則をそのまま本文中に挿入するなど，これまでの目録規則の集大成ともいえるほど完成された規則であった。

1930年代に入ると政府機関等の出版が急増するなかで，目録規則の改訂がイギリスとアメリカで連絡をとりながら進められるが，第二次世界大戦の勃発により，作業はアメリカ側だけで進行する。そして1941年，『目録規則』アメリカ版第2版予備版（*Cataloging Rules : Preliminary American 2nd ed.*）が出版された。しかし，この予備版は非常に複雑であったため批判を受け，標目に関する規則はALA，記述の規則はLCが受け持つということになる。その結果，1949年に刊行されたのが『アメリカ図書館協会著者書名目録規則　第2版』（*A.L.A. Cataloging Rules for Author and Title Entries, 2nd ed.*）と，『議会図書館記述目録規則』（*Rules for Descriptive Cataloging in the Library of Congress*）である。前者は，記入と標目に関する規則であり，基本原則を示したものではなく条文の羅列であったり，「例外のそのまた例外」といった取り扱いもあって複雑きわまるものである。後者は，目録における記述の部分を規定している。ほぼ完成の域に達しており『英米目録規

則　北米版』にそのまま引き継がれている。

ドイツ系の目録規則

ドイツ系の目録規則の代表的なものを述べることにしよう。

19世紀後半から口伝え等で存在していた目録規則を成文化する機運が高まり，シュレティンガー（Martin W. Schrettinger）等がまとめている。なかでもツィアツコが1874年に作成した『ブレスラウ王立および大学図書館アルファベット順カード目録の記入排列規則』（*Instruktionen für die Ordnung der Titel im Alphabetischen Zettelkatalog der Koniglichen und Universitatsbibliothek zu Breslau*）は，カードによる目録の最初の規則ともいわれている。

1890年代に入るとプロシアでも総合目録の構想が生まれ，参加図書館の目録規則を統一化する動きが出てくる。さらに1892年，プロイセン王立図書館が印刷カードの頒布を開始すると，この動きは加速される。そして1896年から始められるプロイセン政府による総合目録作成作業を支えるための目録規則が，ツィアツコの規則をベースとして策定作業が進められ，1899年『プロイセン図書館アルファベット順目録およびプロイセン総合目録規則』（*Instruktionen für die Alphabetischen Kataloge der Preussischen Bibliotheken und fur den Preussischen Gesamtkatalog*）として公表された。これが『プロイセン目録規則』（PI：*Preussische Instruktionen*）であり，1905年に補遺が出され，1908年に改訂第2版が出版された。PIの特色は，団体著者の概念を認めない基本記入と，タイトル記入の排列にあたって件名的機能をもたせるために文法的関連から主要語を取り出して順次排列語としたことである。

ロシア圏の目録規則

ロシア圏では，伝統的にプロイセン目録法の影響が大きかった。そのため団体著者の概念が希薄であったが，ソビエト連邦の成立以後，団体著作物が急速に増加し，そのことへの対応が必要となってくる。1926年に出版されたルミャンツェフ博物館（その後レーニン図書館になる）編集の『アルファベット目録編成規則　第2部：団体著作物目録規則』（Инструкция по каталогизации произвелен лй коллективов）が団体著者の考え方を図書館界に定着させるのに効果があった。

1941年から旧ソ連では国レベルでの統一的な目録規則の策定が始まる。全ソ連邦図書院，レーニン図書館，モスクワにある大きな図書館の代表などが委員会を構成し，精力的な作業を進めて1949年に大規模図書館用，さらに1953年に大衆図書館と小学術図書館用の統一規則を作成・刊行している。1959年に大図書館用第2版を出し，さらにパリ原則に対応した1961年の小規模図書館用の統一規則を作成している。もともとソ連邦の目録規則は，パリ原則におおよそ一致していたのであるが，FRBRあるいはRDAへの対応など，最近の様子については詳細が見えない。

◉——option G

情報資源の記述をめぐる最近の動向：CRからFRBR/ICP/RDA/RDFへ

パリ原則＝CR

パリ原則を背景として，各国は目録規則（CR：Cataloguing Rules）を見直し，国際レベルでの書誌コントロールに対応するべく努力を重ねるが，コンピュータ技術とそれを利用したネットワーク技術の目覚ましい発展・展開のなかで，物理的媒体をもつ情報資源を対象とするCRでは多くの矛盾や不備が明らかになってくる。

FRBR

このなかで，新たな方向性が模索され，1990年のストックホルムセミナーでの試みが具体化されることになった。国際図書館連盟（IFLA）のUBC事務局が中心となって動き始め，1997年の「書誌レコードの機能要件」（FRBR：Functional Requirements for Bibliographic Records）に結実する（UNIT 21参照）。

FRBRは，著作にかかわる4つの実体（著作：work，表現形：expression，体現形：manifestation，個別資料：item）と，知的責任性に関係する3つの実体（個人：person，家族：family，団体：corporate body）のなかで認識し，それぞれ必要最小限の機能要件を提示したものである。この考え方を受けて，それらが情報資源利用者の情報要求実現にどのようにサポートできるかを示す方向となっている。

ICP

そうした研究活動と目録の実態を踏まえて，パリ原則に代わる新たな原則の検討が進められ，2003年12月，IFLAの専門家会議は，新たに「国際目録法に関する原則」（IFLA Cataloguing Principles: Steps towards an International Cataloguing Code）を提案し，これに基づいて各国の合意形成が図られようとした。そして，2009年2月に「国際目録原則覚書」（ICP：Statement of International Cataloguing Principles）がまとめられた。

ICPは，その適用範囲をあらゆる種類の資料とし，書誌データおよび典拠データの国際的な共有を増大させることを目指している。一般原則が定められており，最上位の原則は利用者の利便性である。目録の目的および機能として，利用者が「発見」，「識別」，「選択」，「取得（または確保）」することを可能にすることと，「目録の中を，そして外へ誘導する」こととしている。ICPは，国立国会図書館収集書誌部が日本図書館協会目録委員会の協力のもとに翻訳したものを容易に入手できる（http://www.ifla.org/files/assets/cataloguing/icp/icp_2009-ja.pdf）。

FRAD，FRSAD，VIAF

「アクセス・ポイント」は探索能力の基盤とされ，典拠レコードの作成，典拠形アクセス・ポイント（非典拠形アクセス・ポイントを含む）の選定とデータの内容について定めている。なお，FRBR は FRAD，FRSAD の概念モデルを取り入れて再検討され，2016 年改訂版が公開されている。改訂版では書誌レコードおよび典拠レコードはともに書誌データ，典拠データに変わり，目録の目的も「誘導」から「誘導および探索」となっている。利用者が図書館の所蔵の有無にかかわらず，広く統合的な検索とその結果の利用が可能となることが重視されている。

なお，ICP に先立って，2003 年からアメリカ議会図書館やドイツ国立図書館，OCLC 等により「バーチャル国際典拠ファイル」（VIAF：Virtual International Authority File）事業が開始されている。著者の名称に関する各国の典拠情報が，閲覧・利用でき，国立国会図書館も参加している（https://viaf.org/）。

AACR2 から RDA へ

AACR2（*Anglo-American Cataloguing Rules 2nd. ed.*）も，これらの流れを受けて見直しが進んだ。1997 年にトロントで開かれた会議で AACR3 への改訂が検討されるようになったが，2005 年 4 月に AACR3 への改訂ではなく，「RDA：Resource Description and Access」（情報資源についての記述とアクセス）へと方針が変更された。2005 年 12 月に Draft part I が発表され，その後も検討が加えられて 2008 年 11 月に full draft にまとめられた。AACR2 との継続性に配慮しながら，FRBR モデルに枠組みを組み替えている。

旧来の目録規則の改訂で対応しようとする人たちからは反対意見が出されていたが，議会図書館などにおける実証テストを重ねたうえで，2013 年には導入するという方向が勧告され，その後に導入されている。

ドイツ語圏においても，ドイツ国立図書館が RAK から RDA に 2014 年には移行し，アジア圏でもマレーシア国立図書館，フィリピン国立図書館がすでに導入しており，目録規則から RDA への移行は大きな動きとなりつつある。

日本においても，2010 年 9 月から日本図書館協会目録委員会が『日本目録規則 1987 年版改訂 3 版』の見直しを開始し，2013 年 8 月には「ICP に準拠すること」，「RDA に対応すること」を決めた。

RDF

Web を通じて他機関等がデータを利用できるようにする仕組みとして RDF（Resource Description Framework）がある。RDF は米国のネットスケープ・コミュニケーション社が XML をベースに開発したもので，1999 年に W3C（World Wide Web Consortium（1994 年 10 月設立））によって技術規格として設定された。属性や関連のデータを付与することでデータ間のかかわりがコンピュータに理解可能となる。データが相互にリンクされる Linked Data を可能にすることが必要と考えられている。

国境や分野の区切りがない Web の世界に，知識の基盤である書誌データおよび典拠データを各国国立図書館等が作成，公開することで利用者にとって有用な情報資源の発見，探索が可能な世界が目指されている。

UNIT 21

◎新しい目録規則：NCR2018

FRBR 等の概念モデル

概念モデル

●…………概念モデル

次のような条件を満たす方向で設定する方法論を「概念モデル」と考える。書誌データにかかわるシステムの設計，書誌データの入力基準，書誌データの各方面での利用・活用などの局面を全方向的に展開するための基礎的な考え方を示すものである。

条件としては，下記のとおりである。

図書館等の情報資源所蔵／提供機関が扱うすべての情報資源を対象とする

情報資源の発見，識別（同定），検索，アクセス，選択，入手などの行為を支援する

書誌データ作成方式の標準化

形成された書誌データの交換と共有を保証する

書誌データを介して情報資源の利用を活性化する

書誌データ群の形成

「概念モデル」とされるゆえんは，こうして示された基礎的な考え方が，そのままで，書誌データ群形成に導かれるわけでもなく，書誌データを扱うコンピュータシステム等で実現・実装されるわけでもないからである。あくまで所与の要求条件を満たすために策定されるものである。「図書館目録として実現されようとしている世界」では，本UNITで取り上げた3つの例があげられる。

FRBR

●…………FRBR（Functional Requirements for Bibliographic Records）

国際図書館連盟（IFLA）の研究グループによって研究・検討が重ねられ，1998年に最終レポートが公表された。「書誌レコードの機能要件」と名づけられ，日本では2004年に翻訳版が紹介されている（IFLA書誌レコード機能要件研究グループ著，和中幹雄・古川肇・永田治樹訳『書誌レコードの機能要件－最終報告』日本図書館協会，2004，121p　http://www.jla.or.jp/mokuroku/frbr_japanese.pdf）。

利用者による書誌データの利用・活用を，発見，識別（同定），選択，入手の4つの行為に分け，それぞれのフェーズで書誌データがどのように利用・活用されるかを分析し，情報資源に基づいて形成される書誌データのあり様を評価し，その結果を活用して書誌データの機能と要件を明らかにしたものである。

●…………FRBRの「実体（属性)」と「関連」

実体（属性）

「実体」とは，対象を表現する概念であり，それぞれが固有の「属性」を備えており，「属性」を明らかにすることによって「データ」が区分けされ，「実体」の特徴や性質が明示される。「実体」は3つのグループがあるとFRBRは規定する。

実体と実体の間の相互関係は，「実現される」，「具体化される」，「例示される」といった構造でつながれ，これを「関連」と定義し，その具体的関係が書誌データとして表現・記録される。

関連

われわれの扱う情報資源の世界を，「実体」(Entity) と「関連」(Relationship) という要素によって表現しようとするもので，その手法は『日本目録規則 2018年版』の「序説」において「E-R分析」に基づくものと説明されている。

E-R分析

○第1グループの「実体」

第1グループの「実体」

知的・芸術的成果を表す実体で，著作（例：『源氏物語』），表現形（例：各系統のテキスト，現代語訳，各国語訳等），体現形（単行本，文庫本，電子書籍等），個別資料（個別の1点1点）の4つの実体が存在する。

それぞれの実体ごとに，次のような「属性」が設定されている。

著作：著作のタイトル，著作の形式，著作の日付，など

表現形：表現種別，表現形の日付，表現形の言語，など

体現形：タイトル，責任表示，版表示，出版表示，数量，大きさなど

書誌データは，これらの「属性」に対応して確認・入力することが求められる。

第2グループの「実体」との間には，創作等，寄与（翻訳等），出版／製作等，所有等の「関連」があり，その内容に応じて，書誌データを入力することが設定されている。

○第2グループの「実体」

第2グループの「実体」

成果を生み出す主体を表す実体で，個人，家族，団体の3つが設定されている。それぞれの名称が，書誌データとなり，その表現方法について規定が準備されている。

上に述べたように第1グループとの間には，著作等の成立にかかわって果たされる役割などを明らかにするなかで「関連」が生まれ，その内容を簡潔な形で書誌データとして形成することが必要である。さらに「関連」では，団体名の変更などを含むさまざまな関連が想定されている。

○第3グループの「実体」

第3グループの「実体」

著作等の主題を表す実体で，概念，物，出来事，場所の4つが設定されている。

また，第1グループ，第2グループの各実体を各著作等の主題として実体とみなすことがある。総称として「主題」と名づけられる場合もある。第3グループ内相互の「関連」が生まれるほか，上位・下位・継承などのさまざまな関連が把握される。

FRAD

●…………**FRAD（Functional Requirements for Authority Data）**

IFLAのワーキンググループによって2009年にまとめられたものである。

「典拠レコードの機能要件」で，FRBRが定義した実体群に加えて，名称（name），識別子（identifier），統制形アクセス・ポイント（controlled access point），規則（rules），機関（agency）をつけ加えている。名称と識別子を基礎にして，名称等の統制形である統制形アクセス・ポイントなどが典拠データとして書誌データを構成することになる。

典拠データ

統制形アクセス・ポイント

典拠形アクセス・ポイント

異形アクセス・ポイント

統制形アクセス・ポイントには，典拠形アクセス・ポイントと異形アクセス・ポイントがあり，実体のタイトルを基礎として構築し，いずれもが情報資源の発見，識別（同定），検索，アクセス，選択，入手に活用される書誌データとなる。

FRSAD

●…………**FRSAD（Functional Requirements for Subject Authority Data）**

同じくIFLAのワーキンググループがとりまとめたもので，2011年に公表されている。

テーマ

thema

nomen

著作の「主題」と位置づけられるFRBRの11にわたる実体群を実体「テーマ」（thema）ととらえなおし，それらを表す記号列に相当する実体「nomen」を追加したものである。

FRBR，FRAD，FRSADは，いずれも「概念モデル」を提示したものであり，その具体化は，書誌コントロールを目指して活動する情報資源組織化を志向する機関・組織の策定する「目録規則」等に反映されることになる。

UNIT 22

◉新しい目録規則：NCR2018

RDAの概要

●…………AACR2の問題点

1990年代から2000年に，『英米目録規則　第2版』（AACR2）の問題点が指摘されるようになってくる。その背景には，図書館をはじめとする情報資源提供機能をもつ機関等で，提供すべき情報資源の種類が増加し，記述の複雑さが指摘されるようになったことがある（例：電子媒体の地図，マイクロ形態の楽譜など）。 AACR2

指摘の主なものは

・AACR2の論理的構造に欠陥が目立つようになる

・情報資源のコンテンツ（内容）と，情報資源を収容する物理的媒体としてのキャリアを表現するデータの混乱

・情報資源の階層を明確に表現できていない

・国際的環境に必ずしも対応しておらず，英米的視点が強い

・新しいモデルを提起している『書誌レコードの機能要件』（FRBR）に対応した改訂ができていない FRBR

・インターネット環境に十分に対応しているとは思えない

であった。AACR2の章立てそのものを再検討することと，最近の目録をめぐる国際的な動向に対応することが必要となっていた。

●…………AACR2からRDAに

上にあげたような問題提起に対応すべく，1997年，トロントで「AACR2改訂のための合同運営委員会」（Joint Steering Committee for Revision of AACR）が開催された。取り上げられた課題は，①原則，②コンテンツかキャリアか，③規則の論理的構造，④AACR2との連続性，⑤国際化への対応，であった。

合同運営委員会による作業は2004年12月，AACR3第1部の公開までこぎつけたが，数多くの批判が寄せられ，2005年4月，合同運営委員会では「AACR3草案」を取り下げることを決めた。そして，改めて検討を加え，2005年12月，タイトルを「RDA：Resource Description and Access：情報資源についての記述とアクセス」に変更して草案（Draft part I）が公開された。 AACR3第1部 RDA

その章立て構造は，次のとおりである。

Ⅰ　資源記述

1章　一般的指針

2章　資源の識別（タイトル，責任表示，版表示など）

3章　技術的記述（形態的事項など）

4章　内容記述（言語，内容細目など）

5章　入手条件などに関する情報など

6章　個別資料特有の情報

Ⅱ　関連

Ⅲ　アクセスポイント管理

日本目録規則 2018年版

この構成は，その後，変更されていくが，情報資源ごとに組み立てられていたAACR2から大きく離れ，『日本目録規則　2018年版』と同じようになっている。

2006年4月には，構成が「A　記述」，「B　アクセスポイント管理」に変更され，さらに2007年11月に，FRBRに即したものとなり，2008年11月にRDA全体の草案が発表されている。2008年1月にはアメリカ議会図書館（LC）が，RDA編集に関する作業を「中止する」よう勧告したこともあったが，2010年6月にRDA-Toolkitとして全体を見ることができるようになった。なお，その後も随時，修正がなされており，最新のものを確認することができるのはRDA-Toolkit（https://www.rdatoolkit.org）である。

RDA-Toolkit

RDA

●…………RDAの目標と特徴

基本的目標は，①記述とアクセスに関する基準をつくること，②現下のデジタル環境に対応したシステムの形成に有用であること，である。

これらを実現するために，次のような特徴を備えている。

・規則は簡単に利用でき解釈できること

・オンライン，ネットワーク環境でも適用できること

・すべての種類の情報資源に対しても効果的な書誌コントロールができること

・図書館以外のコミュニティでの利用を促進できること

・類似する他の基準との互換性をもつこと

・国際的に同意されている原則に基づいた論理的な構造をもつこと

・FRBR等の概念モデルに密着した規則構造をとること

・コンテンツ（内容的側面）とキャリア（物理的側面）のデータを別にもてること

・事例は，よりたくさん，より適したものであること

・著作や個人等を実体としてとらえ，典拠コントロール作業が規則上明確に位置づけること

・実体間の関連が，実体の属性とは独立して扱われ重視されること
・属性，関連のエレメントが大幅に増強されること
・情報資源からの転記によらないエレメントの多くで，語彙のリストを提示して値の表現に一定の統制を図ること
・記述文法等の構文的側面を規則から排除し，意味的側面に特化すること

●…………RDA と『日本目録規則　2018 年版』 RDA

『日本目録規則　2018 年版』は，準国際的な目録規則である RDA を適用して作成された書誌データとの互換性を配慮している。 日本目録規則 2018 年版

『日本目録規則　2018 年版』では，エレメントの設定を RDA と整合させている。RDA の規程が，「日本目録規則」と異なる場合は，RDA の規定に優位性をもたせ，優劣つけがたい場合も RDA にあわせる規定とした。

日本の出版状況や目録慣行から RDA と異なる場合も，原則として RDA の方式を「別法」と規定し，目録作成機関があらかじめ検討し決定できるようにした。 「別法」

UNIT 23

◉新しい目録規則：NCR2018

『日本目録規則　2018年版』の構成

●…………「日本目録規則　1987年版」各版の異同

日本における目録規則の変遷は，option E（代表的な目録規則）で紹介した。いまや旧版となってしまったが『日本目録規則　1987年版改訂3版』は次のような経緯を経ている。「1987年版」（1987年9月），「1987年版改訂版」（1994年4月），「1987年版改訂2版」（2001年8月），「1987年版改訂3版」（2006年6月）各版の構成面での大きな異同を見ると，次のようにまとめられる。

・「1987年版」→「1987年版改訂版」

①準備中であった「静止画像」，「三次元工芸品」，「文書・手稿等」の規則が定められた。

②「機械可読データファイル」が「コンピュータファイル」になった。

③「複製・原本代替資料」の扱いが変更された。

・「1987年版改訂版」→「1987年版改訂2版」

①「コンピュータファイル」が「電子資料」になり，規則の構造が他の資料と同じレベルになった。

・「1987年版改訂2版」→「1987年版改訂3版」

①和古書，漢籍を扱えるように「図書」の章を大幅に書き換えた。

②「逐次刊行物」を「継続資料」に改め，「図書」に含まれていた「加除式資料」や「更新されるウェブサイト」を対象にするようになった。

●…………『日本目録規則　1987年版改訂3版』から『日本目録規則　2018年版』へ

FRBR

ICP

RDA

日本目録規則 1987年版改訂3版

1998年，国際図書館連盟（IFLA）によって刊行された『書誌レコードの機能要件』（FRBR）を基盤として，「国際目録原則」（ICP，2009年）や，RDA（Resource Description and Access，情報資源についての記述とアクセス，2010年）の制定を背景に，『日本目録規則　1987年版改訂3版』の抜本的な見直しの結果として成立したのが『日本目録規則　2018年版』である。従来から重視してきた日本における出版状況や出版慣行についても配慮しながら，『日本目録規則　1987年版改訂3版』でつくられてきた目録を維持できることや，論理的で実務的な使いやすさを追求し，Web 環境にふさわしい提供方法を探るなかで組み立てたものである。しかし「第 2 部　属性」においても，「第 3 部　関連」においても多くの部分（章）が「保留」となっており，完成度が低いことは否めないであろう。

このUNIT では，新たに刊行された『日本目録規則　2018 年版』の構成に関して，記述目録法および主題目録法とどのようにかかわっているかを見ることにしよう。

●…………全体の構成

序説

第 1 部　総説　第 0 章　総説

第 2 部　属性

〈属性の記録〉

セクション 1　属性総則

第 1 章　属性総則

セクション 2　著作，表現形，体現形，個別資料

第 2 章　体現形　　第 3 章　個別資料

第 4 章　著作　　第 5 章　表現形

セクション 3　個人・家族・団体

第 6 章　個人　　第 7 章　家族

第 8 章　団体

セクション 4　概念，物，出来事，場所

第 9 章　概念（保留）　　第 10 章　物（保留）

第 11 章　出来事（保留）　　第 12 章　場所

〈アクセス・ポイントの構築〉

セクション 5　アクセス・ポイント

第 21 章　アクセス・ポイントの構築総則

第 22 章　著作　　第 23 章　表現形

第 24 章　体現形（保留）　　第 25 章　個別資料（保留）

第 26 章　個人　　第 27 章　家族

第 28 章　団体　　第 29 章　概念（保留）

第 30 章　物（保留）　　第 31 章　出来事（保留）

第 32 章　場所（保留）

第 3 部　関連

セクション 6　関連総則

第 41 章　関連総則

セクション 7　資料に関する関連

第 42 章　資料に関する基本的関連
第 43 章　資料に関するその他の関連
第 44 章　資料と個人・家族・団体との関連
第 45 章　資料と主題との関連（保留）
セクション 8　その他の関連
第 46 章　個人・家族・団体の間の関連
第 47 章　主題間の関連（保留）
付録 A　1　片仮名記録法　2　大文字使用法
3　略語使用法
付録 B　1　語彙のリストの用語　2　三次元資料の種類を示す用語など
付録 C　1　関連指示子：資料に関するその他の関連
2　同：資料と個人・家族・団体との関連
3　同：資料と主題との関連（保留）
4　同：個人・家族・団体の間の関連
5　同：主題間の関連（保留）
付録 D　用語解説

●…………構成についての解説

5つのパート

『日本目録規則　2018 年版』は，全体を 5 つのパートに分けている。すなわち，序説，総説，属性，関連，付録である。この 2018 年版の構成は，FRBR において提示された実体関連分析（E-R 分析）に相応するものである。

FRBR 等の概念モデルでは，知的・芸術的成果である情報資源を，著作，表現形，体現形，個別資料と名づける 4 実体（第 1 グループの実体）として把握する。そして情報資源にかかわる行為主体として個人，家族，団体（第 2 グループの実体）ととらえ，さらに著作等の主題を概念，物，出来事，場所の 4 実体（第 3 グループの実体）からとらえるものである。11 を数える実体の間には各種の人間活動が存在し，関連づけられている。目録規則ないしはそれに準ずるものは，それらの実体と関連を表現できるよう工夫されることが必要だとする。

なお，書誌データなどをコンピュータで扱うことが前提とされているので，『日本目録規則　1987 年版改訂 3 版』の「第Ⅲ部　排列」は，まったくなくなった。

序説

・序説

序説では，目録と目録規則の関係を明らかにしたうえで，『日本目録規則　1987 年版改訂 3 版』などの特徴を示し，その見直しの必然性について述べ，FRBR，ICP，RDA とのかかわりについて明らかにする。最後に『日本目録規則

2018年版』の策定方針と特徴を述べている。

・第1部　総説

総説

総説では『日本目録規則　2018年版』を日本における標準的な目録規則として策定したことを述べ，従来の規則との継続性も配慮したことを指摘する。書誌データ・典拠データの国際流通の必要性と，それらとの整合性を保つようにしたと述べる。その中での実体，属性，関連，名称，識別子，アクセス・ポイントとの関係を明らかにする。目録の機能として6つのことを想定し，規則の概要と規則の構成を述べ，別法と任意規定と「本則」の関係を明らかにしたうえで，区切り記号を使用しないことや，情報源に用いられた言語・文字を尊重することを宣言している。

書誌データ
典拠データ

・第2部　属性

属性

「属性」とは，実体の発見・識別等に必要な特性で，実体についての記述を構成する（0.3.2）。

「属性」を記録する目的は4つ存在する。①実体の発見に寄与する，②実体を識別する，③資料を選択する（利用者のニーズに適合しないものは除外することになる），④資料を入手する，である。

記録の目的

実体の属性は，著作，表現形，体現形，個別資料，個人・家族・団体，概念，物，出来事，場所といったものについて書誌データおよび典拠データを記録することとされている。

この部は大きく2つに分けられ，体現形・個別資料・著作・表現形など各実体の「属性」を規定する部分と，「アクセス・ポイントの構築」を規定する部分からなっている。後者の部分では（保留）項目が多く，今後に期待される。

アクセス・ポイントの構築

これらの内容は，『日本目録規則　1987年版改訂3版』の「第Ⅰ部　記述」に相当する部分と「第Ⅱ部　標目」に関する部分を合わせている。「標目」は「アクセス・ポイント」に名称を変え，書誌データおよび典拠データの検索に使用される（21.0）。

アクセス・ポイントには，統制形アクセス・ポイントと，非統制形アクセス・ポイントとがある（21.0）。統制形アクセス・ポイントには，典拠形アクセス・ポイントと異形アクセス・ポイントがあり，典拠形アクセス・ポイントは情報源の優先名称（優先タイトル）を基礎として構築され，異形アクセス・ポイントは，特定の情報源を典拠形アクセス・ポイントとは異なる形から発見できるようにしたもので，利用者の検索が推測される形で構築する。一方，非統制形アクセス・ポイントは，典拠コントロールの対象とならないアクセス・ポイントで，書誌データなどで，名称，タイトル，コード，キーワード等として現れる。実体の識別に有効なアクセス・ポイントと考えることができる。

統制形アクセス・ポイント
非統制形アクセス・ポイント
典拠形アクセス・ポイント
異形アクセス・ポイント
典拠コントロール

関連

・第3部　関連

情報資源，個人・家族・団体，主題の間に存在するさまざまな関係性について記録するための規則である。記録の目的は，①当面利用している目録だけでなく，現行において流布し，利用が可能な目録中のすべての情報資源を発見する，②情報資源の識別・選択に寄与する，③個人・家族・団体，主題の識別に寄与する，④目録内外における各種実体に誘導する，である。その意図するところは，情報資源の検索者がその意図する正しい文脈で検索結果を表示させることであり，それに応えるために，コンピュータが理解できるようにするため，データとのつながり（関連）を示すデータを加えることでインターネット上において公開されている他の情報資源やデータを統合する方向で提示できるようにすることである。

「関連」を記録する目的

データの統合

ここで記録される複数の情報資源がどのような関連をもっているかについて，たとえば，著作については「派生・参照・全体／部分・付属／付加・連続」といった関連を表現することができる。その際，それぞれの情報資源のURL，ISBN，ISSNなどの識別子とともに，それらとの関連の仕方を示す語が適切に付され，情報資源活用の範囲を広げてくれる。

URL

ISBN

ISSN

付録

・付録

「片仮名記録法」など10点が用意されているが，「関連指示子」のいくつかは（保留）となっている。

片仮名記録法

「付録A.1」は「片仮名記録法」で，数字・記号などについて片仮名による表記法を定めている。「付録A.2」は，転記の原則および当該言語の慣用を優先して大文字をどう使用するかを定めている。「付録A.3」は，著作のタイトルなどで使用できる略語の範囲を規定している。「付録B.1」では，刊行方式，刊行頻度，機器種別，キャリア種別，楽譜の形式，地図資料の種類，静止画の種類，三次元資料の種類，材料の種類，制作手段の種類，世代の種類，レイアウトの種類，書型／判型の種類，フォントサイズの種類，録音の方式，録音の手段の種類，映写方式の種類，ビデオフォーマットの種類，テレビ放送の標準方式の種類，ファイル種別，ソロの声域を示す用語，触知資料の表記法，図の種類などの用語について解説している。「付録B.2」は，三次元資料の種類を示す用語と使用する助数詞が一覧できる。「付録C」は，情報資源と情報資源の間に存在する「関連」について，どのような表現ができるかを詳しく述べている。「付録D」は，用語解説で，これについては説明を要しないだろう。

各種の「種類」

三次元資料

「関連」の表現

『日本目録規則　2018年版』と『日本目録規則　1987年版改訂3版』との違いを確認してもらうため，本書旧版のUNIT 23（『日本目録規則　1987年版改訂3版』の構成）をoption Hとして残しておくので参照してほしい。

UNIT 24

◉新しい目録規則：NCR2018

NCR1987からNCR2018へ

『日本目録規則　1987年版』（以下，このUNITにおいては「NCR1987」とする）が日本図書館協会目録委員会のもとで刊行されたのは1987年であった。以後，NCR1987は，3度にわたって改訂を加えている。1994年刊行の『改訂版』では，初版段階で未刊であった「書写資料」，「静止画資料」，「博物資料」を追加し，書誌階層規定の再構成を行っている。2001年刊行の『改訂2版』では，第9章の「コンピュータファイル」を「電子資料」に改めるとともにリモートアクセス資料をも規則の対象に組み込んだ。2006年に刊行した『改訂3版』では，「逐次刊行物」の章を「継続資料」に改め，更新資料をも対象にするよう拡張した。また，和古書・漢籍に関する規定も整備し，これに伴って「図書」，「書写資料」も手直しを行った。 NCR1987

委員会では，これらの改訂を終えたところで，規則全体の見直しに着手した。

●…………目録規則の抜本的見直し

見直しは，これまで実施してきた改訂を踏まえたものであり，その方向性は，①国際標準書誌記述（ISBD）各版の統合版を取り入れて資料種別を整理し，情報資源の多様化に対応する，②目録の作成・提供環境の電子化が進展している，③国際動向への同調，などとまとめられる。 ISBD統合版

その具体相は，①は，情報資源の内容的側面（コンテンツ）と物理的側面（キャリア）を整合的に扱うための論理の必要性であり，国際図書館連盟（IFLA）が1998年に刊行した『書誌レコードの機能要件』（FRBR）に示された「概念モデル」の導入である。②は，書誌データも典拠データも電子化対応を図ることである。電子化された多くの情報資源がWeb上にあり，図書館システムは，それらを提供の対象とすることができていない。電子図書館システムなどのすべての媒体を扱える統合型のシステムへの傾斜が必要だろう。③は，2009年にIFLAが発表した「国際目録原則覚書」（Statement of International Cataloguing Principles）を取り入れることと，英語圏のみならず他の言語圏にも適用が広がり準国際的な目録規則となりつつあるRDA（Resource Description and Access）を取り込むことで果たされる。 FRBRの概念モデル 国際目録原則覚書 RDA

FRBR の概念モデル

●…………FRBR の概念モデル

知的・芸術的成果である情報資源を，著作，表現形（内容的側面を示す），体現形（物理的側面を示す），個別資料という，順次具現化されていく階層的な4つの実体（第1グループの実体）としてとらえる。これらに加えて，情報資源にかかわる行為主体を，個人，家族，団体（第2グループの実体）とし，さらに「著作」の主題を，概念，物，出来事，場所の4実体（第3グループの実体）として，それぞれとらえる。このような実体設定を行ったうえで，各実体に関する「属性」と「実体間の関連」を設定することで，情報資源の世界全体を表現しようとしたものである。

属性と関連

属性および実体間の関連を記述・記録することで「書誌データ」が明らかになるとともに，その提供・利用にあたって使用される検索行為などにも有用なデータとして構成される。この結果，従来からあった「目録の作成・提供環境」の電子化に適切な対応が可能となるものである。

ISBD 統合版

●…………ISBD 統合版

ISBD（International Standard of Bibliographic Description）は，1974 年に単行書用（ISBD（M））が，共通枠組みとして 1977 年に（ISBD（G））が刊行され，以後，資料種別ごとに7種類が公表されてきた。それらが統合されて，その結果として 2011 年に FRBR 対応の「エリア 0」の設定となっている。

エリア 0

ISBD は従来，書誌的事項のエリアの設定，エレメント（データの構成単位）の定義，各データの値を入力する際のルール，2つ以上のデータを連続的に扱うにあたって必要となる区切り記号法を用いた記録方法などを規定し，各目録規則における「記述の部」のもととなる標準となってきた。しかし，この方向を大きく転換し，記述文法やエレメントの記載順序が目録規則で規定されないことを前提として，書誌データの伝統的かつ有力な表示方法を示す役割へと変貌しつつある。

国際目録原則覚書

ICP

●…………国際目録原則覚書（ICP）

約半世紀ぶりにパリ原則を見直した結果として発表されたものである。その特徴としては，コンピュータ目録を前提とする，FRBR の枠組みを全面的に取り入れる，図書だけでなくあらゆる種類の情報資源を対象とする，書誌データ・典拠データのあらゆる側面を取り扱えるようにする，目録の探索・検索上の要件にも言及している，などをあげることができる。

FRBR

書誌データ

典拠データ

FRBR の枠組みに従ったことで，多様化する情報資源をめぐって生じていた混乱に対応できる可能性が高く，また書誌データと典拠データ（「標目」と言ってきた）から構成されている現行の多くの目録との親和性も維持できることになり，図書館界にすんなりと受け入れられるようになった。

●…………RDA

RDA

『英米目録規則　第2版』（AACR2）の改訂を意図して始められた作業が，情報資源の多様化などを理由として一頓挫したあとに検討されて生まれたものである。2010年に刊行されたあと，Web上で次々と修正が加えられ，アメリカ議会図書館（LC）での実証実験や意見聴取を経て，多くの国の図書館で適用・実装が進んでいる。FRBRの概念モデルを援用し，ICPで示された特徴なども取り込み，さらにはAACR2との継続性にも配慮するなど，もっとも有効性の高い「目録規則」と言えるだろう。

RDAの主な特徴としては，次のような点があげられる。

FRBRの概念モデル

・規則の構造としてFRBR等の概念モデルを根幹にもっている
・「著作」も「個人」も実体と把握することで，典拠コントロールの主体が個々の目録作成機関であることを明らかにしている
・情報資源の内容的側面と物理的側面を整理した規則としたこと
・「実体」間の関連が，実体の属性から独立して扱われるようになったこと

これらの特徴は，それぞれが意義をもつとともに，コンピュータを利用した他の情報資源の目録の作成と利活用に有利なものであることは明らかであろう。こうした機械可読性は，図書館と図書館以外の博物館・文書館等との相互運用性をも生み出し，書誌データ等の広範な利活用への道を開くことにつながる。

●…………『日本目録規則　2018年版』（NCR2018）への影響

新しいNCR

2010年から日本図書館協会目録委員会は，本格的に「新しいNCR」の策定作業に取りかかっている。その後，2013年からは，国立国会図書館収集書誌部との共同作業に入ったが，その際に策定された方針は，次のようになっている。

・ICP等の国際標準に準拠すること　ICP
・RDAとの相互運用性を担保すること　RDA
・日本における出版状況等に留意すること
・NCR1987とそれに基づく目録慣行に配慮すること　NCR1987
・論理的でわかりやすく，実務面で使いやすいものとすること
・Web環境に適合した提供方法をとること　Web環境

NCR2018

これらの方針が実現されることで，NCR2018は，現在の情報資源の多様化，書誌データ等の利活用を国際的に実現し，さらには図書館外のコミュニティとの協働作業を展開する有力なツールへと展開することは疑いがないだろう。

◉——option H

『日本目録規則　1987年版改訂3版』

全体の構成

序説，（第0章）総則

第Ⅰ部　記述　第1章　記述総則　　第2章　図書
　　　　　　　第3章　書写資料　　第4章　地図資料
　　　　　　　第5章　楽譜　　　　第6章　録音資料
　　　　　　　第7章　映像資料　　第8章　静止画資料
　　　　　　　第9章　電子資料（旧：コンピュータファイル）
　　　　　　　第10章　博物資料　　第11章　点字資料
　　　　　　　第12章　マイクロ資料
　　　　　　　第13章　継続資料（旧：逐次刊行物）
　　　　記述付則1　記述の記載様式
　　　　　　　　2　記述の記載例

第Ⅱ部　標目　第21章　標目総則　　第22章　タイトル標目
　　　　　　　第23章　著者標目　　第24章　件名標目
　　　　　　　第25章　分類標目　　第26章　統一タイトル
　　　　標目付則1　片かな表記法
　　　　　　　　2　単一記入制目録のための標目選定表

第Ⅲ部　排列　第31章　排列総則　　第32章　タイトル目録
　　　　　　　第33章　著者目録　　第34章　件名目録
　　　　　　　第35章　分類目録

付録　1　句読法・記号法　　2　略語表
　　　3　国名標目表　　4　無著者名古典・聖典統一標目表
　　　5　カード記入例　　6　用語解説

索引

構成についての解説

『日本目録規則　1987年版改訂3版』は，全体を5つのパートに分けている。すなわち，序説，総則，記述，標目，排列，付録である。この構造は，序説においても明らかにしているように，目録作業の手順を反映したものである。

「記述目録法の基礎」に直接かかわりのあるのは，「序説・総則」と，「記述」および「標目」の2つの部である。「標目」のなかの「件名標目」および「分類標目」は，UNIT 42からの主題目録法に関係が深い。

・序説

「序説」では，目録規則の性格として，目録作成の指針とあわせて目録の仕組みや，目録に記載された内容を理解するうえでの手引きであるとし，業務用のツールに終わらせない考えを示している。後者の見方は，国内は言うに及ばず国際的にも標準化された目録規則の必要性を示唆することになる。『日本目録規則 1987年版』制定に至る経緯を述べ，その過程で問題となった記入方式（「基本記入」のあり方や，記述ユニット方式など）のいくつかにも理論的に言及する。また，今後の目録がコンピュータ化されることを見越し，記入方式との関連，書誌階層を規定すべき理由，第1章以下で規定する内容との関係にも触れている。ISBDとの違いとして，奥付などの情報源としての重視，誤表示を訂正して記録すること，巻次を独立した書誌的事項として扱うことなどがあることも明示している。最後に，『日本目録規則　1987年版改訂3版』特有の用語使用法を説明し，規則の適用にあたっての注意を促している。

「総則」は，『日本目録規則　1987年版改訂3版』全体について規定をしており，その目的，対象とする資料の範囲，目録の種別と構成要素，目録記入の意味と記述ユニット方式の説明，MARCファイル，MARCレコードからの出力，書誌的記録の構成要素，記述と標目，書誌階層の基本概念，それぞれの図書館の選択に委ねられている部分が明らかにされている。

・第Ⅰ部　記述

「第Ⅰ部　記述」では，記述に関する基本的な事柄を規定した記述総則と，資料の物理的媒体によって区分けした章（図書，録音資料，映像資料，電子資料，博物資料），情報の記録方式によって区分けした章（書写資料，点字資料，マイクロ資料），情報の表現手段によって区分けした章（地図資料，楽譜，静止画資料：写真，スライド，複製絵画など），資料の刊行形式の区分けによる章（継続資料）の4つに区分して，図書館で扱うあらゆる情報資源の記述方法を詳細に規定している。それぞれの情報資源については，しばしば記述総則が参照され，図書館資料全体としての統一性が保たれるよう配慮がなされている。

「記述付則1」では，それぞれの書誌レベルの記録および物理単位の記録における記述の記載様式を示し，MARCファイルからの出力にも，これらの規定が応用できることを述べている。それらの記載の実例が「記述付則2」となる。

・第Ⅱ部　標目

「第Ⅱ部　標目」では，標目総則において標目の機能として，情報資源検索の手がかりと，作成された記入の目録中での排列位置を決定する第一の要素であることを明示したうえで，標目の種類，記述された書誌的事項と標目の関連，標目の形，カード目録を主体にして規定する標目の表し方，標目指示の方法，標目の記載方法，標目相互の関連を示す参照の形式を述べている。その後，タイトル標目，著者標目，件名標目，分類標目のそれぞれについて，選択，形，表し方，標目指示，記載方法，参照の順で規定する。標目の規定の最後に，各図書館の方針によって採用することができる任意規定として「統一タイトル」の章があり，ある著作がさまざまなタイトルのもとに刊行されるという出版の実情を，一か所で集中的に一覧できる方法を示す。

「標目付則1」はカタカナ表記法である（『日本目録規則　1987年版改訂3版』では「片かな表記法」としているが，本書では「カタカナ表記法」と記す）。標目の形に和語・漢語を用いる際に検索・排列を効率的に行うための措置を規定していると考えてよいだろう。「標目付則2」は，単一記入制目録のための標目選定表である。これはパリ原則として合意された基本記入方式を採用する図書館のための標目選定の順序を指示したものである。作成された標目相互の関連を「等価である」とする『日本目録規則　1987年版改訂3版』とは，異なった取り扱いを定めている。

・第Ⅲ部　排列

「第Ⅲ部　排列」は，排列の機能として「記入の検索が可能となる」ことをあげ，目録の種類（タイトル目録，著者目録，件名目録，分類目録），排列の基本原則，排列文字・記号，同一の排列順位となる場合などの規定を明らかにした「排列総則」と，各目録ごとに章を分けて規定された排列原則，同一の排列順位となる場合の規定，各目録において固有の標目についてなどから構成される。

・付録

「付録1　句読法・記号法」では，ISBD区切り記号法による規定以外の特定の章のみにかかわる句読点の使用法が示されている。「付録2」は「略語表」で，記述にあたって使用できる各種の略語，アメリカ合衆国の州名等，英語による国名略語，英語の月名の略語形，キリル文字の略語がわかる。件名標目の一部である国名は，「付録3　国名標目表」（2002年現在。新しい国について参照すべき情報も示している）によって形が決められている。「付録4」は，任意規定となっている統一タイトルを採用した場合の「無著者名古典・聖典」についての統一標目表である。なお，音楽作品については典拠となる参考資料等から統一タイトルの形を選ぶこととされている。「付録5」は「カード記入例」で，元となるユニットカードと，複製後，標目を記載した各目録用のカードの例が和書，洋書，継続資料の逐次刊行物について示されている。これらの例を子細に見ると，記述と標目の関係や，標目の「等価」性を理解することができる。

最後の付録は「用語解説」であるが，これについては説明を要しないであろう。

UNIT 25

◎目録作成の実際（1）

書誌階層の考え方と階層化の利点

●…………書誌階層とはなにか

書誌階層とは

1987年に初版が出された『日本目録規則　1987年版』が，『日本目録規則　新版予備版』（1977年）と大きく違うところは，書誌階層に関する規定を取り入れたことである。しかしながら，目録の標準化が十分展開されていなかった当時は，『日本目録規則　1987年版』そのものの理解を困難にする要因となっていた。『日本目録規則　2018年版』では，書誌階層構造（0.5.6）として「体現形」について規定している。

日本目録規則 2018年版

「固有のタイトル」を有する「体現形」は，当該情報資源を「基礎書誌レベル」とし，「上位」および「下位」に異なったレベルの書誌階層をもつことがあるとした（1.5.1）。これらの全体を書誌階層構造のなかに位置づけ，階層的記述ができるようになった。

書誌階層に関する規定は，書誌記述の単位を明確にする目的で設定されたものであり，明確にしなければならなくなった理由は，次のようなものである。

書誌記述の単位

まず，『日本目録規則　新版予備版』は，図書1冊1冊を個別に目録記述の対象とし，上・下2冊で1セットとなるような図書はそれぞれの巻を別の「目録記入」として作成することを原則としていた。必要に応じて複数の巻を一括して記入することを認めてはいたが，全30巻の百科事典には30の「目録記入」を作成することが原則になっている。30巻が全部同時に発行されることはなく，発行順に受け入れる図書館としては発行のたびごとに「目録記入」を作成しないと利用に供することができないという事情や，貸出記録の作成にも個別の巻ごとに「目録記入」が作成される方が望ましいと考えられていたからである。しかし，全30巻をひとまとまりのものと見て一括して一つの記入として作成する方法も，経済的であり，また書誌的な記録としても意味のあるものと考えられる。いわば，視点が違えばそれぞれの図書館で別々の「目録記入」が作成できることになり，個々の図書館単位のみで考えることのできる蔵書目録ならば問題は生じないが，複数の図書館で構成する総合目録の編成にあたっては共通の視点をもつことができないことになる。

分割記入

一括記入

また，図書は個別の巻ごとに「分割記入」を原則としているのに対し，雑誌等の継続資料は「一括記入」を原則として，タイトルのもとに所蔵巻号の情報を記録する形とする。図書のための目録と逐次刊行物（雑誌）のための目録を別に形成していたため，どちらにするかを決めなければならなかった。異なった目録体系を形成することになり，資料を検索するにあたっては，求めるものが「図書か，それとも，雑誌などの継続資料か」を，まず考えなければならないという問題を残していた。

書誌単位
物理単位

そこで「固有のタイトルから始まる一連の書誌データの集合」を「書誌単位」と定義し，この「書誌単位を分割して，形態的に独立した部分としたもの」を「物理単位」（『日本目録規則　2018年版』では「基礎書誌レベル」あるいは「物理レベル」とする）と把握する書誌階層の考え方が生まれてきた。1冊で完結する資料（『日本目録規則　2018年版』の規定では「単巻資料」という）は，物理単位と書誌単位が合致するが，複数の形態的に独立した資料群で1部が構成される資料（『日本目録規則　2018年版』では「複数巻単行資料」という）は，複数の物理単位と一つの書誌単位で把握されることになる。

書誌単位
物理単位

一方，1冊の資料のなかで，複数の著者が執筆した論文集といった形態をとる資料も多い。それぞれの論文が「固有のタイトルをもつ一連の書誌データの集合」として表現できるので論文ごとに「書誌単位」として成立し，「物理単位」は複数の書誌単位の集まりで構成されているという形になる。物理単位は，あくまで資料についての目録を記述するための単位であり，書誌そのものとは関係がないことがわかるだろう。

例で考えてみよう（ISBD区切り記号法を適用。__はスペースを示す）。

贈る物語　Terror __：__みんな怖い話が大好き__／__宮部みゆき編. __－__初版

東京__：__光文社，__2006

432p __；__16cm. __－__（光文社文庫）

内容：__第1章 知りたがるから怖くなる. __猿の手__／__W.W.ジェイコブズ著__；__平井呈一訳. __－__p28-50. __幽霊__（ゴースト）__ハント__／__H.R.ウェイクフィールド著__；__田中潤司訳. __－__p51-62. __オレンジは苦悩，ブルーは狂気__／__デイヴィッド・マレル著__；__朝倉久志訳. __－__p65-128

（中略）

パラダイス・モーテルにて__／__ジョイス・キャロル・オーツ著__；__小尾英佐訳. __－__p405-426. __終わりに__：__なぜ人は怖い話をするのか__／__宮部みゆき著. __p428-432

付：__出典一覧

本書は，『贈る物語　Mystery』，『贈る物語　Wonder』とあわせて３冊で１セットをなしている。また，「猿の手」の前や，「幽霊ハント」と「オレンジは苦悩，ブルーは狂気」の間など，随所に編者・宮部みゆきによる文章が存在する。

図　「固有のタイトルをもつ一連の書誌的事項の集合」の例

光文社文庫

贈る物語 Terror

みんな怖い話が大好き

宮部みゆき編

光 文 社

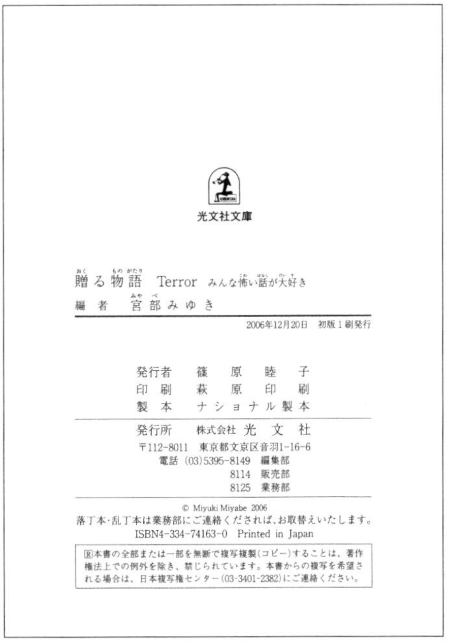

光文社文庫

贈る物語　Terror　みんな怖い話が大好き

編　者　宮部みゆき

2006年12月20日　初版１刷発行

発行者　篠　原　睦　子
印　刷　萩　原　印　刷
製　本　ナショナル製本

発行所　株式会社 光　文　社
〒112-8011　東京都文京区音羽1-16-6
電話（03）5395-8149　編集部
8114　販売部
8125　業務部

© Miyuki Miyabe 2006

落丁本・乱丁本は業務部にご連絡くだされば，お取替えいたします。

ISBN4-334-74163-0　Printed in Japan

Ⓡ本書の全部または一部を無断で複写複製（コピー）することは，著作権法上での例外を除き，禁じられています。本書からの複写を希望される場合は，日本複写権センター（03-3401-2382）にご連絡ください。

階層関係

書誌単位は，〈光文社文庫〉，〈贈る物語　Terror〉，〈それぞれの作者の作品〉の3つがある。上位と下位の階層関係が成立していることは明らかである。この位置関係を「書誌レベル」と呼ぶ。〈贈る物語　Terror〉は個々の作品にとっては「上位の書誌レベル」であるが，〈光文社文庫〉から見ると「下位の書誌レベル」となる。書誌階層・書誌レベルの相対性が示されている。この関係は『日本目録規則　2018年版』の図1.5.1（p.46）で明示されている。物理単位として成立しているのは〈贈る物語　Terror〉のみである。これらを書誌として記述するときに，書き始めのタイトルのレベルによって3種が規定できる。すなわち，「猿の手」などの個々の作品は「構成レベル」となり，「贈る物語　Terror」は「単行レベル」，「光文社文庫」は「集合レベル」と設定される。単行レベルの記録が「物理レベルの記録」あるいは「物理単位の記録（分割記入様式）」（『日本目録規則　1987年版改訂3版』の「記述付則2　記述の記載例」の6）となる。

構成レベル

単行レベル

集合レベル

物理単位

分割記入様式

物理レベルの記録は，集合書誌単位の分割で成立することもあれば，単行書誌単位の分割で成立する場合もある。さらに，上に掲げた例のように構成書誌単位の集合として成立することもある。書誌階層は「相対的な概念」として捉えられ，「単行レベル」，「構成レベル」，「集合レベル」は『日本目録規則　2018年版』ではなくなっている。

●…………書誌階層の規定化の利点

情報資源にかかわる書誌を階層的にとらえる考え方は『日本目録規則　1987年版』以前の目録規則においても提示されている。また各図書館での目録作業においても考慮されてきたことである。

総合目録形成の前提

書誌階層を規定として成立させようとした背景は，複数の図書館間での総合目録形成を前提として，書誌記述の単位を明確にしようとしたところにある。複数の図書館が共同して総合目録を形成するにあたっては，同一の記述対象情報資源に対する記入の同一性を確保・担保するためにもっとも重視しなければならない規定ということができる。

個別図書館だけで完結する目録体系をもっている範囲ならば，他館との間で記述面での同一性を気遣う必要性は低い。むしろ，後述するように個々のセットものや，シリーズものの単位で記述の統一性を図る必要がある。

けれども，図書館利用者の情報資源に対する要求が多様化していく現代にあっては，それらのすべてに個々の図書館のみで対応することは困難であることは明白で，他館への情報資源提供を依頼せざるをえない。その結果，逆の流れも発生し，他館からの情報資源要求・情報資源所蔵の有無の問い合わせが頻発する。これに対し，的確に回答ができるような情報資源の組織化が要請されることになる。このとき求められているのは，「記述の同一性」ではなく，「書誌データの的確な検索」である。たとえ，記述の本体となる書誌単位のレベル（書き始めのタイトルのレベル）が同一でなくても，その上位のレベルあるいは下位のレベルから検索が可能なように標目（「アクセス・ポイント」にあたる）を作成しているならば対応ができるという事実を忘れてはならない。書誌階層にかかわる規定を着実に情報資源組織化に適用しておきながら，標目（アクセス・ポイント）への配慮がなければ効果は低くなることに留意すべきだろう。 記述の同一性

書誌階層にかかわる規定は，このほかにも必要とされる背景がある。MARC レコードにおける記述の部は，利用者の必要や利用目的に応じて書誌データを組み合わせ，多様な記載様式を作成することができる。このためには書誌データを書誌単位のレベルごとに正確な一つのまとまりとして把握することが必要となる。当然のことながら，それらのまとまりごとの順序についても配慮しなければならない。 自由な出力様式

MARC における検索の結果，「構成レベル」（「下位書誌レベル」に相当する）の書誌がヒットしたとしよう。この結果，表示が「構成レベル」のみで完結されていたのでは，利用者は情報資源に到達することができない。同様に「集合レベル」（「上位書誌レベル」である）の書誌データのみを示されたのでは，たくさんのシリーズのなかから的確に求める情報資源を探し出すことも困難である。検索の結果に対応した書誌データとあわせて「単行レベル」（「基本書誌レベル」である）の書誌データを確実に提示できるシステムを組むために書誌の階層化を利用することが必要となる。

●…………個別図書館における書誌階層の取り扱い

個々の図書館内における情報資源の組織化では，受け入れた個々のセットものやシリーズもの（「複数巻単行資料」である）を，それぞれの範囲内で統一ある記述としなければならない。第１巻は単行単位（「単巻資料」に相当する）を書き始めのタイトルとしながら，遅れて入荷した第２巻は集合単位（「上位書誌レベル」に相当する）を書き始めのタイトルとしたのでは，目録中でそれぞれの情報資源はばらばらに分かれてしまう。 セットもの シリーズもの

だからといって，それぞれの図書館が所蔵するすべてのセットものあるいはシリーズものを，同一の書誌レベルによって記述することが求められているわけではない。所蔵状況あるいは集書計画，利用の態様について，セットやシリーズごとに検討し，それぞれにもっともふさわしい書誌レベルを設定することが肝要である。この際に考慮すべき事柄として，次のようなものがあげられる。

・単行資料（単巻資料）として独立した固有のタイトルを備えているか。 固有のタイトル

複数巻単行資料
・その情報資源は，セットものあるいはシリーズもの（複数巻単行資料）として，全部を受け入れる方針としているか。

単巻資料
・主題の取り扱いがセットとしてなされているか，それとも単行資料（単巻資料）の範囲で主題を取り扱っているか。
・セットものあるいはシリーズもの（複数巻単行資料）として，書架上の一か所に集中させる方がよいか，それとも単行資料（単巻資料）として分散させた方が，より多くの利用が期待できるか。
・利用者の情報資源に対するアクセス要求は，どの書誌レベルからが多いか予想が可能か。
・セットものあるいはシリーズもの（複数巻単行資料）として，相当の期間にわたって統一された書誌レベルでの情報資源組織化実務を実現できる体制（シリーズ取り扱い典拠ファイルの作成と維持，同ファイルの検索利用体制，設定された書誌階層に見合った記述の作成能力，情報資源組織化作業の担当者数，情報資源組織化業務のために割くことのできる時間とコストなど）が確立しているか。
・情報資源の発行・刊行計画が明確で，図書館が設定した方針の変更を予測しなくてもよいか。

日本目録規則 2018年版

基礎書誌レベル

『日本目録規則　2018年版』では，これまで述べてきたような刊行形態のほか「逐次刊行物」や「更新資料」についても書誌階層構造をもった情報資源として扱う。逐次刊行物の場合は，その全体を「基礎書誌レベル」とし，「下位のレベル」として逐次刊行される各号を位置づける。また更新資料については，その全体を「基礎書誌レベル」とする（1.5.1d))。

UNIT 26

◉目録作成の実際（1）

記述の範囲

●…………何を記述するか

記述の範囲や方法は，目録規則などによって多少異なっている。範囲については，1961年にパリ原則として合意された内容や，その解釈の違いを調整する目的で制定されることになった国際標準書誌記述（ISBD）において定められており，目録規則ごとの違いはほとんどなくなっている。

記述の範囲

ISBD

記述は，異なる情報資源や同一資料の他の版との完全な同定・識別を果たすために記録されるものであり，同定・識別の「第一の要素はタイトル」とされている。

同定・識別のために第一の要素は「タイトル」

同一のタイトルを，他の情報資源から，あるいは同一著作の他の版から同定・識別をするために，その情報資源の内容に責任をもつ個人や家族・団体を明らかにする責任表示，同一の原版を使ったものでないことを示す版表示，多数の人に著作等のコピーを頒布する行為である出版・頒布等に関する事項，物理的存在としての情報資源を表現する形態に関する事項，記述の対象となっている著作等が属する上位・下位の書誌レベルについてのシリーズに関する事項等を記録しておく必要がある。

また，その情報資源に付属する資料等についての記録，さらには収録する著作についての内容細目なども記録する。情報資源によっては，資料種別・資料の特性・刊行形式に関する特性を加えることもある。

これらの記述すべき項目等についての呼称は情報資源の媒体等の種別によって異なるが，以下の説明においては，図書および雑誌を主として例示することとする。なお，（　）内は目録規則の条項番号を示している。

●…………タイトルに関する事項（タイトル）

『日本目録規則　2018年版』において，タイトルに関しては「本タイトル・別タイトル・異形タイトル・並列タイトル・タイトル関連情報」について定めている。「本タイトル」は情報源に記載されているタイトルのなかでもっとも優先されるタイトルである。「別タイトル」は，本タイトルが2つの部分からなるときの2番目のタイトルで，「一名○○」や「or」など同等の関係を示す語句で連結されたタイトルで，本タイトルの一部として記録する（2.1.1.2.1）。「異形タイトル」は，『日本

本タイトル

別タイトル

異形タイトル

目録規則　2018年版』で新たに加わったもので，優先情報源と異なる情報源などで示されている本タイトルと同じ意味あいのあるタイトル（2.1.1.1.2）で，「並列タイトル」は，本タイトルの異なった言語あるいは文字で表現されたタイトルである。なお，「異形タイトル」には，誤記・誤植・脱字などがあって正しい形がわかった場合に行う注記の記述も含まれる（2.1.0.4.1）。

並列タイトル

記述の対象となる情報資源の主たる名称が「本タイトル」で，図書の場合で言えば「書名」にあたる。通常は本文に使用される言語と同一の言語で表現される。異なった言語による場合は「並列タイトル」とされる。説明的な語句で本タイトルに付加された部分を「サブタイトル」（2.1.3.1.1b））（『日本目録規則　1987年版改訂3版』および『日本目録規則　2018年版』では「タイトル関連情報」とされている（2.1.3））や「タイトル先行事項」（「冠称」ともいう。この語は『日本目録規則　2018年版』ではなくなり，「上部または前方の語句」とし，本タイトルの一部となっている。ただし，意図されていない説明的な導入句は本タイトルに含めないことになっている），本文と異なる言語あるいは文字で示される「並列タイトル」，雑誌等では各ページの冒頭あるいは裏ページの冒頭に繰り返し記載されている「ランニングタイトル」（欄外タイトル：running title）も，タイトルに関する事項で扱うことになる。

書名

サブタイトル

並列タイトル

ランニングタイトル

●…………責任表示に関する事項（責任表示）

責任表示

対象である情報資源の知的あるいは芸術的内容に責任をもつ個人や家族・団体についての，対象情報資源に記載された表示をいう。タイトルとあわせて標題紙等に示されており，対象資料とのかかわりを示す「著・編・訳・撮影・作・画・脚色・作曲・編曲・監修など」の役割と組み合わせて記録することが求められる。複数の個人や家族・団体が同一の役割を果たしている場合は，目録規則によって記録の数を制限している場合がある。同一の役割を果たした著者等について記録する数は『日本目録規則　2018年版』では4未満（2.2.0.4.1）であり，『日本目録規則　1987年版改訂3版』では「2まで」（1.1.5.1D））とされている。しかし，この制限は書誌データの記録媒体との関連で定められていることが多く，コンピュータファイルのように多くの情報を記録できる媒体を利用する場合は積極的にすべての個人や団体を記録することが望ましい。このことはデータ項目の「繰り返し」を認めるプログラムとする必要があり，システム設計にかかわってくる。目録の機能の一つとして，特定著者・団体のすべての著作を一覧できるようにするということがあり，この面からも責任表示の省略は避ける方がよいだろう。

役割を示す語

●…………版に関する事項（版表示）

版

この事項を記録することによって，同一の著作についての「版」の識別が可能となる。ここには，対象となっている情報資源の版の成立にのみ関与（内容的に責任を有する）した者の表示を含めて考える。外装のみが異なる場合も「版」として記録する。コピー機によるなど光学的方法を用いて実質的に同一の版から印刷・複製されたものは，光学的処理の対象となった情報資源と装丁が異なっていても内容は同一であり，同一の版と見なす。ただし，その出版・頒布等に関する事項は，元となった情報資源とは異なったものになる。

「外装」も「版」となる

日本の出版界の慣例として，「版」と「刷」を区別しないことがしばしば見られる。奥付において「第○○版」と記されていても，初版との間に短い期間しかないときは「刷」と考えた方がよい。正確に判断するためには「初版」にあたるものとの逐一の比較対照が必要であるが，なかなか難しい。なお，明らかに「刷」の表示のなかに「版」の表示にあたる「改訂・増補」等の表示があるときは，付加的版表示として記録することになる。ただし『日本目録規則　2018 年版』では，「改訂」，「増補」などの表示があっても従前の版から変更が加えられていないときは「付加的版次」とは扱わないことになった（2.3.5.1.1）。「変更」の確認が求められているが，その手法については規定されていない。

刷

●…………出版・頒布に関する事項（出版表示）

出版表示

『日本目録規則　1987 年版改訂 3 版』までは「出版・頒布」となっていたが，『日本目録規則　2018 年版』では「出版表示」，「頒布表示」，「製作表示」に分けられた。出版表示は「出版・発行・公開」に関連し，頒布表示は「頒布・発売」に関連するとされる。製作表示は「印刷・複写・成型等」に関連すると分けられた。なお，『日本目録規則　2018 年版』では，非刊行物の「制作表示」についても規定の整備がされ詳しくなっている。

出版・頒布

制作表示

この事項は，記録の対象となる情報資源が社会に存在することについて責任を有する個人あるいは家族・団体を表示し，また当該情報資源の内容の収録・記録時点を示すことにより，対象とする情報資源の同定・識別，さらには内容としての質の判定等に役立てようとするものである。

『日本目録規則　2018 年版』では，「オンライン資料はすべて刊行物とみなし」（2.5.0.1）と規定され，図書等と同じ扱いになっているので，この表示も適用される。

オンライン資料

ここに記される要素は，出版者，出版者の所在地，出版日付の 3 つであり，場合によっては，発売者，印刷者，製作者等を示すこともある。出版者，出版者の所在地が不明であったり，架空のときは，その旨を記録できるが，出版年については本文等から推定してでも記録することが求められている。

出版者

所在地

出版年

キャリア
形態

●…………形態に関する事項（キャリアに関する事項）

ページ数や大きさが記録すべき範囲である。情報資源管理上において有用な情報を記録することに加えて，ページ数の多寡により当該情報資源から得られる情報内容の詳しさを推察することもできるであろう。

ページ数
大きさ

『日本目録規則　1987年版改訂3版』では，「ページ数・図版数等」，「挿図・肖像・地図等」，「大きさ」，「付属資料」が記録すべき内容とされていた（2.5.0.1）。『日本目録規則　2018年版』では，「数量」（2.17），「大きさ」（2.18），「図版」（2.17.1.1.9），表現形に適用する「図」（5.15），「地図資料の数量」（2.17.3）を適用し，「付属資料」は，包括的記述を作成するときは「資料自体の一部」として扱い，分析的記述をつくる場合は「資料外（関連する資料など）」として扱うことに変更されている。

特定資料種別

図書以外の情報資源においては，『日本目録規則　1987年版改訂3版』では「特定資料種別」として，録音ディスク，録音カセット，映画カセット，映画リール，ビデオカセット，ビデオディスク，絵はがき，版画，紙テープ，磁気ディスク，ICカード，マイクロフィルム，マイクロフィッシュ等を記録するとしていた。この情報は，当該情報資源の利用にあたって必要となってくる機器を特定するためにも重要な情報として活用されてきた。それらの情報資源においては，図書におけるページ数にあたるものが，再生時間とかコマ数等で示されることとなる。また，利用する機器のOSも重要な要素となる。

各種の図等

図書・雑誌においては，この事項に挿図の数，肖像の数，地図枚数などを記録し，当該資料から得られる情報についての判断材料も提供することとされている。

付属資料

さらに，当該情報資源と同時に利用することが前提となっている「付属資料」の記録もつくられる。この付属資料には，記録の対象となっている情報資源と異なった媒体（たとえば，録音ディスク，磁気ディスク等）も含まれるので，付属資料のデータを正確に記録しておかないと利用者が戸惑うことになる。これらの情報を詳しく記述する規則が定められているので，『日本目録規則　2018年版』のキャリアなどの各関連部分を参照することが必要である。

シリーズ

●…………シリーズに関する事項

シリーズタイトル

「シリーズ」とは，記録の対象となっているそれぞれの情報資源のもつ固有のタイトルのほかに，それを含むグループ全体に共通するタイトル（シリーズタイトル，総合タイトル）をもつものであり，グループに含まれるそれぞれの情報資源が，個別に独立しながらも，相互に関連づけられている情報資源の集合体を意味する。

更新資料

シリーズは，終期の有無を問わないこととされるので，単行資料だけでなく，逐次刊行物も，更新資料（追加，変更などによって内容が更新されるが，一つの刊行物としてのまとまりが維持される資料である（1.4.4））も含まれる。

ここには，シリーズについての本タイトル，シリーズのタイトルを別の言語または文字で表現した並列シリーズタイトル，シリーズのタイトルに関連する情報，シリーズの内容について責任を有する個人あるいは家族・団体の名前，記録の対象がシリーズ全体のどこに位置づけられているかを示すシリーズ番号，本シリーズの下にある下位書誌レベルのシリーズ名（本シリーズと密接な関連をもっていない場合も存在する）を記録する。

シリーズの本タイトル

シリーズ番号

●…………注記に関する事項

注記

記述の範囲は，目録作成機関の判断に委ねられている。これまであげてきた本タイトルからシリーズに至る事項で，本来の事項を記録するべきところで十分に表現できなかったり，さらに詳細に記録する必要のあるものが，ここで記録される。例としては，誤記・誤植，本タイトルの情報源，本タイトルの言語，他の著作との関連を含む書誌的来歴，刊行方式，蔵書となっている情報資源について固有の形態や情報などがあげられるだろう。

このほかに，注記として重要なものが「内容注記」（『日本目録規則　1987年版改訂3版』の2.7.3.7）である。一つの情報資源中に複数の著作が含まれている場合について，それぞれの著作を列挙するものである。情報資源の記録の対象が「著作」とされることを考えるならば，そのなかに包含されているものについても正確に注記をしておく必要がある。目録の形態がカードであった時代には，そのスペースの狭さから十分記録できなかったところであるが，記録できる情報量に制限がなくなったコンピュータ目録においては大いに進めるべき方策といえる。本文とは別になっている付録，書誌，年表，年譜，解題，解説といったものも，それぞれ著作（参考資料）の一つとして把握し，内容の注記とすることが必要である。

内容注記

注記として記録する要素は，それぞれの著作についての本タイトル（並列タイトルやタイトル関連情報もあわせて），責任表示，ページ数（1冊の資料に複数の著作があるときは，始まりページと終わりページ）などである。

『日本目録規則　2018年版』においては，内容に関する注記は，「利用者のニーズに合致する資料の選択に役立て」る目的で記録される。適切な趣旨であるが，記述の方法などは定型化が難しく規定にはなりにくいだろう。

利用者のニーズに合致する資料

●…………標準番号，入手条件に関する事項

標準番号

入手条件

国際的に承認された標準番号（図書のISBN，雑誌のISSNなど）を記述する。これらの番号は『日本目録規則　2018年版』では「体現形の識別子」とされ，記録の方法が規定されている（2.34）。

ISBN

ISSN

識別子

入手条件は，入手可能性を示す語句と，入手にあたって必要とされる対価を記録

対価

するのであるが，ほとんどの目録規則で記録の必要性については目録作成機関の判断に委ねられている。『日本目録規則　2018年版』では，情報源に表示されている価格を，それを表す語または一般に使用される通貨記号とあわせて記録する，としている。例示としては「円，￥，JPY，USD，＄，GBP，£など」があげられるだろう。

通貨記号

なお「非売品」，「レンタル用」も「入手条件」についての記録である。

資料種別

●…………資料種別，資料（または刊行方式）の特性に関する事項

『日本目録規則　1987年版改訂3版』においては「資料種別」はタイトルと責任表示に関する事項のなかの記述範囲の要素とされていた。おおまかな資料種別を，目録の利用者に対して可能な限り書誌データの冒頭で示す意図から，記録することとされて，図書館の情報資源群の大部分を占める印刷された文字資料については記録する必要がないとされてきた。

『日本目録規則　1987年版改訂3版』で掲げている種別は，書写資料，地図資料，楽譜，録音資料，映像資料，静止画資料，電子資料（2000年8月の改訂で「コンピュータファイル」から改められた），博物資料，点字資料，マイクロ資料の10種である。

資料の特性

また，「資料（または刊行方式）の特性に関する事項」は，次に掲げる資料についてのみ記述するとされていた。

地図資料	数値データに関する事項
楽譜	楽譜の種類に関する事項
電子資料	電子資料の特性に関する事項
博物資料	数値データに関する事項
逐次刊行物	巻次・年月次に関する事項

表現種別
機器種別
キャリア種別

『日本目録規則　2018年版』では大きく変わり，資料種別ではなく実体の状況にあわせて，「表現種別」（表現形，参照5.1），機器種別（体現形，参照2.15），キャリア種別（体現形，参照2.16），刊行方式の区分（参照2.12）に設定が変更され，「多元的」にとらえることとされた（0.5.3）。

刊行方式

また，刊行方式の区分も「単巻資料」，「複数巻単行資料」，「逐次刊行物」，「更新資料」の4つとし（1.4），刊行単位，継続性，更新の有無などに区分の違いをみている（2.12.1）。

UNIT 27

◉目録作成の実際（1）

書誌記述（書誌データの集合）の情報源

●…………記述とは

記述とは

このUNITにおいては，『日本目録規則　1987年版改訂3版』をベースに述べ，そこに『日本目録規則　2018年版』で異なる取り扱いとなっているものを付加する形で述べていくので，2つの規則を参照しながら理解を進めてほしい。なお，このUNITから始まる『日本目録規則　1987年版改訂3版』について説明する部分においては「資料」に「情報資源」の意味を込めていることを断っておく。

「記述」とは，組織化の対象となる情報資源を，他の資料から同定・識別できることを目的として作成する書誌データの集まりを指す。すなわち，記述の対象となる資料の書誌的特徴を「必要かつ十分なだけ」（『日本目録規則 1987年版改訂3版』1.0.0.1）記録することが求められている。

書誌データの集まり

一方，『日本目録規則　2018年版』では，「各実体について，その属性および関連のエレメントの記録を行ったデータの集合」（0.5.1.4）とする。使用されている「語」は異なるが，意味するところに相違はないと考えられる。

データの集合

「同定・識別」するためには，他の資料との関係に触れなければならない場合もしばしば発生する。対象となっている資料が独自にもっている内容・範囲も，必要に従って記録することになる。他の資料との関係については，『日本目録規則 2018年版』では「第3部　関連」に規定されたところによって記録する。

同定・識別

記録にあたって，書誌データの種類や構成順位は，一つの目録内において一貫していなければ，上に述べた同定・識別の機能を十分果たすことはできないだろう。『日本目録規則　1987年版改訂3版』では，記録すべき書誌データの種類と構成順位は，国際標準書誌記述（ISBD）に基づくこととされ，それらの事項の間を区切る記号についてもISBDを適用することとしている。『日本目録規則　2018年版』では，ISBDから離れ，RDAに準拠することとし，それぞれの書誌データは独立して記録され，区切り記号も採用していない。

記録の順序

ISBD区切り記号

ある資料を他の資料から同定・識別する第1の要素は，それぞれの資料がもつ固有のタイトルである。さらに，同一のタイトルの他の資料から，あるいは同一の著作の他の版から，まったく同一であるかどうかの判断を下すために，著者等の責任表示，版次，出版者・出版社や出版年などの出版等に関する事項，ページ数など形

固有のタイトル

態を記録する事項，なども記録しておかないと正確に同定・識別することは困難である。資料の種類は，それぞれの資料固有の特性を表現する事項も記録しないと識別が難しい状況も生まれる。

●…………書誌的事項（書誌データ）

8つの事項（エリア）

記述を構成する各要素を「書誌的事項」（『日本目録規則　2018年版』では「書誌データ／典拠データ」とする（0.2））と呼んでいる。『日本目録規則　1987年版改訂3版』では，ISBDに準拠し，以下の8つの事項（エリア）を規定している。

・タイトルと責任表示に関する事項〈書名，著者表示など〉
・版に関する事項〈初版，改訂版，豪華版など，版の表示〉
・資料（または刊行形式）の特性に関する事項
・出版・頒布等に関する事項〈出版地，出版者，出版年など〉
・形態に関する事項〈ページ数，大きさなど〉
・シリーズに関する事項〈対象資料の含まれる上位のシリーズのタイトル，責任表示（著者など）や，そのなかでの巻次数など〉
・注記に関する事項〈対象資料の内容や，他の資料との相違を明らかにする事項，さらには，記述を敷衍・詳述する事項など〉
・標準番号，入手条件に関する事項〈ISBN，定価など〉

それぞれの事項の例示は，現在の図書館でも主要な情報資源の種別とされている「図書」についてのもので，これから後の説明は図書を例としておこなう。これらは『日本目録規則　2018年版』における「体現形の記述」に相当し，記述すべき事項，およびその記録の順序は「書誌データの記述とアクセス・ポイント」（UNIT 29～37）において触れる予定である。

エレメント
コア・エレメント
データ項目

『日本目録規則　2018年版』では，この「エリア」による類別を取りやめ，すべての「書誌データ／典拠データ」を「コア・エレメント」と「エレメント」に設定した。その数は300件を超えており，コンピュータ・ファイルで扱う「データ項目」がこの数になったと考えてよいだろう。

『日本目録規則　2018年版』では，上の〈　〉内に示したデータごとに規定され，要素ごとにエレメントまたはコア・エレメントが指定されている。

情報源

●…………記述の情報源

これらの書誌データを記録するための情報をどこから採用するかということは非

常に重要なことである。特に利用者が容易に見出すことのできる情報源から採用しないと，利用者の認識する情報との間に食い違いが生まれることに留意しなければならない。

標題紙

奥付

背

表紙

扉

カバー

ラッパー

和書においては，標題紙（タイトルを記録した，本文と同じ紙質の紙。ただし，日本では，タイトルを記録する用紙を特別の紙にすることも多い。文庫本において表紙をめくったなかにあるタイトルを記録した用紙が，一般的に「標題紙」にあたると考えるのがわかりやすいであろう），奥付，背，表紙（標題紙とは異なるものである），扉などに印刷されている。資料の本体から分離するカバー（ブックジャケット，ラッパーとも呼び，図書本体の保護を目的としてつけられるものであるが，デザインに工夫をしたり，人目を引くための文章を入れており，捨てがたいものが多い）にも，有用な書誌的情報が含まれていることがある。また，これらのなかには，標題紙などに印刷されているものと異なった表示を印刷していることもあり，どれが利用者にとってより親しみやすく，検索・探索の手がかりとなるかを検討しなければならない。

洋書では，必要な情報は標題紙および標題紙裏や，標題紙の前後のページなど比較的集中した場所に印刷されていることが多い。

図書でない資料になると，まだ書誌的情報の表示位置は一定しておらず，図書の出版経験を豊富にもっている出版者等が関係して刊行された資料については情報を得やすいが，その他の資料については難しいものが多い。これら表示位置に安定を欠いている資料については，利用者が想定し，情報を得やすい位置に記録されているもの，資料の本体（たとえばビデオテープだと，タイトルとしてテープの本体や容器に貼られているラベル）がもっとも安定した情報源と考えられる。

情報源

日本目録規則
2018年版

容器

このように『日本目録規則　1987年版改訂3版』では，情報源の多くを情報資源そのものに基づくこととしているが，『日本目録規則　2018年版』では，さらに広げられている。実体の形状によっても相当の差があると認識しながらも情報資源の刊行・公開時が同一の場合は「容器」も情報資源の一部として扱うようになった。このことは大学図書館等でよく見られることであるが，図書のブックケース・箱などを無造作に扱うことは不適であり，本体を包み込んでいるブックカバー・帯といったものも軽んずることはできないだろう。

補記

資料そのもの以外から入手した情報を記録するときは，「補記」したことを意味する記号である角がっこ（[　]）に入れることとされている。この方法は，ISBD区切り記号法を適用した例である。

「補記」に関して，『日本目録規則　2018年版』では，このコトバ自体がなくなっており，「明らかにする必要があるとき」だけに限定し，補ったことがわかる方法（コーディング，角ガッコの使用など）で記録することとされている。補うこと自体を少なくする方向だと思われるが，「別法」を採用することによって従来と同じ扱いとすることができる。

原則は，このように定められているが，実際の資料にあっては，簡単に適用できるとは限らない。いくつかの例を考えてみよう。

2枚以上の標題紙

・標題紙が2枚以上あることがある。どれを情報源として採用するかによって記録される内容が大きく変わることがある。あらかじめ，こうした事例を予測してどれを選択するかを原則として定めておく必要がある。

通常は，資料の最初の位置にあるものを選ぶ。その理由は，資料の利用者にとって最初に目につくものだからである。洋書などで2ページで向かい合って標題紙が構成されていることがある。左綴じの資料ならば右ページ，右綴じならば左ページにあるものが「最初の位置」と考えてよいだろう。また，より新しい出版年を記載したページのものを選択する。2つ以上の言語が記載されている場合は，本文のテキストと一致する言語で記載された標題紙の側を選択する。当然のことであるが，シリーズのための標題紙と単行書誌のための標題紙があるときは，記述する書誌単位に対応する標題紙の方を選ぶことになる。向かい合ったページに記載された書誌データが相互に重複していない場合は，これら全体を「ひとまとまり」の書誌データと考え，情報源として扱うこととする。

注記する範囲

・資料そのものに記載されていながら，記録をしなかった書誌データは，注記事項として記録し，検索における利用のために「アクセス・ポイント」とする工夫を大いに加える必要があるだろう。

利用者のもっている書誌データ

アクセス・ポイント

利用者は，新聞や書店で目立つ形で扱われている情報をもとに資料の探索・検索を行う可能性が高い。その情報が，書誌データを記録する担当者の考えることや，あらかじめ図書館等で定めている方法と異なっていることも多い。準拠する目録規則等に定められているやり方と違うということを理由に，資料のうえに記載されている記録が無視されることのないようにした方がよい。なお，タイトルについてのアクセス・ポイントや著者などのアクセス・ポイントは，注記に記録されたものも「必要に応じて」アクセス・ポイントとできることとされており，記録されていない情報は「検索のためにアクセス・ポイントとはできない」ことに留意することが必要である。目録作成機関の判断が優先されるということは，それらが利用者の行動や考え方をどれだけ把握しているかを試されているわけである。資料について知ることとあわせて，資料をどのように利用するであろうかと考える力が求められている。

UNIT 28

◉目録作成の実際（1）

書誌データと記述の順序

●…………転記の原則

転記の原則

『日本目録規則　2018年版』では，「特に指示のある場合を除いて，情報源における表示を転記する」とし，次のエレメントがあげられている。

日本目録規則 2018年版

タイトル	責任表示	版表示
逐次刊行物の順序表示	出版表示	頒布表示
製作表示	非刊行物の制作表示	著作権日付
シリーズ表示		

これを「転記の原則」と呼び，表示を「忠実に」記録することが求められている。

情報源の表示を改めてよい場合として，次のようなものがある。

改めるとき

漢字について，字体はそのままに，書体は楷書体に改めることとされている（1.10.1）が，字体を常用漢字表に限定する別法（1.10.1 別法）が定められている。変体がなをひらがなに改めるのは『日本目録規則　1987年版改訂3版』では本則（1.0.6.3）であるが，『日本目録規則　2018年版』では「別法」（1.10.1 別法）である。ローマ字，キリル文字等の外国の文字も原則としてそのまま記録することとされている（1.10.2，1.10.3）が，大文字・小文字の使い分けは，その情報源での表現はどうであれ，その言語・文字の慣行に従う（1.10.2）。情報源における文字の大小表現を再現する必要はなく，『問題解決のためのレファレンスサービス　新版』（長澤雅男・石黒祐子共著，日本図書館協会，2007）は『問題解決のためのレファレンスサービス　新版』と，同じ大きさで記録する（1.10）。

大文字・小文字は言語の慣行で

数字の記録にあたっては，次のとおりである（1.10.10.1）。

数字の記録

①タイトルおよび責任表示に関する事項については，そのままの形で転記する。

②その他の事項においては，数量（漢数字で示されたページ数など）とか順序を示す数字（第Ⅱ巻など）はアラビア数字に改めるが，情報源の表示から2種以上の数字を書き分ける必要があるときは，そのままの形で記録する（1.10.10.4）。

③タイトルに含まれるアクセント・発音符号等（ドイツ語のウムラウト（¨）とかフランス語のアクサンテギュ（´）など）についても，情報源に表示されているとおりに記録する（1.11.7）。

アクセント

発音符号

句読点

句読点は，大文字・小文字の使用法と同様にそれぞれの言語・文字の慣行による。

大文字・小文字

句読点以外の記号などは，原則としてそのまま記録するが，印刷方法，コード表などの制約から表示のとおり転記することが困難な場合は，説明的な語句に置き換え，その旨がわかる方法（角がっこの使用など）で記録し，必要があれば注記において説明を加える。このような置き換えは，タイトルおよび責任表示に関する事項においても許容される。

●…………目録用の言語

目録用の言語は日本語を用いる

「大きさ」(2.18) の表示や注記に関する事項などの記述にあたっては，「冊」，「p」，「図版」，「cm」などのことばを用いる。これらは「目録用の言語」として日本語を用いることによるもので，たとえ日本語以外の言語の情報源の記述であっても，日本語を用いることが原則である（0.9.4）。たとえば，「p」，「cm」は，「page」，「centimeter」の略であり，転記の原則を適用してそれぞれの言語・文字の慣行にしたがうならば「p.」，「cm.」とピリオドを打つ必要があるがそうはしない。ピリオドを略することによって「目録用の言語」化がされたといえるだろう。

なお，『日本目録規則　2018年版』において，日本語以外の情報資源の記述にあたってはデータ作成機関の定めた言語を使用できることが規定されている（0.9.4）。

記述の順序

●…………記述の順序

エレメント

コア・エレメント

記述すべき書誌データの大枠は，UNIT 27において説明した。それぞれの書誌データはいくつかの項目で構成されている。『日本目録規則　1987年版改訂3版』では「書誌的事項」と名づけ，「書誌要素」と表示されているものをまとめていたが（序説6)），『日本目録規則　2018年版』ではデータそのものを「エレメント」とし，300余りがあげられている。エレメントに順序づけはされておらず，必須のデータ項目は「コア・エレメント」と名づけている。

本書UNIT 29〜UNIT 36で主として扱う「体現形」の情報源については，『日本目録規則　2018年版』の「序説4-2　本規則の特徴　⑬NCR1987年版からの継続性」(p.16) で示されているように「日本目録規則　1987年版による目録作成と変わらない」とされている。そこで，ここでは『日本目録規則　1987年版改訂3版』の「書誌的事項」(エリア) によって記述の順序を述べることとする。

「：」以下に図書資料を主として情報源上の例をあげておく。下線を付したエレメントは「コア・エレメント」である。

タイトル

・タイトル表示（2.1）

<u>本タイトル</u>：書名

並列タイトル：本タイトルとして選定されたタイトルの異なった言語によって表現されているもの

タイトルのない情報資源（2.1.1.2.11）は，情報資源外の情報源によってタイトルを「選定」し，その情報源を注記として記録することとされている。

タイトル関連情報：副書名（サブタイトル）や本タイトルの上部や前方の位置に表示されているもの

並列タイトル関連情報：並列タイトルにかかわる副書名など

先行タイトル：タイトルを変更した逐次刊行物の「変更前のタイトル」

後続タイトル：同，「変更後のタイトル」

キー・タイトル：ISSN 登録機関が登録する，一意のタイトル

略タイトル：索引または識別を目的として省略された形のタイトル

異形タイトル：本タイトルに採用しなかったタイトル

（なお，『日本目録規則　1987 年版改訂 3 版』では，本タイトルのあとに「資料種別（任意規定による事項）」を記録することになっていたが，「［録音資料］」，「［映像資料］」といった「資料の種別」はなくなり，「表現種別」（表現形），「機器種別」（体現形），「キャリア種別」（体現形），と「刊行方式の区分」に整理され，目録規則も資料種別の章立てがなくなっている）

・責任表示（2.2） 責任表示

責任表示：情報資源の知的・芸術的内容の創作または実現に責任を有するか寄与した個人・家族・団体。著者，編纂者，作曲者，画家，訳者，監修者など

・版表示（2.3） 版表示

版次：改訂版，初版，日本語版，豪華版，縮刷版など

並列版次：異なる言語による版次の表示

特定の版にのみ関係する責任表示：改訂版にのみ責任をもつ編者など特定の版にのみ関係する責任表示

付加的版次：「付加的版」とは，一つの版のグループのなかに存在する特定の版のことで「新装版」などが，これにあたる 付加的版表示

付加的版にのみ関係する責任表示：付加的版にのみ関係する編者など付加的版にのみ関係する責任表示

・刊行方式に関する事項（2.12） 刊行方式

「体現形」の刊行単位，継続性，更新の有無などについて記録する

・資料の特性に関する記述 資料の特性

地図の縮尺表示（2.1.1.2.14），楽譜の形式（表 2.17.2），電子資料における「画像ファイル」などの電子的内容（表 2.32.1）など，限定された資料についてのみ記録が要求される

出版表示　・出版表示（2.5）

出版地：出版者名と関連して表示されている地名（市町村名）

並列出版地：出版地として記録したものと異なる言語・文字による地名

出版者：出版，発行，公開に責任がある個人や家族・団体名

並列出版者：出版者として記録したものと異なる言語・文字による個人・家族・団体名

出版日付：情報源に表示されている西暦の日付

頒布表示　・頒布表示（2.6）

頒布地：刊行物の頒布，発売に結びつく場所（市町村名等）

並列頒布地：頒布地として記録したものと異なる言語・文字による頒布地

頒布者：刊行物の頒布，発売に責任を有する個人・家族・団体の名称

並列頒布者：頒布者として記録したものと異なる言語・文字による頒布者の名称

頒布日付：刊行物の頒布，発売と結びつく西暦による日付

製作表示　・製作表示（2.7）

製作地：刊行物の印刷，複写，成型等と結びつく市町村名等

並列製作地：製作地として記録したものと異なる言語・文字による製作地

製作者：刊行物の印刷，複写，成型等に責任を有する個人・家族・団体の名称

並列製作者：製作者として記録したものと異なる言語・文字による製作者の名称

製作日付：刊行物の印刷，複写，成型等に結びつく西暦の日付

制作表示　・非刊行物の制作表示（2.8）

書写，銘刻，作製，組立等に関して

制作地：書写，銘刻，作製，組立等と結びつく市町村名等

並列制作地：制作地として記録したものと異なる言語・文字による制作地

制作者：非刊行物の書写，銘刻，作製，組立等に責任を有する個人・家族・団体の名称

並列制作者：非刊行物の制作者として記録したものと異なる言語・文字による制作者の名称

制作日付：非刊行物の書写，銘刻，作製，組立等と結びつく西暦による日付

キャリア　・キャリアに関する情報（2.14）

キャリアに関する情報（2.14）は，記述対象を物理的側面から識別するためのもので，「体現形」の選択や利用に際して使用される情報である。種別として「機器種別」（2.15）と「キャリア種別」（2.16）があり，そのエレメントの下に「数量」，「大きさ」などのエレメントが記録される。

数量　情報資源の数量：ページ数，図版数，スライド枚数，オンライン資料の件数など

ページ数　その他の形態的細目：「映写特性」，「ビデオフォーマット」，「シネマスコープ」，

「U マチック」など映像資料における再生の際の仕様がある

大きさ：図書の外形の高さなど　大きさ

付属資料：資料と同時に刊行され，ともに利用する付属物を対象として記録される書誌データ　付属資料

・シリーズ表示（2.10）　シリーズ

シリーズの本タイトル：シリーズを識別する主な名称　シリーズのタイトル

シリーズの並列タイトル：シリーズの本タイトルの異なった言語・文字によるシリーズのタイトル

シリーズのタイトル関連情報：シリーズの本タイトルを限定，説明，補完する表示で，サブシリーズ名などがある

シリーズの並列タイトル関連情報：シリーズのタイトル関連情報として記録したものと異なる言語・文字による同一内容の表示

シリーズに関係する責任表示：シリーズの編集責任者など

シリーズに関係する並列責任表示：シリーズの編集責任者などの異なる言語・文字による表示

シリーズの ISSN：ISSN 登録機関によって付与されたシリーズに与えられた識別子

シリーズ内番号：個々の情報資源に与えられているシリーズ内の番号づけ　シリーズ番号

サブシリーズの書誌データ：本シリーズの下位レベルに対応するシリーズ名と，そのタイトル関連情報，その責任表示，その ISSN，そのシリーズ内の番号づけ

・体現形に関する注記（2.41）　体現形の注記

次のような「注記」が規定されているが，あくまで識別等に有効な書誌データを確実に記録することが求められている。

誤表示に関する注記：誤記・誤植などの誤表示について本則あるいは別法での記録を行う

タイトルに関する事項：情報源によって異なるタイトルの表示など

責任表示に関する事項

版表示

刊行方式に関する事項：刊行頻度の変化など

出版等に関する事項：和古書・漢籍において２つ以上の出版者があって記録しなかった他の出版者

形態に関する事項：「謄写版」など印刷・複写についての説明など

シリーズに関する事項：記録しなかった並列シリーズ名や編者など

・標準番号等に関するデータ（2.34）　標準番号

識別子	ISBN，ISSN 等の国際標準番号や，出版者等による番号，公文書館等が独自に割り当てた番号などは体現形の識別子として記録され，情報資源等の判別に活用される
	キー・タイトル：逐次刊行物，更新資料または一部の複数巻単行資料に付与され，それぞれの情報源の個別化に利用される
入手条件	・入手条件に関するデータ（2.35）
定価	入手条件・価格：情報源に表示された定価
非売品	「非売品」などの資料入手可能性を示す語句

UNIT 29

◉書誌データの記述とアクセス・ポイント

タイトルの表示

●…………タイトルとは

タイトルとは

タイトルとは，ある「著作」，「体現形」，「表現形」あるいは各種の情報資源（以下では，すべてを合わせて「著作など」と表す）に対して，その著作などの内容に責任のある著者，編集者，制作者等や，出版者，頒布者等が，その著作などの内容を表し，他の著作などと識別・区別するために与えた「固有の名称」をいう。ある著作などと，他の著作などとを同定・識別するためのもっとも重要な要素である。したがって，著者等が固有の名称を与えていない場合は，目録作成者が，他の著作などと区別するために，奥付，背，表紙またはカバー，キャプションから優先情報源を選定し，タイトルを選定することとなる（2.0.2.2.1.2）。資料自体のどの情報源にもタイトルが表示されていない場合は，資料外の情報源によって本タイトルを選定する（2.1.1.2.11）。その際，情報源について「注記」として記録する。

固有の名称

同定・識別

タイトルは，『日本目録規則　1987年版改訂3版』では「第1の要素」（1.0.1）としているが，著者基本記入の方針であった『日本目録規則　1965年版』までは，著者がもっとも重要な要素とされてきた。それは基本記入をタイトルの順に排列したのでは，記入の前後の関係にあまり意味がないのに比べ，著者のもとで排列すればその著者の著作を一か所に集めることができ，意味のあるまとまりとすることができるという考え方による。

基本記入

しかし，特定の情報資源の所蔵や所在を検索するとき，タイトルならば求める情報資源にすぐさま到達できるが，著者を検索キーとして探そうとすると，その著者名のもとにある複数の記入を，さらにタイトルによって検索しなければならない。いわば2段階の検索を必要とすることになる。また，著者名の表示を欠く情報資源はあっても，タイトルをもたない情報資源はまれである。これらの点から，目録を情報資源のファインディングツールと考えた場合のタイトルの優位性が認められる。

2段階の検索

ファインディングツール

●…………タイトルの種類

タイトルの種類

「体現形」をはじめ各種の情報資源につけられたタイトルには，次のようなものがある。

・本タイトル
・タイトル関連情報
・並列タイトル
・別タイトル
・シリーズタイトル

タイトル先行事項

なお，『日本目録規則　1987年版改訂3版』において「タイトル先行事項」(2.1.4.1) とされた本タイトルの前に小さい文字でつけられた「詳説」などのことばは，明らかに本タイトルと判定される部分と不可分な場合を除き，本タイトルには含めないこととされた (2.1.1.2.2)。

本タイトル

●…………本タイトルとするもの

上にあげたタイトルの種類のうち，シリーズタイトル，タイトル関連情報，並列タイトルを含まない部分である。

『日本目録規則　2018年版』では，本タイトルとするものの範囲に，次のようなものも含むと規定している。

a. 総称的な語，イニシャル，著作者名（団体名を含む）のみのもの

本タイトルは，その情報資源を，他の情報資源と識別するためにあるので，その特徴や独自性を表現するようにつけられているのが一般的であるが，なかには，著作の形式や本来責任表示である著者名を本タイトルとする場合がある。

b. 識別上必要な数や文字と不可分なもの

巻次や回次とは異なった数字や，他の言語の文字によって表現されるタイトル。

従属タイトル

c. 別個に刊行された部編や付録などのタイトルで，本体をなす共通タイトルと部編や付録などの従属タイトルからなるもの

共通タイトルと従属タイトルとは，全体と部分との関係にあたる。このような関係をもつものとして，ほかにシリーズタイトルと，シリーズに含まれる各巻のタイトルとがある。後者は，書誌階層関係では上下の関係をもち，階層を連結するために巻次が存在する。前者には連結するものが存在せず，全体をひとまとまりとして扱わなければならない。

d. 本文と同一言語でない唯一のタイトル

タイトルと本文の言語や文字が一致しない場合である。本文とは異なる言語や文字のタイトルを本タイトルとせざるをえないが，その場合は，本文の言語を必ず注記し（例：「本文は日本語」），利用者の注意を喚起しなければならない。規定の情報源のどこかに本文と同一の言語や文字のタイトルがあるときは，情報源の優先順位にかかわらず本タイトルとして扱い，異なった言語・文字のタイトル

を並列タイトルとする。

並列タイトル

●…………本タイトルの記録

本タイトルの記録

規定の情報源に表示されているとおりに転記する。ただし，小さい文字や 2 行書きにされた部分があっても，同じ大きさの文字に揃えて 1 行書きで記録する。

記録にあたって判断を必要とする場合について触れる。

ルビ

a. ルビが打たれたタイトル：「ルビ」とは，表示された漢字や記号を「常識的なヨミ」とは異なるヨミとさせるためにつけられたり，2 つ以上のヨミが可能な語を一つのヨミに限定するためにつけられるものである。『日本目録規則　1987 年版改訂 3 版』では，該当する語や熟語の文字（あるいは記号）を記録した後ろに，丸がっこ（（　））に入れてルビを記録する，としていた（2.1.1.2A）が，『日本目録規則　2018 年版』では，本タイトルの記録に含めないこととなった。識別またはアクセスに重要な場合は「異形タイトル」として記録する（2.1.1.2.3）。

タイトルのない情報資源

b. 対象とする情報資源中にタイトルの表示がない：対象とする情報資源以外の情報源（各種の参考図書など）から選んだ適切な本タイトル名を記録する（2.1.1.1.2）。その際，情報源となったものを，注記しておく。

総合タイトルのない合集

c. 総合タイトルをもたない合集：「合集」とは，一人の著者，あるいは複数の異なる著者によって著されたいくつかの著作を集めたものを指し，個々の著作のタイトル名のほかに，総合タイトルをもつ場合と，もたない場合がある。総合タイトルをもつ場合は，それを本タイトルとするが，もたない場合は，各著作のタイトルを本タイトルとしてそれぞれの責任表示とあわせて情報源に表示されている順に記録する（2.1.1.2.10）。

別タイトル

d. 別タイトル：「別タイトル」とは，同一の著作がもつ他のタイトルのことである。古典などでは，ある作品が長い期間にわたってさまざまな場所を経て流布される間に，2 以上の名称で今日に伝わる場合がある。また，より詳細な内容を伝えるために著者自身あるいは第三者等が本来のタイトルとは別のタイトルを付加したものである。

「あるいは」とか「一名」といった接続詞を用いて表示している場合は，接続詞の前のタイトルから後ろのタイトル（別タイトル）までを含んだ全体（2 つの名称）を本タイトルとする。記録の方法は，「●●●●（タイトル）あるいは▲▲▲▲（別タイトル）」というふうに，前のタイトルと別タイトルの間に「あるいは」とか「or」といった接続詞を置いて記録する（2.1.1.2.1）。なお，『日本目録規則　1987 年版改訂 3 版』では，この「接続詞」を「，＿あるいは，＿」と区切り記号を記録して，補ったことを明示していた（2.1.1.1C）が，ISBD 区切り記号法を使用しない『日本目録規則　2018 年版』においては，こうした記号を

ISBD 区切り記号法

つけないことにしている。

別タイトルは，他の情報資源で本タイトルとされる可能性が高いので，必ずアクセス・ポイントとする。

●…………その他，タイトルに関連する事項の記録

先に掲げたタイトルの種類のうち「シリーズタイトル」は，シリーズに関する事項を扱う UNIT 34 で詳説することとし，これまでに触れなかった他のタイトルについての記録方法を述べる。

並列タイトル

a. 並列タイトル（2.1.2）

「並列タイトル」とは，本タイトルとして選んだタイトルを別の言語および（または）文字で表現したもので，かつ規定の情報源に表示されているものである。

『日本目録規則　新版予備版』までは，欧文タイトルとか翻訳原タイトルと考えて記述の本体に記録せず，注記事項とされてきた。『日本目録規則　1987 年版』で初めてこの用語が用いられ，記録する場所も ISBD の規定にあわせてタイトルに関連する情報として扱われることとなった。『日本目録規則　2018 年版』では，「エレメント・サブタイプである」と位置づけられ，一つのデータ項目として扱われるようになった。

並列タイトルとして記録する範囲は，

別言語によるタイトル

①本タイトルに対応する別言語および文字によるタイトルでその言語および文字による本文があるもの

②本タイトルと別言語の原タイトル（翻訳書などの場合）で所定の情報源に表示されているもの

③相当する言語の本文はないが所定の情報源において本タイトルと同等に表示されているもの

の 3 つである。

タイトル関連情報

b. タイトル関連情報（2.1.3）

本タイトルを限定・説明・補完するものであるが，本タイトルに対するもの以外に，並列タイトルや対象とする情報資源中の各著作のタイトルに対するものも「タイトル関連情報」と把握する。情報源においては本タイトルの後に続くものが多いが，本タイトルの上部や前方に表示されることもある。次のように扱うこととされている。

①明らかに本タイトルと不可分な場合は本タイトルに含める

②サブタイトルはタイトル関連情報である

③部編，補遺等の表示・名称は，タイトル関連情報とはしない

④原タイトルが，本タイトルと同一の情報源に，本タイトルと同一の言語で表示されていれば，タイトル関連情報である

⑤同一の言語などで複数のタイトルがあるとき，本タイトルとしなかったタイトルが識別などに重要でないときはタイトル関連情報とする

⑥地図資料，動画資料については，本タイトルだけでは情報が不十分なときは，本タイトルを採用した情報源以外からタイトル関連情報を採用することができる

c.「タイトルの冠称」(2.1.1.2.2)

タイトルの冠称

本タイトルの前方などに「タイトルの冠称」とも呼ばれる語句が表示されていることがある。『日本目録規則　1987 年版改訂 3 版』までは，「タイトル先行事項」として扱いが規定されていた。なかには版表示や出版者を表示するなど他の書誌データとして扱うべきものもある。

タイトル先行事項

『日本目録規則　2018 年版』では，タイトルの「上部または前方の語句」として，

①説明的な導入句である場合は本タイトルに含めない

②本タイトルと不可分な場合は本タイトルの一部とし，複数行の割書きは 1 行に，文字の大小にかかわらず，本タイトルとして記録する

③別のエレメントと判断される場合は本タイトルとはせず，それぞれ該当するエレメントとして記録する

別のエレメント

と規定された。

すなわち「本タイトル」の一部と扱われることもあるわけで，迷う場合は，取り除かない形で記録し，取り除いた形からでも検索できるようにアクセス・ポイントを増やす方法を採用すべきである。

アクセス・ポイント

d. サブタイトル（2.1.3.1.1 b)）

サブタイトル

本タイトルだけでは内容が明確にならない情報資源に対して，それを明らかにする意図でもって著者等が本タイトルの後ろに続いて表示する部分である。本タイトルを限定・説明する以外に，著者の立場や執筆の方法を述べたり，著作の形式を明らかにしたり，刊行や執筆の背景を説明したり，巻次に代わる機能をもたせたり，特殊なテーマの一般化を図るなどの役割を果たしている。

タイトル関連情報の一つとして記録する。

UNIT 30

◉書誌データの記述とアクセス・ポイント

責任表示

責任表示

●…………責任表示の形と機能

責任表示には，目録の対象となった情報資源の知的もしくは芸術的内容に責任をもつ個人あるいは家族・団体や，その情報資源の成立に関与した個人や家族・団体を，その果たした役割を示す語とともに記録する。

同定・識別

これによって，その情報資源の創造者，具現者，演奏者等という重要な要素を把握することができ，また同一のタイトルをもつ他の情報資源との同定・識別を可能とするために記録するものである。

●…………2 種類の責任表示の範囲

直接的責任表示

対象とする情報資源とのかかわり方によって，責任表示の範囲は，直接的なものと，間接的なものの2種類に分けることができる。直接的なものとは，その個人あるいは家族・団体がいなければその情報資源そのものが存在しなかったであろうもので，図書の本文を執筆した著作者，図書中に収録された芸術作品の作家，音楽作品の作曲者，写真集の写真撮影者，ある観点から事実を収集し配列しなおした編纂者等があたる。これらの個人や家族・団体は，その著作・作品・資料・情報に直接的な責任を有しており，情報資源そのものと不可分の関係にあるので，情報資源への検索キーとしてタイトルとともに必ず記述されなければならない。

間接的責任表示

一方，すでに存在する著作物や情報資源に対して手を加えることによって異なる情報資源とした個人や家族・団体は，間接的な責任表示の範囲に入れられる。言語の変換を行った翻訳者，脚色者，複数の著作をある観点からまとめた編集著作物の編者，序文執筆者，監修者，監訳者，情報資源成立にあたってのスポンサー等がこれにあたる。他の著者によって改訂された著作の原著者や，オリジナルとは別の作品としてつくられた翻案の原作者は，新たに成立した著作から見た場合，間接的な責任表示の範囲とされる。

この2種類の責任表示の範囲を判定するのは，目録作成作業においては重要な要素である。たとえば，どの言語に翻訳されていても，編集・抄訳されていても，それらはすべて最初に創造された直接的な著者の著作や作品から派生したものであるから，その直接的責任表示を書誌データから欠かすことはできない。また，この原則を守ることによって，情報資源の成立に直接的責任をもつ著者等から派生するすべての情報資源を集中することができると考えられる。これを「著者性」という。著者基本記入方式は，この著者性を追求し，かつ標目としての形を統一することによって果たされる集中機能（コロケーション機能）を重視したものである。『日本目録規則　新版予備版』，『同　1987 年版』，『同　1987 年版改訂版』，『同　1987 年版改訂 2 版』，『同　1987 年版改訂 3 版』に掲げられている「単一記入制目録のための標目選定表」は集中機能を発揮させるためのものであり，書誌や総合目録のように一つの記入に資料や著作・情報を代表させる際にも利用されるものである。

著者基本記入方式

集中機能

コロケーション機能

単一記入制目録

なお，間接的な責任表示の範囲を『日本目録規則　新版予備版』と，『日本目録規則　1987 年版』（同改訂版，同改訂 2 版，同改訂 3 版を含む）および『日本目録規則　2018 年版』で比較すると大きく枠組みが広がっている。監修や監訳を行った人たち，校閲者，解説者，序文執筆者，著作権者等は，『日本目録規則　新版予備版』までは注記の位置にしか記録されなかった。これらの人たちは対象とする情報資源のうえでどのように表示されていようとも，その情報資源の内容全体に対する責任性は低いと考えられ，著者性を重視する著者基本記入方式から完全に離脱していなかった『日本目録規則　新版予備版』では組み込まれなかったわけである。カードを前提とした目録においてはスペースが限られており，著者性の低い人たちまで記録できなかったという面もある。

MARC が目録の形態としてとらえられるようになり，「データの標準化」という観点から転記の原則を強め，情報資源に表示されている，すべての責任のある人たちについて，その表示されている順序も重視されて記録する方向性が出てくる。また，記録できる情報量の制限もなくなってきたほか，データとして入力しておけば，すべての事項を検索できるシステムを可能とできるようになり，ファインディングツールとしての機能が強まったといえるだろう。

転記の原則

ファインディングツール

●…………タイトル中の責任表示

タイトル中の責任表示

情報源から責任表示と把握される個人あるいは家族・団体等と同じ名前がタイトルのなかに組み込まれており，そのタイトルだけで責任表示が明らかである場合，『日本目録規則　新版予備版』以前では責任表示の記録を省略してよいとされていた。しかし『日本目録規則　1987 年版』（同改訂版，同改訂 2 版，同改訂 3 版を含む），『日本目録規則　2018 年版』では，たとえ同じ名前を繰り返すことになっても，情報源に表示されている責任表示を記録しなければならないとした。もし，記録されなかったならば，その情報資源には責任表示が存在しないことになる。この繰り返しは無駄のように見えるが，コンピュータを利用した書誌データの処理では，それぞれの書誌データを独立して処理の対象とするので，データとして記録することにより，その後の検索機能に反映させることができるのである。

複数の責任表示

●…………複数の責任表示

情報源に，責任表示に対応する複数の個人あるいは家族・団体が表示されている場合，対象とする情報資源の成立にかかわってそれらが同一の役割を果たしたのか否かによって，記録の方法が異なる（2.2.0.4.2）。このUNITの最初で示したように，責任表示は「個人あるいは家族・団体の名前と，その果たした役割を示す語」によって成り立っている。役割が異なれば，別の責任表示として扱うこととなる。そして，その記録の順序は，情報資源が成立する過程と同じ順序とする。たとえば，翻訳書の場合ならば，その図書が扱っている著作の原著者，次に翻訳者という順になる。この際，情報源にすべての責任表示があればよいが，欠けている情報があるときは，他の情報源から補うことが必要である。有名な古典や文学作品の翻訳書や注釈書には原著作に関する表示を省略したものがあるが，これらを補記し，正確に対象としている情報資源との関係を記録することが求められる。

役割の異なる責任表示

同一の役割の複数の責任表示

●…………同一の役割を果たしている複数の著者等

対象とする情報資源の成立にかかわって同一の役割を果たす複数の個人あるいは家族・団体等が情報源に表示されているときは，その数によって扱いが異なる。

『日本目録規則　1987年版改訂3版』においては，2以内の場合は，それらの名前を記録したうえで，その後に役割を示す語を記録する。3以上が表示されているときは，情報源に最初に表示された，あるいは主たる責任を有すると思われる個人あるいは家族・団体等のみを記録し，他は省略して「[ほか]」と補記する。そのうえで果たしている役割を示す語を記録する。なお，記録する個人等の数は，本則では「2まで」とされている（2.1.5.1E）が，別法（2.1.5.1E別法）を採用するとそれぞれの目録作成機関で任意に決定することが許されている。省略するべき順序にある個人等を記録する必要があるときは，「注記」に記録しておくことにより標目とすることが可能である。

この記録する個人等の数は，『日本目録規則　2018年版』では，「3まで」が本則となり，「4以上」は「任意省略1」を適用したときとなった。「任意省略2」を適用するならば，それぞれの目録作成機関で任意に決定することが許される。「注記」に関しては変更されていない（2.2.0.4.1）。

●…………記録の方法・順序と形

責任表示を表す個人あるいは家族・団体の名前と形は，対象となっている情報資源の情報源に表示されているもののなかから，もっとも適切なものを選ぶことができる。たとえば，西洋人名について原綴とカタカナの表記が両方とも情報源にあるならば，利用者が理解しやすいカタカナ表記を選んでよい。けれども，大学図書館等で同じ人について原著も同時に所蔵している可能性があるならば，原綴を選択し，情報資源の発見をより容易にすることを試みるべきである。児童向けの絵本等で，ひらがなと漢字の表記がある場合も，同様な視点で選択することになる。

利用者が理解しやすい表記を選ぶ

名前の形としてはまったく違うが，ペンネームと本名の双方が情報源に表示されている場合も，目録作成者が選択することとなるが，このときにはアクセス・ポイントの形との関連を考えざるをえないだろう。ただし，すでに採用しているアクセス・ポイントがありながらも，記録の対象とする情報資源の情報源に表示されていないときまでアクセス・ポイントの形を記述に記録するわけではない。記述はあくまで対象とする情報資源に沿って行うべきであり，アクセス・ポイントとしての統一は「アクセス・ポイントの指示と参照」(これが著者等の典拠コントロールにつながるものである）によって行わなければならない。

アクセス・ポイントと記述の形

記述にあたっての責任表示の形として，識別上必要でないときは，次のものは省略することが「任意省略」として規定されている（2.2.0.4 任意省略)。

人　名：学位，役職名等の肩書き，所属団体の名称やそのイニシャル，郷貫，号，字，居住地（和古書・漢籍の場合）

団体名：団体の名称に含まれる法人組織等を示す語（『日本目録規則　1987年版　改訂3版』では「冒頭に表示されている」だけであった）

これらの場合でも，文法的理由で省略できないとき，省略すると名もしくは姓のみとなってしまうとき，識別のための称号・尊称・敬称等が必要なときは，省略しないこととなっているので，慎重に検討をする必要がある。

責任表示の記録の順序は，すでに述べたように，対象とされている情報資源の成立過程に対応させる。一つの情報資源が一つの著作で成立しているときは，容易に成立過程を知ることができるが，複数の著作から成立するときは，その経過について考察を行うことが求められる。

記録の順序

また，同じように複数の著作から成立する「総合タイトルをもたない資料」では，特別の方法が定められている。すなわち，収録されている各著作に共通する責任表示があるときは，すべてのタイトルを記録した後に責任表示を記録するが，それぞれの著作ごとに責任表示が異なる場合は，その著作ごとに責任表示を記録する。これらの場合の責任表示の数についても，前述の方法が適用され，著作に対して果たしている役割ごとに判断を加えなければならない（2.2.1.2.2)。

合集の場合

UNIT 31

◉書誌データの記述とアクセス・ポイント

版表示

版とは

●…………「版」とは何か

タイトルと責任表示を記述することで，ある特定の情報資源を明らかにすることができる。しかし，その情報資源が他の情報資源と同じであるとか，別のものであるとかといった同定・識別のためには，この2つの書誌データだけでは不十分な場合がある。たとえば，同じ著者が同じ書名のもとで内容を改める場合，同一の内容であるが異なった装丁で出版する場合，主たる本文は異なっていないが編者や解説者が加わったり，付録をつけた場合，異なったシリーズのなかに組み込んだ場合，「絶版」とされていた情報資源を写真製版や電子複写などの技術を利用して版面そのままに複製・刊行した場合，などがタイトルと責任表示のみでは同定・識別ができない例としてあげられる。

装丁・外装

複製・刊行

印刷原版

マスター

「版」とは，同一の印刷原版あるいはマスターを用い，外装においても特別の措置を加えていないので同じ装丁となっている一群の情報資源の全体を指す。「版」が異なっていると判断するためには，本来，印刷原版あるいはマスターまでさかのぼって比較検討をしなければならない。比較検討の結果，当該情報資源に版が異なっているという事実を表示していなくても，重要な相違があると判断された場合は，「任意追加」（2.3.0.4 任意追加）のデータとして記録できるように『日本目録規則　2018 年版』ではなっている。年次によって内容の異なる情報資源などに適用できるだろう。

任意追加データ

例：［1991］増補新版

（角がっこの使用は目録作成機関で決めることができる）

版表示

●…………版表示記録の目的と機能

記述の対象となっている情報資源が，どの「一群の情報資源の全体」に含まれているかを明らかにすることが記録の目的であり，特定の版であることを示すことが必要とされる。図書等では「初版」にあたるものをあえて目録記述において明示しない慣行が存在するが，積極的に記録することが望ましい。『日本目録規則　新版予備版』では「初版の表示は記載しない」としていたのを受けて，『日本目録規則 1987 年版改訂 3 版』においては「2.2.1.2 別法」で「記録しない」ことを認め，『日

初版

本目録規則　2018年版』でも「任意省略」（2.3.1.2 任意省略）の範囲としているが，この方法の採用は望ましいことではない。

版表示記録の機能は，同一の印刷原版あるいはマスターを利用したものかどうかを同定・識別することであり，また，内容面の変化や外装・装丁の違いなどを区別することである。

同定・識別

●…………付加的版次

付加的版表示

版次（版表示）のなかには，複合的な階層構造を反映したものがある。例をあげるならば，ある名称を有する版グループのなかの一つの版，または別の名称を重ねてもっている版等がある。さらに，特定の版グループのなかで，当該情報資源のみが改訂・増補等を行ったため，それに対応する版次をもつ場合もある。グループのなかの一部の情報資源のみが多く販売されたため「増刷」の必要に迫られ，それを機会に内容の一部に手を加えた場合などが典型的な例である。

このような状況に対応するために，通常の版次に加えて，これをさらに特定化するための版次として「付加的版次」（2.3.5）の規定が準備されている。2つ以上の版次を用いることで，特定版の限定という各種の複雑な状況を反映することが可能となる。

●…………特定の版にのみ関係する責任表示

特定の版のみの責任表示

出版・頒布されているすべての版ではなく，特定の版にのみ執筆・編集・改訂などで関与している個人あるいは家族・団体が存在する場合がある。2つ以上の版に関係していても，すべての版に関係しているのでなければ，本タイトルに対応する責任表示として記録することはできない。特定の版にのみ関与している場合は，本タイトルの後の責任表示ではなく，さらに版表示を行った後で，その個人あるいは家族・団体を記録する（2.3.3）。

大学生と図書館＿／＿日本図書館研究会編．＿－＿第3版＿／＿柴田正美改訂

（この例は，ISBD区切り記号法によって記録している）

柴田正美は，初版においてはなんらの関与もしていないが，第2版において日本図書館研究会のメンバーとして新たな節を執筆している。さらに第3版では，資料全体にわたって改訂を加えている。

●…………版次・版表示の形

版表示の形

版次・版表示の記録は，情報源にある表示をそのまま記録する。

対象とする情報資源に表示されている「○○版」等のすべてが「版次・版表示」

と考えてはならない。

記録する版次・版表示は，大きく分けて２つの形がある。一つは内容的な相違を示すものであり，あと一つは装丁や形態等の違いを表現するための表示である。

前者は，通常「序数」と「版」，または他の版との差を示す「改訂」とか「新」という語と「版」という用語が結びついた形で表示される。

内容面での差を確認するためには，「他の版」にあたる情報資源との比較検討が必要である。序文，あとがき，解説等を見たり，参考となる書誌等を利用してすすめていくようにしてほしい。

版表示の例

後者の例として，『日本目録規則　2018年版』には，次のようなものがあげられている。

新装版	豪華版	限定版
普及版	縮刷版	複製版

ページ数や冊数が変化しない限りにおいては，視覚障害者や高齢者を対象として製作される「大活字本」，装丁上の持ち運びの可否で区別する「デスク版」，「机上版」，「ハンディ版」なども，後者の版表示に含められるであろう。

なお，対象とする情報資源の製作過程や，入手条件を表示していると考えられる「私家版」，「限定版」も，版表示として扱うこととされている。

同じように「版」という語が用いられていても，他の書誌データにおいて記述することがふさわしいものもある。「○○社版」は，出版表示等に関する事項で記述できる。

●…………版次・版表示と刷次は違う

欧米の出版物では，版次・版表示は著作の内容の違いを表すという慣行が成立しているが，日本の出版物では印刷回数の記録である刷次に対しても「版」という用語を用いる場合がある。「版」本来の意味からすると，内容が改められていることを示すのであるが，同じ内容のままでありながら「版」と称することにより誤った見方を読者に押しつけることになる。したがって，奥付に「第３版」などと表示されていても，内容等の変更を伴った「版」であるかどうかを判断しなければならない。もし「刷次」と判断されるならば，これを記録する必要はない（2.3.1.1.1）。この判断は，UNIT 32で述べる出版年の記録にも影響を及ぼす。刷次と判断して版表示に記録しなかった場合は，情報源に表示されているその「版」の出版年を「出版年」として記録することはできず，その版（刷）を含む情報資源の全体が最初に発行された年を奥付・序文・あとがき等で確定し，記録することになる。

刷次

刷次と出版年

文庫・新書などで活字を大きくしたり，旧漢字を新漢字に変えるなどして，刷次を中心として表示された「第5刷改版」といった表示がある。複数回にわたって印刷されているという事実を刷次によって表現し，そこから「人気のある」とか「定評のある」といった印象を与えようと意図したものであろうか。こうした表示のなかにも，版よりも刷回数を重要視する日本の出版界の傾向を見てとれる。

ところが同一の「版次」を表示しておりながら「刷次」が変わる際に内容の一部が改められている場合もある。初版・初刷には，しばしば誤植や単純なミスが見逃されたまま刊行されてしまう例がある。これを第2刷において修正を施すのであるが，書店の店頭には2つの刷が同時に並ぶ可能性があり，両者を明確に区別するかのような「補訂版」といった版表示はつけにくい。「刷次」のみが異なるものとして表示されることになる。

●…………電子メディアの版

電子メディアの版

紙等の媒体に記録され，われわれの目で直接内容の把握が可能な情報資源は「版」の概念を明確にもって区別することが可能である。最近急速に流通量を増やしているインターネットを介した電子メディアは，こうした認識が非常に困難であり，「版」そのものが曖昧なものとなってきてしまった。既発表の著作（情報資源）の内容に改訂を加えた事実があっても，そのことが明示されるとは限らない。

逆に，最新の情報を提供することが任務と考えられる電子メディアにおいては「版」表示を重視し，「新しさ」を強調するが，そうでない資料では店頭での新旧の並存を前提にした対応が当たり前のものとなってしまうこともあるかもしれない。

『日本目録規則　2018年版』（2.3.1.1.1）で触れている電子資料の「版」には，図書等であげたような「版」のほかに，「プログラミング言語の違いを表す特定の名称」（例：Windows版）や，刊行の様式，形態等の相違による版として，機器の種別に基づく版（例：カセット版，DVD-ROM版）もあげられている。「電子資料の利用に必要な応用プログラム，オペレーティング・システムであることを示す特定の名称」（例：WindowsNT日本語版）なども示している。

Windows版

DVD-ROM版

これらの書誌データは「装置・システム要件」（2.33）にあたり，図書等における「版」とは別として扱われる。

システム要件

UNIT 32

◉書誌データの記述とアクセス・ポイント

出版表示

出版事項

この書誌データは，『日本目録規則　1965年版』までは「出版事項」，『日本目録規則　新版予備版』では「出版に関する事項」，『日本目録規則　1987年版』においては「出版等に関する事項」，『日本目録規則　1987年版改訂版』（改訂2版，同3版も）では「出版・頒布等に関する事項」，さらに最新の『日本目録規則　2018年版』では「出版表示」（2.5）となり，「頒布表示」，「製作表示」と区分けされた。

出版・頒布等に関する事項
出版表示
頒布表示
製作表示

図書館の扱う情報資源が図書から次第に広げられてきた事情もさることながら，情報資源の公開の方法が大きく変化し，それに対応して目録規則を整備してきた背景を読み取ることができる。

●…………記述の意義

出版表示を記録する意味

出版表示などを，書誌データとして記録する意味は，記述の対象となっている情報資源の「出版物等」としての成立状況を明らかにすることが第一である。成立状況というなかには，同一の出版者が装丁のみを変えるというようなことも含まれる。また，原出版者と異なる出版者による復刻などのように，情報資源としての内容の「版」は同一でありながら，出版者のみ異なっているという情報資源の存在も考えられる。それらから「版」の同定・識別のための重要な要素という意義も導き出される。

同定・識別

出版者

こうして出版者を特定することにより，情報資源内容の観点や質，そこに盛り込まれた情報の信頼性などの判定に役立てることが可能となる。

●…………出版表示などの内実

出版表示などは，刊行物の出版，発行，公開に関して，場所，責任を有する個人・家族・団体，日付を識別するのに有用な表示である。「出版」というと「体現形」としての図書などを容易に想定するが，『日本目録規則　2018年版』では「オンライン資料もすべて刊行物とみな」す（2.5.0.1）とされているので留意してほしい。

「体現形」を想定できる
オンライン資料

●…………記録の内容

記録すべき書誌データと，その順序は，次のように定められている（2.5.0.2）。

出版地，並列出版地
出版者，並列出版者
日付（出版年のこと）

記録の内容

『日本目録規則　1987年版改訂3版』においては，次のようになっている（1.4.0.1）。

日本目録規則1987年版改訂3版の場合

出版地，頒布地等
出版者，頒布者等
出版年，頒布年等
製作項目（製作地，製作者，製作年）

製作項目

記録の順序としては，場所，個人あるいは家族・団体，日付の順である（2.5.0.1）が，「場所」は「個人あるいは家族・団体」が確定してはじめて明確になるという関係を有するので，説明の順を入れ替えて述べることとする。

●…………記録の範囲と方法

a. 出版者，並列出版者（2.5.3）

出版者

記述の対象となっている情報資源について，出版・公開・発行等に責任を有している個人あるいは家族・団体が出版者となる。情報資源に記録された内容をより多くの人々に伝えることにたずさわった個人や家族・団体を記録し，情報の信頼性の判定や入手先を知るのに役立てられる。2つ以上の出版者等が情報資源に表示されているときは，表示されたままに，順序も変えずに記録する。2言語以上での表示があるときは，並列出版者として表示のままに記録する。

並列出版者

出版者は，対象とする情報資源に表示されている名称をそのままとるが，名称につけられている「株式会社」等の法人組織を示す語などは省略することができる（2.5.3.2　任意省略2）。出版者等は識別可能な範囲内であれば，簡潔に表示をすることが許されている。たとえば，責任表示等において詳しく記録されているならば，簡略化ができるというわけであるが，カード方式ならば許されるところであるが，コンピュータに入力するときは，省略できるのは法人組織等を示す語までに限る方がよいだろう。

対象とする情報資源に出版者が表示されていないときは，資料外の情報源も調査したうえで，判明しなければ「[出版者不明]」とか「[publisher not identified]」と記録する。なお，これらの角ガッコの使用は，『日本目録規則　2018年版』による「規定」ではなく，ISBD区切り記号法を応用したものである。『日本目録規則　1987年版改訂3版』による場合は，角ガッコの前後にスペースを置く。

出版者不明

ISBD区切り記号法

出版地

並列出版地

b. 出版地，並列出版地（2.5.1）

上に述べた出版者名あるいは並列出版者名と関連して対象とする情報資源の所定の情報源において表示されている地名が，出版地あるいは並列出版地である。出版者などが確定してはじめて「関連する地名」を把握することができる。同一の出版者あるいは並列出版者に2以上の出版地が表示されている情報資源もある。この場合は，情報資源の表示順序に基づいた順に記録する。

別法

別法任意追加

地名の記録は，対象とする情報資源に表示されている形で行うが，識別上の必要があるときは，「任意追加1」，「任意追加2」，あるいは「別法」，「別法任意追加1」，「別法任意追加2」を適用して記録する。

出版地不明

出版地が，対象とする情報資源に表示されていないときは，調査のうえで，判明の程度に応じて，注記または角ガッコ「[ ]」を用いて記録する。調査をしても出版地がわからず，推定も困難なときは「[出版地不明]」または「[Place of publication not identified]」と記録する。なお，これらの角ガッコの使用は，『日本目録規則　2018年版』による「規定」ではなく，ISBD区切り記号法を応用したものである。

出版日付

c. 出版日付（2.5.5）

対象とする情報資源に表示されている，その情報資源の出版・公開・発行等に結びつく日付を，西暦紀年で記録する。

「版」が最初に刊行された年

「出版・公開・発行等に結びつく日付」は，情報資源に表示されている「最新の刷りの年」ではなく，その情報資源が属する「版」が刊行された年である。版の確定と出版日付の確定は連動している。この版と連動した出版日付の記録は『日本目録規則　1987年版』から取り入れた方法である。『日本目録規則　新版予備版』においては「最新の出版年」とされ「版」との連動は明示されていなかった。

西暦紀年

また西暦紀年による記録は，『日本目録規則　新版予備版』からである。同版では情報資源に表示されている元号をもつ紀年の記録は，「別法」の位置づけであり，さらにさかのぼった『日本目録規則　1965年版』では，情報資源に表示されている元号をもつ紀年をそのまま記録し，西暦による記録は「必要に応じて」付記する程度の取り扱いであった。こうした点にも，目録規則の国際標準への歩み寄りを見ることができる。

不正確な日付

対象とする情報資源に架空であったり不正確な出版日付が表示されているときは，架空の日付，不正確な日付，誤った日付を書誌データとして記録し，実際の日付は「注記」に記録する。

出版日付の表示が対象とする情報資源にない場合は，単巻資料では，推定の出版日付を記録するが，逐次刊行物や更新資料では，出版日付を記録しない。

出版日付を推定するとき，『日本目録規則　1965年版』以前は，「刊」1字の記載とか，「(刊年不明)」という記載が認められていた。『日本目録規則　新版予備版』からは，なんとしてでも「推定」を求めるようになり，「[19--]」のようなおおよそ100年間分をも意味する記録の例示さえ行われるようになった。情報資源の成立年代についての認識の変化を読み取れる。最後に『日本目録規則　2018年版』に掲げられている例をあげておく。 出版日付の推定

[1975？]

[1970年代]

[2000から2009の間]

「出版表示」(2.5) のあとに，「頒布表示」(2.6)，「製作表示」(2.7)，「非刊行物の制作表示」(2.8) が規則として掲げられているが，適用される情報資源は多くないので割愛する。

UNIT 33

◉書誌データの記述とアクセス・ポイント

キャリアに関する事項

キャリア

●…………キャリアとは

図書などを対象とする目録規則では，タイトル，責任表示などとあわせて，その情報資源の内容・意味とは関係の少ない大きさ，ページ数などを「形態に関する事項」として記録してきた。『日本目録規則　2018年版』では「記述対象の内容を記録した媒体」（用語解説　p.714）を「キャリア」と定義し，「データ・音声・画像・プログラム等」だけでなく「文字」をはじめとする「図書」についても「キャリア」と把握することになった。

●…………これまでの日本の目録規則では

対照事項

『日本目録規則　1965年版』までは「対照事項」と呼んでいた。情報資源の内容そのものとは直接的な関係はないが，同じタイトルをもつ情報資源や，異なった版などと比較「対照」する際の判定に有用な情報として利用できるという意味で「対照事項」と名づけていたのである。国際標準書誌記述（ISBD）に則った『日本目録規則　新版予備版』から後は「形態に関する事項」と表現されるようになった。

形態に関する事項

記録する目的

●…………記述の意義と記録上の留意点

キャリアに関するデータは，情報資源そのものを見なくても当該情報資源についての三次元資料（オブジェクト）の大きさ，シートのサイズや図書・冊子のページ数といったおおよそを知ることが目的である。目録そのものが情報資源の「代理・身代わり」を作成することであり，この事項を欠くとタイトル，著者，内容といったことだけが情報となるので，利用を検討するにあたって利用方法や可否などが想像しにくくなる。また，情報資源の本体と分離する可能性のある付録等の付属資料等の有無も把握できないこととなる。

目録用の言語

これらのデータの記録にあたっては，情報資源そのもので用いている用語や表現にとらわれることなく，目録作成のために定義が定まっている用語（目録用の言語）を用いることにしている。冊子・図書に関していえば，資料の数量を表すページ数が相当する。ページ数は，同一の原版を用いたかどうかの判定の際にも重要な役割を果たすデータである。

ページ数

●…………記録すべき書誌データ

『日本目録規則　2018年版』では，情報資源全般を扱う関係から広い範囲にわたって定められており，全容を把握しにくい状況が生まれている。

図書以外の情報資源もあわせて示すと，次のようになっている（2.14.0.2）。アンダーラインを付した項目は，コア・エレメントである。

機器種別

キャリア種別

a）機器種別	b）キャリア種別
c）数量	d）大きさ
e）基底材	f）付加材
g）マウント	h）制作手段
i）世代	j）レイアウト
k）書型・判型	l）フォント・サイズ
m）極性	n）縮率
o）録音の特性	p）映画フィルムの映写特性
q）ビデオの特性	r）デジタル・ファイルの特性
s）装置・システム要件	

数量

これらのうち，機器種別，キャリア種別，数量は，すべての種類の情報資源について記録が求められる。大きさは，オンライン資料を除くすべての種類の情報資源について記録することとなっている。その他のエレメントは，基本的に記述対象のキャリアが該当する場合に限って記録する。すなわち，「極性」は映画フィルム，写真，マイクロ資料について記録が求められるし，「縮率」はマイクロ資料において求められるデータである。

類別ごとにデータの記録にあたって使用される「用語」が規定され，さらに形状等を明らかにするための「サイズ」などの計測規定がある。

なお『日本目録規則　1987年版改訂3版』における「形態に関する事項」は，次のとおりであった（1.5.0.1）。

特定資料種別と資料の数量

その他の形態的細目

大きさ

付属資料

●…………特定資料種別

特定資料種別

『日本目録規則　1987年版改訂3版』にあった「特定資料種別」（1.5.1.1）は，『日本目録規則　2018年版』では，「キャリア種別」および「機器種別」に内容が継承されている。

機器種別

●…………機器種別

情報資源に盛り込まれた内容を利用（表示，再生，実行など）するために必要な機器を示す（2.15）。『日本目録規則　2018年版』では，次の8つの用語が規定されている（表2.15.0.2）。「：」以下に代表的な情報資源例をあげておく。

映写：動画，静止画，映画フィルム，スライド，OHP

オーディオ：テープ，カセット，CD，MP3

顕微鏡：微小な対象

コンピュータ：電子ファイル，ローカルアクセス，リモートアクセス

ビデオ：テープ，DVD

マイクロ：フィルム，フィッシュ

立体視：ステレオスコープ

機器不用

機器不用：印刷，手書き，手描き，点字，彫刻，模型

図書館でもっとも多く受け入れられているのは「機器不用」であろう。

キャリア種別

●…………キャリア種別

機器種別ごとに対応するキャリア種別が示されている（2.16）。代表的なものだけをあげておこう。

映写：トランスペアレンシー，スライド，フィルム・カセット，フィルム・リール，フィルム・ロール

オーディオ：オーディオカセット，オーディオ・ディスク（CDなど），オーディオテープリール

顕微鏡：顕微鏡スライド

コンピュータ：コンピュータ・カード，コンピュータ・テープ・リール，コンピュータ・ディスク，オンライン資料

ビデオ：ビデオカセット，ビデオ・カートリッジ，ビデオディスク，ビデオテープ・リール

マイクロ：アパーチュア・カード，マイクロフィッシュ，マイクロフィッシュ・カセット，マイクロフィルム・リール

立体視：立体視カード，立体視ディスク

機器不用：カード，冊子，シート，巻物

冊子

図書などは「冊子」と記録することになる。

数量

●…………数量

記述対象のユニット数を，キャリアの種類を示す語とともに，数量として記録する（2.17）。

印刷または手書きされている場合は，記録の方法が別に定められている。テキスト（2.17.1），楽譜（2.17.2），地図（2.17.3），静止画（2.17.4），玩具・ゲーム・実用模型・彫刻などの三次元資料（2.17.5）に詳しい。

テキストからなる印刷資料または書写資料は，テキストの数量を記録することとされ，冊子1冊の資料は，キャリアの種類を示す用語および冊数は記録しないで，ページ数，丁数，枚数，欄数のみを記録する。

ページ数
丁数
枚数
欄数

対象資料の最終ページ付の数字を記録するが，漢数字はアラビア数字に置き換える。ページ付のない場合は数え，複数のページ付に分かれているときはページ付ごとにコンマで区切って記録する（2.17.1.1.2）。

ページ付のない部分が含まれている場合，ページ数等を数え「ページ付なし」等を丸括弧に入れて付加する（2.17.1.1.3）。

図版が「本文のページ付に含まれない場合」は，本文のページ付に続けて「図版」の語を用いて記録する（2.17.1.1.9.2）。

●…………大きさ

大きさ

記述対象のキャリア（図書も含まれる）または容器の寸法（高さ，幅，奥行など）を，センチメートルの単位で，小数点以下の端数を切り上げて記録することになっている（2.18）。計測の方法については，キャリア種別ごとに詳しく定められている（2.18.0.2.1A ～ O）。

- 図書（冊子）：外形の「高さ」を記録するが，高さが10cm未満のものはセンチメートルの単位で小数点以下1桁までの端数を切り上げて記録する。縦長本，横長本，枡型本は，縦×横で記録する（A）。 高さ
- カード，アパチュアカード，立体視カード，シート：縦×横の長さを記録する（BおよびC）
- 巻物：用紙の高さと広げた状態の長さを記録する（E）
- 地球儀・天球儀：その直径を「径12cm」の形で記録する（F） 径
- 立体物：高さ×幅×奥行で，記録する。「任意追加」であるが「重量」をグラム単位で記録することもできる（F） 重量
- カセット：種類ごとに計測方法が定められているが，多くは「横×縦」の記録となっている（G）
- カートリッジ：同様に，その種類に応じて，計測方法と記録の仕方が定められている（H）
- ディスク：直径を記録する（I）
- フィルムを巻き付けたリール：直径を記録し，フィルムの幅をミリメートル単位で記録する（J） 直径

縦×横

ロール：リールと同様である（K）

スライド：マウントの「縦×横」の記録である（L）

トランスペアレンシー：フレームまたは台紙を除いた「縦×横」の記録とされる（M）

フィルムストリップ，フィルムスリップ：フィルムの幅をミリメートル単位で記録とする（N）

マイクロフィッシュ：「縦×横」を記録する（O）

1枚または複数枚のシートから成る地図，地質断面図等の大きさの記録は記録媒体である紙等の大きさではなく，地図等そのものの大きさを「19 × 28cm」のように記録する。折りたたんで保管するための外装が施されているときは，折りたたんだ状態の大きさを（　）に入れて付加する（2.18.1）。

地図帳

なお，従来からそうであったが，「地図帳」は「冊子（図書）」である。

複製絵画等を含む静止画の大きさは，画面そのものの大きさを記録することとされている（2.18.2）。

表現形のデータ

●…………表現形のデータに記録するもの

冊子（図書）等に含まれる挿図，肖像，地図等については，『日本目録規則 1987年版改訂3版』までは「必要があるときは図数を付記する」（2.5.2）とされてきたが，『日本目録規則　2018年版』では，「図」としてまとめられ，「表現形」のデータとして「図の種類」のなかに「系図，写真，肖像，図面，地図」などが扱われることになった。

これまで「形態に関する情報」として把握されてきた録音カセット，録音ディスク，CDなどの「再生時間」についても，「表現形」の「所要時間」のデータとして記録される。「機器種別」，「キャリア種別」という概念が持ち込まれたことによる変更ととらえてよいだろう。

付属資料

●…………付属資料

図書（冊子）には，「付録」とか「別冊」といった「付属資料」がつけられていることがしばしば存在する。『日本目録規則　1987年版改訂3版』では，対象となっている情報資源の媒体や内容から利用の実態と関連させて判断したうえで，その記録をつくるために規則のあちらこちらを参照して作業することが求められていた。

包括的記述
分析的記述
「資料外」

『日本目録規則　2018年版』では，包括的記述を作成するときは「付属資料」も資料自体の一部として扱い，分析的記述を作成する場合は「資料外（関連する資料など）」となり，個々に記録する（2.0.2.1）。

UNIT 34

◎書誌データの記述とアクセス・ポイント

シリーズ表示

複数の書誌レベルをもつ情報資源について，上位の書誌レベルを「シリーズ」として記録する。『日本目録規則　2018年版』では，単行資料，逐次刊行物，更新資料に対するシリーズについての表示を記録する。シリーズは，記述対象となっている情報資源のより上位の書誌レベルに位置する体現形である（2.10）。

書誌レベル

「シリーズ」と似たような言葉が，過去の目録規則を見ると次々と出てくる。すなわち，「叢書」，「多巻もの」，「セットもの」，「シリーズ」などである。また「逐次刊行物」などもある。その時々の出版状況や出版界での用法などが影響したのであろう。

●…………「シリーズ」の定義

シリーズとは

「シリーズ」の定義は『日本目録規則　2018年版』の用語解説によれば，「終期の有無を問わない上位の書誌レベルの資料の集合。各資料の固有のタイトルのほかに，そのグループ全体に共通する総合タイトルがあり，相互に関連づけられている。個々の資料には，順序づけのためのシリーズ番号が付いているものと付いていないものがある」とされている。

シリーズ固有のタイトル

『日本目録規則　1987年版改訂3版』の「シリーズ」の用語解説では，「継続的に刊行される点では逐次刊行物であるが，個々の資料が固有のタイトルを持ち，出版物として独立している点では単行資料の集合である」と，2種類を含むことが示されている。『日本目録規則　2018年版』は，シリーズ全体として終期の有無を問わずに，継続的に刊行されるという意味で『日本目録規則　1987年版改訂3版』における「継続資料」とある意味で同じ概念とすることができる。しかし，「継続資料」においては，各号に「雑誌の特集号」あるいは「別冊」など以外は，固有のタイトルをもたないが，「シリーズ」においては，個々の情報資源が「固有のタイトル」をもち，出版物として独立した存在となる点が大きく違うところである。この点では「シリーズは単巻資料の集合＝複数巻単行資料」という意味をもっている。

終期

継続資料

複数巻単行資料

情報資源のなかには「ある時点で全体の刊行が完結することが予定されて」いて，個々の情報資源は「固有のタイトル」をもち，しかも「そのグループ全体に共通する総合タイトル」をもつ例も多い。これらは『日本目録規則　1987年版改訂3版』

では「セットもの」と定義されている。

叢書
多巻もの

『日本目録規則　新版予備版』では，似たような用語として「叢書」と「多巻もの」とがあった。「叢書」は「同一の編者または出版者により，同じ体裁で出版される，多数の独立した著作の全体」と解説されており，『日本目録規則　1987年版改訂3版』における「シリーズ」と近い内容をもっているが，終期の有無に触れられていないので，「岩波文庫」も「日本図書館学講座」も含まれると考えられていた。一方，「多巻もの」の定義は「1部2冊以上からなる図書」とされ，「上下2冊で完結している図書，全30巻の全集といったようなもの」が例示されていた。このため『日本図書館学講座』は前者にも後者にも考えることができ，混乱が生まれていた。『日本目録規則　1987年版』では，初版以来，すべての版において，たとえば「上下2冊で完結している図書」は「単行資料」として扱い，その書誌単位を記述の基礎単位とするとした。このことにより，「全30巻の全集」は「ある時点で全体の刊行が完結する」情報資源と位置づけることにより，多巻ものの概念は不要とされるようになった。

単巻資料
複数巻単行資料
更新資料
書誌階層構造

『日本目録規則　2018年版』では「体現形」の刊行方式として，単巻資料，複数巻単行資料，逐次刊行物，更新資料の4つをあげ（1.4），これらのうちシリーズ表示の対象となるのは単行資料，逐次刊行物，更新資料としている（2.10.0.1）。刊行方式の違いにとらわれず共通する要素として「上位の書誌レベル」ということが示されており，書誌階層構造（1.5.1）を背景にしてデータ記述がなされることを求めている。これらの定義で，すべてが明確になったとは思えないが，書誌データ記述の面から『日本目録規則　2018年版』でほぼ整理ができるようになっただろう。

記録する書誌データ

●…………記録すべき書誌データ・情報源

シリーズに関する書誌データの情報源は，その情報資源だけに限らず情報資源以外の情報源も使われる。出版者・製作者等の作成するカタログ等から情報を得ることができる。実際の情報資源組織化の作業では，対象とする情報資源を「シリーズとして扱うかどうか」を判断する際に，これらのカタログ等が利用される。

シリーズの本タイトル
シリーズ内番号

記録すべき書誌データ（2.10.0.2）は，シリーズの本タイトル，シリーズの並列タイトル，シリーズのタイトル関連情報，シリーズの並列タイトル関連情報，シリーズに関係する責任表示，シリーズに関係する並列責任表示，シリーズのISSN，シリーズ内番号，サブシリーズの書誌データである。最後に記録する「サブシリーズ」の書誌データにも，サブシリーズの本タイトル，サブシリーズの並列タイトル，サブシリーズのタイトル関連情報，サブシリーズに関係する責任表示，サブシリーズに関係する並列責任表示，サブシリーズのISSN，サブシリーズ内番号がある。

以下では記録する書誌データのうちで主なものに触れる。

●…………シリーズの本タイトル

シリーズの本タイトル

記録の対象としている情報資源を含むグループに共通している総合タイトルをシリーズの本タイトルとする。見方を変えるならば，そのグループ全体を書誌データ記述の単位として記録するときに選定するであろう「タイトル」が，シリーズとして把握するときの「シリーズの本タイトル」になる，ということである（2.10.1）。いわば個々の情報資源とグループの間に書誌階層の存在することを認識することで，シリーズの存在が明確になる。

書誌階層として上位のもの

情報源は，グループとして把握される情報資源全体から取り出すこととなる。複数の情報資源から構成されるわけだから，個々の情報資源において，その表示が異なる場合がありうる。そのときは，いずれか一つを選定し，シリーズの本タイトルとして統一した形で記録する。統一した形と異なった表現をもつ個々の情報資源においては，そのことを「注記」等で明らかにしておく必要がある。また，統一した形での記録を作成するために，シリーズ名典拠を事務用として作成しておくことが求められる。この典拠は，シリーズとして扱ったかどうかの記録としても活用できる。

シリーズ名典拠

●…………シリーズの並列タイトル

シリーズの並列タイトル

シリーズの本タイトルとして選定したタイトルの別言語，文字のタイトルをシリーズの並列タイトルという（2.10.2）。シリーズの並列タイトルの情報源は「資料自体」とされており，「資料外」の情報源を利用することはない。

●…………シリーズのタイトル関連情報

シリーズの本タイトルとして選定したタイトルを限定・説明・補完する表示である。シリーズの本タイトルの上部や前方の位置に，あるいは本タイトルの後ろに，シリーズの本タイトルに対する説明を加えたり，補足的な言葉が表示されている場合がある。図書では「講座○○」といったものが多いが，この形の使用法は他の情報資源でもしばしば見られ，ビデオテープ，録音資料，CD-ROM 等にも使われている。明らかに本タイトルと判定される部分と不可分な場合は本タイトルに含める（2.1.3.1.1 a)）。こうしたときに，サブタイトルなどをタイトル関連情報として記録する（2.10.3）。

シリーズ名を説明する

シリーズのタイトル関連情報は，下位シリーズ名と混同してしまう可能性がある。同一のシリーズ内の他の情報資源と比較・検討し，決定することが必要である。

シリーズ名関連情報

●…………シリーズに関係する責任表示

この書誌データは，当該シリーズの本タイトルと同一の情報源に表示されているときに記録する（2.10.5）。

また，逐次刊行物である『年報』とか『紀要』とかのように総称的なシリーズ名をシリーズの本タイトルとして選定したときは，必ずシリーズに関係する責任表示を記録しなければならない。

シリーズに関係する責任表示

責任表示ではないが，シリーズ全体にかかわる書誌データとしてISSNがある（2.10.7）。シリーズはこのUNITの冒頭で述べたように「継続資料」（『日本目録規則　2018年版』ではなくなった概念である）と同じ概念を有している。したがって，逐次刊行物に付与されるISSNを表示している場合がしばしば見受けられる。特に「年刊」の資料では，ISBNと両者をあわせもつことが多い。

（図書館研究シリーズ，＿ISSN 0454-1960＿；＿28）
（なお，この例はISBD区切り記号法を応用したものである）

シリーズ内番号

●…………シリーズ内番号

記述対象の情報資源のシリーズ内における番号づけを，対象の情報資源に表示されている形で記録する（2.10.8）。

番号の前後には「第○巻」のように，番号を修飾する語句がついている場合もあるが，これもあわせて表示されている形のままで記録する。変更できるのは，数字のアラビア数字化のみである。

サブシリーズの書誌データ

●…………サブシリーズの書誌データ

シリーズとして選定したシリーズよりも下位の書誌レベルとしてシリーズが存在することがある。それぞれ本タイトル，並列タイトル，タイトル関連情報，責任表示，ISSN，シリーズ内番号が存在する場合は，すでに述べた本シリーズと同様に扱われる。このサブシリーズ名は本シリーズ名と密接に関連している場合も，関連していない場合もある。出版者が設定するシリーズには，本シリーズ名と関連しない例も多い。

ISSN

サブシリーズの書誌データの記録方法は，下位とされるシリーズの本タイトル，並列タイトル，タイトル関連情報，責任表示等である。なお，ISSNは，上位シリーズのISSNよりも，下位シリーズのISSNを優先して記録することとされている。

UNIT 35

◉書誌データの記述とアクセス・ポイント

体現形に関する注記

注記に関する記録は，情報資源の書誌データにおいては非常に重要なものと心得なければならない。目録作成機関が記述内容をどのように豊富にするかを考慮できるところが「体現形に関する注記」(2.41) であり，情報資源の検索可能性にも影響を及ぼすものである。

体現形に関する注記

●…………なぜ注記をするのか

注記の機能

注記は，UNIT 34 までで述べてきた書誌データの記録を，より詳しく述べたり，限定を行う機能を有している。『日本目録規則　2018 年版』において，タイトルからシリーズに関する記録に至るまでに記述ができなかったにもかかわらず，しかも情報資源の同定・識別・検索・利用等の局面で重要と判断される事項を述べることが期待されている。いわば，注記を豊富にすることによって，記述対象となっている情報資源についてのあらゆる情報を盛り込むことが可能であると考えてよい。

同定・識別

UNIT 34 までにおいて触れてきた記録できる範囲というのは，どの情報資源にも共通する性格があるとされたものであり，と同時に同定・識別のためには必要最少限の事項であることを示しているのであるが，個々の情報資源のもつ独自性を十分に反映したものとはならないことがしばしば起こる。この不十分さを補うものとして「体現形に関する注記」(2.41)（『日本目録規則　1987 年版改訂 3 版』では注記に関する事項 (2.7)）が存在する。

注記：必要があれば記録する

規則を受けて記録する注記には，ほとんどの場合が「必要があれば」という限定がつけられている。この必要性の判断は，それぞれの目録作成機関に委ねられている。そして判断は，目録作成機関の設定する目録作成方針としての一貫性を維持するとともに，それぞれの情報資源がもつ固有の特異性および書誌的来歴などに十分に配慮しなければならない。

目録作成機関の判断

注記は，できるだけ簡潔に記録するが，簡潔を求めすぎた結果として内容・意味が不明確になったり，2 つ以上の解釈が可能となるようにしてはならない。

また，目録作成者の個人的見解を述べることは厳しく戒められるところであり，記述の対象となっている情報資源において示されていることを，正確に伝えるようにしなければならない。なお，書誌データの記録にあたっては，タイトル，責任表

転記の原則

示，版表示，出版表示，シリーズ表示のデータは，「転記の原則」が適用されることも忘れてはならない。

書誌的来歴

書誌的来歴をはじめとして，記述対象の情報資源から直接的に書誌データを得ることができない場合がある。例をあげるならば，次のようなものがある。

・翻訳された情報資源における原文の情報資源のタイトル
・本タイトルの異なる正編と続編の関係にある情報資源
・改版・改訳にあたってタイトルを変更した情報資源
・合集において，同一の内容でありながらタイトルの順序を入れ替えたもの

書誌データの訂正・補足

これらの書誌データのなかには，記述対象の情報資源のみを見ていたのでは把握できないものがある。改版・改訳の前後の情報資源を見てはじめて「タイトルの変更」を知るという例が典型的であろう。こうした事態に直面したときは，すでに目録に編成されている記述を訂正・補足する必要が生じてくる。改版・改訳等を所蔵すれば，その情報資源からは旧版・旧訳に到達できるが，逆に旧版・旧訳からは新しい改版・改訳には到達できない。それと非常に近い関係にある情報資源から参照できるデータが存在しないというのでは，目録システムとしては不十分であろう。

これらの情報資源を的確に検索できるようにするには，それぞれをアクセス・ポイントとしなければならない。また，それらから検索する利用者は，相互の関係を十分把握して検索するわけではないので，理解しやすい表現で関連が明らかにされる必要がある。このあたりは『日本目録規則　2018年版』で取り入れられた「関連」に関する規定は，時宜を得たものである。

●…………注記の情報源・種類

書誌データの情報源

注記に関する書誌データの情報源は限定されていない（2.41.0.2）。それぞれの目録作成機関が必要と判断する範囲で，各種の資料・情報を用いて記述することができる。記述の対象としている情報資源以外から入手された書誌データについては，その情報源を明らかにし，利用者が理解できるように配慮することが必要だろう。

注記の種類

『日本目録規則　2018年版』では，注記の種類を次のように定めている。この規定の順序は，そのまま記述の順序となる（2.41.0.1）。

a）　タイトルに関する注記
b）　責任表示に関する注記
c）　版表示に関する注記
d）　逐次刊行物の順序表示に関する注記

e）　出版表示に関する注記

f）　頒布表示に関する注記

g）　製作表示に関する注記

h）　非刊行物の制作表示に関する注記

i）　著作権日付に関する注記

j）　シリーズ表示に関する注記

k）　刊行頻度に関する注記

l）　識別の基盤に関する注記

m）　体現形の識別子に関する注記

a)からm)に含まれない注記としては「誤記・誤植」などの「誤表示」に関する注記があり，これは（2.41.0.3.1）に記録の方法が示されている。誤表示をそのまま転記して記録し，正しい形を注記とする方法が本則である。別法は，正しい形に改めたものを記録し，誤った形は注記に記録することとされており，この別法は『日本目録規則　1987年版改訂3版』では，「本則」とされている方法（1.0.6.6）である。　誤記・誤植

『日本目録規則　1987年版改訂3版』では，内容に関する注記（2.7.3.7）として，3つのものが示されていた。一つは，記述対象情報資源の内容を編成する個々の著作について示す「内容細目」であり，2つめは，対象情報資源に付載された解説，年表，年譜，参考文献，付録，索引などについて述べるものである。3つめは，記述対象情報資源について解題する必要があるときに記録する注記である。内容細目については，その形式が定められているが，後の2つは自由な形で記述することができる。簡潔で誤解の生じないようにすることと，図書の場合ならば充当されているページ数を示すなどして量が判断できるように記録することとなっていた。　内容細目

『日本目録規則　2018年版』では，内容に関する「注記」は，「体現形」，「表現形」，「個別資料」においては規定されていない。「表現形」のエレメントとして「内容の要約」（5.10）があり，抄録，要旨，あらすじがデータ化される。上に述べた『日本目録規則　1987年版改訂3版』において「内容細目」として「注記」された部分については「分析的記述」を採用するならば，個々の著作が「記録の本体」として措定されることになる。書誌的来歴は，情報資源と情報資源との関連で生まれてくるものであり，「資料に関する基本的関連」（42.0.2）として改めて述べられている。関連性の表現としては「派生・参照・全体／部分・付属／付加・連続・等価」（42.0.2）であり，それらを組み合わせることで書誌的来歴は表現できるであろう。　分析的記述　関連性の表現

UNIT 36

◉書誌データの記述とアクセス・ポイント

体現形の識別子（標準番号）と入手条件

これらの記録は，『日本目録規則　新版予備版』においては，すべて任意とされていた。これを受けて，『日本目録規則　1987年版』では，記述の精粗レベルにおいて第1水準を設定した場合は記録の必要がないとされた。『日本目録規則　2018年版』では，「標準番号」以外にも有用な番号があると認識し，「体現形の識別子」と名付け，エレメントとされた（2.34）。国際標準の識別子はコア・エレメントとされ，記録は当然のこととなった。なお，『日本目録規則　1987年版改訂3版』の「継続資料」に適用される逐次刊行物等の「キイ・タイトル」は，『日本目録規則　2018年版』では「キー・タイトル」と表現を変更し，エレメント・サブタイプに位置づけられた。

体現形の識別子

キー・タイトル

●…………国際標準番号などを記録する意義

ISBN

ISSN

体現形の識別子として記録するものの範囲は，国際標準図書番号（ISBN），国際標準逐次刊行物番号（ISSN），出版者等による番号，商業システムによって与えられる番号，公文書館等が独自の体系に基づき割り当てた番号などである。これらの番号は，情報資源を物理的に個別化する形で付与されており，特定の情報資源の識別にもっとも有効なものと考えられる。すなわち，情報資源の特定化を図ることが第一の意義である。次に，特定化した結果として出版情報や全国書誌情報の検索のためのキーとしても用いることができる。標準番号などが記録されることにより，版をも識別することが可能で，他の情報資源との違いをただちに明らかにできるとともに，特定の情報資源に関する書誌データを容易に探し出すことが可能となる。この記録により，利用者が利用している図書館等で求める情報資源を発見できなかったとき，他の情報資源提供機関の書誌データを容易に確認できることにつながり，情報資源提供機関相互の協力関係を積極的に活用できることにつながる。

●…………実体ごとの標準番号

『日本目録規則　2018年版』において明らかにされている標準番号あるいはそれに代わる番号として記録することとされているのは，次のようになっている。これに似た番号は，これからも新たに設定されるであろう。

図書	ISBN
書写資料	標準番号はない。今後とも付与されることはないと考えられるので，公文書館等が独自の体系に基づき割り当てた番号を利用できることになった
楽譜	出版者が独自に付与する番号，プレート番号
録音資料	標準番号（または代替番号），発売番号
点字資料	ISBN
電子資料	ISBN，ISSN など（電子メディアの形態をとった書籍といえる CD-ROM には ISBN が，逐次刊行物には ISSN が付与されている）
継続資料	ISSN，ISBN など（逐次刊行物には ISSN が，更新資料には ISBN が付与されている）

ISBN
公文書館等の番号
プレート番号
発売番号
ISSN

●…………入手条件

入手条件

記述対象の情報資源に表示されている定価および入手可能性を示す語句が「入手条件」として記録される（2.35）。この情報源は「どこからでもよい」とされており，他の参考資料や，当該情報資源を入手した際に添付されていた文書等によって判明した情報をも記録することが許されている。

目録として利用者に提供される情報資源である限り，それらの情報資源を利用者自身が入手したいと希望したときにどのような条件があるかを知らせるという目的で記録されるものである。入手可能性とは，「個々の図書館にとっての条件」ではなく，当該情報資源そのものについての記録であり，どこの図書館，利用者にとっても同一の情報を与えることになる。

入手条件を示す語句としては

非売品	非売品（無償）	レンタル用
無償	会員頒布	

非売品
会員頒布

などがある。

●…………定価

定価

入手条件の一つとして「販売」によるものがある。これについては，「定価」を明らかにすることにより入手条件を示す語句に代えて記録することになる。

記述対象とされている情報資源そのものに表示されているままの定価を「通貨記号など」とともに記録する。気をつけなければならないことは「定価とは，対象資

通貨記号

料に表示されているまま」ということである。この結果，古書等を入手した場合は，円以下の単位で示されていることもあるわけで，情報資源を入手した図書館等が入手時点での入手価格に置き換えてはならない。また，「発刊記念」等で特価販売を行った情報資源についても，特価を記録するのではなく，情報資源に表示された定価を記録する。いわば「財産記録」として入手価格を記録すると理解されやすいが，目録の基礎データは情報資源の発売時の定価等を記録して，情報資源そのものの評価を記録するのである。

特価

通貨の略語

定価の記録方法は，「通貨の略語」，「通貨を示す記号」と「アラビア数字」によって行うこととされている。『日本目録規則　2018年版』では，以下のような例示があげられている。

（価格であることを表す語を使用した例）

2400円

（ISO4217による通貨コードを使用した例）

JPY950　　USD32.50

GBP8.50

（通貨記号を使用した例）

¥3800　　$37.50

£9.25

UNIT 37

◎書誌データの記述とアクセス・ポイント

アクセス・ポイント

●…………アクセス・ポイントとは何か

アクセス・ポイント

アクセス・ポイントは，図書館の所蔵する情報資源の書誌データまたはそれの根拠となる典拠データを検索し識別する，名称，用語，コードなどで，統制形アクセス・ポイントと非統制形アクセス・ポイントがある。いずれも情報資源の検索と識別の手かがりとなるものである。

目録作業を「情報資源の身代わりを作成することである」と考え，情報資源をいろいろな面から発見し，識別できるようにするのが目録作成の目的であると考えるならば，アクセス・ポイントの役割は非常に大きなものとなる。情報資源についての記述や記録がいかに適切に行われていても，適切なアクセス・ポイントを与えていなかったなら，情報資源を見出す手がかりをもつことができず，目録作業そのものが何の意味もなくなってしまう。

標目

1982 年に翻訳刊行されている『英米目録規則　第 2 版』（丸山昭二郎［ほか］訳，日本図書館協会発行）では，「標目」を「目録のアクセスポイントとして目録記入の冒頭に記載される固有名，単語，もしくは句」と解説し，「標目」と「アクセスポイント」の関係を整理していた。本書の旧版にあたる『資料組織概説』（柴田正美著，日本図書館協会，1998 年 2 月）では，「標目」と「アクセスポイント」は同義であると考えた記述をしている。

●…………アクセス・ポイント（標目）の役割と要件

アクセス・ポイントの役割

アクセス・ポイント（標目）は，図書館の所蔵する情報資源を，目録記入という形に代えてグループ化するという機能をもっている。同一のアクセス・ポイントが記載された情報資源は，多くの他の情報資源と区別され，一つのグループを形成していることを利用者に示す。この機能は，主題からのアプローチを保証する主題目録法において典型的に実現されており，著作内容に責任を保持している著者等においても，「特定の著者等にかかわる情報資源のグループ化」という機能を果たしている。

情報資源のグループ化

これらの機能からアクセス・ポイントを見るならば，情報資源の書誌階層上での位置や，アクセス・ポイントのよりどころとなっている記述や記録がどのような書誌データとして作成されたかに関係なく，すべてが同じ価値をもち，検索という行為のうえにおいて同列となる意義と効果を重視しなくてはならない。これを「アクセス・ポイントの等価性」という。

アクセス・ポイントの等価性

かかる役割・機能を果たすにはアクセス・ポイントに求められる要件は，情報資源そのものの身代わりとして使われる記録の内容を正確に表現できることである。

情報資源の身代わり

次にあげられる要件としては，グループの形成を可能とするようにある程度の概念上のまとまりをもつことである。このことは，主題によってグループ化を行おうとする件名目録および分類目録において，強く求められる。それぞれの図書館の蔵書の規模および利用者が行う主題からのアプローチに的確に応えることのできる分類表と件名標目表を選択することが大切なゆえんである。

目録作成機関での典拠コントロールが前提となっている統制形アクセス・ポイントは，必然的に，個人・家族・団体での「まとまり」を実現していることとなる。

「まとまり」

●…………アクセス・ポイントの種類

標目の種類

「標目」では，その内実によって，タイトル標目，著者標目，件名標目，分類標目の4種が措定された。

いずれの標目にも，利用者が対象とする情報資源を検索するにあたって使う可能性のある名辞，人名，家族名，団体名などから，図書館の採用している標目に案内する役割をもった「参照」を作成しなければならない。

アクセス・ポイントの種類

一方，『日本目録規則　2018年版』の「アクセス・ポイント」には，「統制形アクセス・ポイント」と「非統制形アクセス・ポイント」がある（21.1.2)。前者は，一群の情報資源に関するデータを集中するために必要な一貫性をもたらすものである。統制形アクセス・ポイントは，さらに細分され，「典拠形アクセス・ポイント」と「異形アクセス・ポイント」がある。典拠形アクセス・ポイントは，優先タイトルを基礎として構築され，他の実体との異同を明確に判別できるものである。その実体を発見・識別し，または関連する他の実体を発見する手がかりとなる。一方，異形アクセス・ポイントは，典拠形アクセス・ポイントの他の言語・文字による表現等という形になる。

統制形アクセス・ポイント

典拠形アクセス・ポイント

異形アクセス・ポイント

『日本目録規則　2018年版』では，実体ごとに典拠形アクセス・ポイントと異形アクセス・ポイントを掲げている（21.1.2)。しかし，「概念」，「物」，「出来事」，「場所」に関しては「保留」中で，はっきりしていない。この結果，主題目録法の対象となる部分への提示ができない状態である。

非統制形アクセス・ポイント

分類表

件名標目表

また，非統制形アクセス・ポイントは，典拠コントロールの対象とならないもので，当該情報資源によって提示されたり，当該情報資源とはかけ離れた存在である「分類表」や「件名標目表」によって形が決まってくるものである。

●…………アクセス・ポイントのよりどころ

アクセス・ポイントのよりどころ

アクセス・ポイントをどこから選択するかということは，それぞれの図書館において，対象となっている情報資源を利用者がどこから検索する可能性があるかを判断するということと同じである。『日本目録規則　2018年版』では，実体ごとに，そのよりどころを次のように定めている（21.1.3）。

典拠形アクセス・ポイント

著作に対する典拠形アクセス・ポイント

優先タイトルをその基礎とし，必要な場合は創作者に対する典拠形アクセス・ポイントを結合し，さらに必要に応じて著作のタイトル以外の識別要素を付加して構築する。

異形アクセス・ポイント

著作に対する異形アクセス・ポイント

優先タイトルまたは異形タイトルをその基礎とし，典拠形アクセス・ポイントと同様にして構築する。ほかに，優先タイトルや，著作に対する典拠形アクセス・ポイントを構築する際に用いなかった識別要素を結合した形で構築することもある。さらに，アクセスに重要な場合は，その他の形でも構築することができる。

表現形に対する典拠形アクセス・ポイント

著作に対する典拠形アクセス・ポイントに，表現形の識別要素を付加して構築する。

表現形に対する異形アクセス・ポイント

著作に対する典拠形アクセス・ポイントに，表現形に対する典拠形アクセス・ポイントを構築する際に用いた識別要素以外の識別要素を付加して構築する。

個人・家族・団体に対する典拠形アクセス・ポイント

優先名称をその基礎とし，必要に応じて名称以外の識別要素を付加して構築する。

個人・家族・団体に対する異形アクセス・ポイント

優先名称または異形名称をその基礎とし，典拠形アクセス・ポイントと同様にして構築する。

これらの規定からいえることは，利用者が検索する可能性のあるタイトルおよび著作に責任を有する個人・家族・団体は可能な限り記録しておくことが望ましいということである。それらは，アクセス・ポイントとして構築され，検索・識別の場で活用される。

なお，著作等の内容を主題として把握する件名および分類は，それぞれの図書館が採用した「件名標目表」および「分類表」に掲げられたもの（各図書館が必要に応じて追加したものも含む）に限られることは注意を要する。

統制形アクセス・ポイント

●…………統制形アクセス・ポイント

一群の情報資源に関するデータを集中させるための仕掛けが統制形アクセス・ポイントである。統制形アクセス・ポイントは，タイトルまたは個人・家族・団体等の名称を基礎として構築され，典拠形アクセス・ポイントと異形アクセス・ポイントとがある。

集中機能

利用者が目録を使って情報資源を効率的に発見・識別・選択・入手するために統制形アクセス・ポイントは「集中機能」を発揮する。統制形は，著作，表現形およびその他の実体を対象として，当該情報資源の有するタイトルおよび個人・家族・団体等の名称を記録の基礎として，データ作成機関が設定する優先言語および文字によって作成される。

統制形アクセス・ポイントの記録にあたっては，文字の大小の表示は再現しない。また，対象とする情報資源の情報源に誤表示がある場合は，正しい表記に改め，優先タイトルまたは優先名称を記録する。情報資源の情報源に表現されているデータに誤りがあっても，統制形アクセス・ポイントのデータとしては正しいものに改めることで，他の情報資源との集中機能を果たすようになる。

統制形のアクセス・ポイントは，日本語・中国語など用いる言語によって記録の方法が異なっている（1.11.1 ～ 1.11.4）。

「読み」

あわせて，使用する言語および文字種に応じて，統制形の「読み」を記録することとしている。記録する「読み」と，読みの対象となる情報源における文字列との対応がわかるように，必要に応じて適切なコーディングを用いて記録するほか，適切に「語の分かち書き」を実施する。

参照

●…………参照

『日本目録規則　1987年版改訂3版』では，「標目」と「標目」をつなぐために「参照」を作成することが求められていた。

「関連」

『日本目録規則　2018年版』では，「標目＝アクセス・ポイント」同士をつなぐのではなく，本体に相当する情報源そのものを「関連」としてつなぐこととしている。「関連」では，情報源と情報源の間に「派生，参照，全体／部分，付属／付加，連続，等価」といった関係が存在すると考え，それを記録するように求めている。

UNIT 38

◉多様な情報資源の組織化

地域資料・行政資料の組織化

●…………「地域資料」とは

地域資料とは

地域資料の定義としては，図書館法第3条にいう「郷土資料，地方行政資料」があげられるだろう。「地域資料」という言葉が一般的に使われるようになってきた1960年代前半における理解では，それぞれの地域に固有的にかかわる古記録や近世資料などの歴史的資料にとどまらず，現在の市民生活の深化・展開・発展に有用な情報資源のすべてを包含するものとされるようになった。この意味では，図書館において提供される情報資源のすべてを「地域資料」と考えることもできる。

●…………「行政資料」とは

行政資料とは

行政資料は，国・都道府県・市町村などの行政機関およびその外縁にある団体などが，政策決定や行政事務などの執行にあたって必要としたり，参考的に活用する情報資源を指す。政策決定や行政事務などの執行は，国民・住民にとって関心の高いところであり，これらの背景にある情報資源を提供することは，図書館の重要な責務である。

地方行政資料

行政資料のうち，それぞれの地方公共団体にのみかかわりのあるものを「地方行政資料」と考え，上記の「地域資料」に含めるのが一般的である。

行政資料には，国・都道府県・市町村などの行政機関およびその外縁にある団体などが刊行するもの（これらを「官庁資料」という）だけでなく，参考的に活用する情報資源を含むことに留意しなければならない。図書館は行政機関の一端を担っており，他の機関等との積極的な協働のもとに，住民・利用者の抱く関心を的確に把握し，その要求に応える体制を整備することが期待される。また，行政等の課題解決に役立つ資料・情報資源の収集・提供も考えられる。

なお，このUNITでは，国の「行政資料」ではなく，それぞれの地域に固有的に関係のある「地方行政資料」を対象とする。そのため，以下では「地域資料」にまとめて述べることとする。

●…………地域資料組織化の考え方

地域資料，行政資料，地方行政資料だからといって，「特別の組織化」をする必要はない。むしろ，他の多くの情報資源と同じレベルでの組織化を着実に実施して，サービスに努める必要がある。

地域資料の背景

けれども，地域資料などには，市販され誰にでも入手可能な情報資源とは異なった背景があり，そのことに留意することが求められる。すなわち，情報資源が形づくられる段階や，流通する範囲，入手方法の難易，内容面での固有の事情，その情報資源を活用するために必要とされる分析といった面での課題である。

地域資料とされる情報資源のなかには，編集・発行段階で「会員のみ」を対象にするものが多い。それらを，地域の図書館が入手できるのは，発行者の善意と地域の図書館に対する期待に基づいている。図書館としては，届けられた情報資源を積極的に活用できるような方策を講じることが必要で，迅速性が求められる。また，流通範囲がきわめて限られており，国立国会図書館の納本制度を知悉している編集・発行担当者も少ないので，納本された情報資源を対象とするJAPAN MARCに書誌データが収録される可能性も低い。書誌データが流布されていないからといって，それらの情報資源の利用を求める要求が出てこないということにはつながらない。むしろ出されてきた情報資源に対する利用要求は，要求の背景が強力で，着実な提供を求めるものとなるだろう。こうした事情は，行政資料や地方行政資料にもあてはまる。とくに政策決定や行政事務執行のために利用される情報資源は，最終的な政策決定や行政行為においては現れることのないものも散見される。これらも含めて住民・市民・利用者に提供することが，公的組織である図書館に期待されていることを重視する必要がある。と同時に，図書館は情報資源の入手・提供にあたって，その必要性についての「説明責任」があることも配慮しなければならない。「なぜ，地域資料，行政資料，地方行政資料として位置づけ，提供できるよう準備しているか」を示すためには，内容面での精査が求められる。

納本制度と地域資料

説明責任

書誌データの作成

●…………書誌データの作成

すでに述べたが「地域資料」などは，流通範囲が狭く，書誌ユーティリティから書誌データの提供を受ける可能性は低いのが通例である。その結果，各図書館における書誌データ組織化の作業としてはオリジナル入力が求められる。一方，他の情報資源については，書誌ユーティリティによって正確かつ精細な書誌データが提供され，そのコピー・カタロギングが可能である。これら2種の書誌データ組織化の経路によって作成された書誌データが，各図書館の提供する書誌情報システムに混在するわけだから，それらの情報としての質のレベルが異なることは許されない。いわば「地域資料」などを扱う各図書館の書誌データ組織化作業担当者には，全国レベルで流通する書誌ユーティリティにおける担当者と同程度の能力をもち，力を発揮することが必要となってくる。各図書館の地域性を重視する流れは，情報資源

同じレベルとすること

組織化の局面においても図書館職員の高次な能力を求めることになる点に留意する必要があるだろう。

問われる地域の図書館員の能力

・記述情報

情報資源そのものの「身代わり」を作成する作業であり，記述の範囲をどのように設定するのかが課題である。『日本目録規則 1987年版改訂3版』のように「記述の精粗」（1.0.5）が設定されている場合には，導入している書誌ユーティリティのレベルにあわせて設定することとなる。一般的には「第2水準」であるが，これを最低限として考えるべきである。けれども，『日本目録規則 2018年版』では，データ記述のレベルを選択することができなくなり，すべて第3水準での記録が求められている。

第2水準

第3水準

地域資料であるがゆえに求められる情報として，当該情報資源を，図書館において所蔵あるいは提供できるようにする理由といったものも考える必要がある。他の多くの図書館においては「一般的な資料」とされるにもかかわらず，あえて「地域資料」として扱うことの意味を明らかにし，地域とのかかわりや利用者への説明をすることを配慮するべきだろう。option A（情報資源アクセスにおける目録）で示した事例を思い出してほしい。このことはUNIT 35（体現形における注記）においても注意を喚起したが，簡潔な表現の注記であることと，意味が理解しにくいものとなってはならないこと，さらに利用者の立場に立った記載と表現を心がけるようにしたい。

なぜ「地域資料」とするのか

・主題情報

主題情報は，UNIT 42（主題目録法の概要）で学ぶ予定であるが，分類と件名によって表現される。分類は体系性を備えて記号等で表現され，件名は体系性をもたない語句等で表現される。

分類について，各図書館等は，地域資料のための「○○県郷土資料分類表」といった独自の体系をもたせた分類表を準備し，これによって主題情報の分類表現を行っている。多くの「○○県郷土資料分類表」などは，UNIT 43（『日本十進分類法』の概要）あるいはUNIT 49（『日本十進分類法』の適用）で学ぶNDCをベースに編成している。その際，地域区分，郷土地域区分，時代区分，方言地域区分などを組み込むためにNDCにおける主題区分を手直ししている。

地域資料のための分類表

件名に関しては，UNIT 44（『基本件名標目表』の概要）やUNIT 50（件名目録作成の実際）にとらわれることはないだろう。むしろ独自の視点から積極的に件名を新設することが望まれる。地域性を表現するための件名，地域でのみ重視されるような主題を表現する件名などを，利用者の立場で把握し，それに関連する情報資源の提供を試みることが各図書館に課されている課題と考えるべきだろう。

地域独自の件名を新設する

●…………**書誌データの提供**

作成された地域資料にかかわる書誌データは，提供されてこそ役割を果たすことができる。提供は，各図書館のOPAC等で容易に把握できるか，利用者の考えるアクセス・キー（『日本目録規則　2018年版』では「アクセス・ポイント」と表現しているが，利用者の側から見ると，情報資源に到達するための「アクセス・キー」である）と合致して検索が適切に行えるようになっているかが重要である。

・基本的な考え方

各図書館の提供する情報資源の大部分は，どこの図書館においても提供できている情報資源であろう。それらの書誌データは，多くの場合，書誌ユーティリティによって作成され「コピー・カタロギング」によって取り込まれる。その書誌データは「標準的」なものであり，各図書館において準備している書誌情報システムも，これらをベースにつくられる。

地域資料は，その図書館においてこそ意味のある情報資源であるが，個別の図書館において提供する情報資源全体と比べると，所蔵情報資源群のなかでは相対的に小さなものにすぎない。その結果，図書館等の提供側からは地域資料特有の書誌データそのものが「標準外」と位置づけられ，重要性についての理解はありながらも，軽視されるという傾向を免れない。地域資料については，「標準的な書誌データ」以外に「特有の書誌データ」（項目）が存在し，それを見ることのできるシステム的準備を必要とする。準備されたシステムへの展開は，利用者が容易に利用できるように配慮されることはいうまでもないだろう。カウンター内に設置された事務用端末でのみ「閲覧可能」といったシステムは不適切である。簡便な操作のみで「特有の書誌データ」への展開を可能としなければならない。

特有の書誌データ

・アクセス・キー

地域資料にとっての「特有の書誌データ」は，記述情報にも主題情報にも存在する。しかも，それらの多くは利用者の気づかない情報を背景としていることが考えられる。記述情報における「書誌的来歴」などは，その最たるものであろう。内容に隠れ，当該の資料を手許で確認できてはじめて知ることが可能となるものが大部分である。他の情報をもとに情報資源を求めてきた利用者は気づくことのないような情報が存在する。主題情報においても，こうした事情は存在する。

より多くのアクセス・キーを設定する

これらのことから求められるのは，地域資料については，より多くのアクセス・キーを準備することである。一般的にアクセス・キーを形成するためのシステムにおいては取り込むことのできないような書誌データからも，アクセス・キーがつくられる必要がある。すなわち「注記に関する事項」からもアクセス・キーを切り出し，タイトル・主題情報などと同じレベルでの検索に耐えうるものとしておくことが必要である。

UNIT 39

◉多様な情報資源の組織化

パッケージ系（ローカルアクセス）のメディア

UNIT 4において，科学技術の発展に伴って図書館の所蔵する媒体の種類が急速に広がっていることを指摘した。ここでは，図書館における情報資源として取り上げざるをえなくなってきている「電子メディア」について，2つのUNITをあてて組織化のあり方を述べる。

電子メディア

なお，『日本目録規則　2018年版』では「オンライン資料」をも「刊行物」とみなしており，本書のUNIT 39およびUNIT 40に区別して述べていることは一体として扱うことになった。

オンライン資料

●…………パッケージ系メディアと情報資源組織化技術

パッケージ系のメディアを『日本目録規則　1987年版改訂3版』においては，アクセスの方法として「ローカルアクセス」（9.0）と位置づけている。利用者自身が，光ディスク等の媒体（キャリア）をコンピュータの周辺装置に挿入することで利用可能となるシステムを指している。

ローカルアクセス

物理的な媒体としては，CD-ROM（音楽用CDも含む），DVD，フロッピーディスク（FD，もう使われる機会はほとんどなくなったが，図書館には保有されていることもある）などが日常的なものであるが，次第にDVDへと収斂しつつある。その背景は，収納できるデータ量が圧倒的に大きいこと，利用のための機器類の低廉化，利用にあたって必要とされるソフトウェア等の技術が親しみやすいものとなってきたことである。

所蔵する物理的媒体

収納できるデータ量が多いことは，文字情報，画像情報，音声情報といった各種の情報を同時に扱うことを可能とし，いわゆる「マルチメディア化」が進行して，情報伝達能力の飛躍的な高まりを招いている。1枚のディスクへのデータ集積量が多くなると，それらを適切に使いこなすために，含まれている個々の情報を明確に区別して利用できる機能を備えることが必要となってくる。利用者が情報資源を識別し，利用することができるようにするには，図書館が培ってきた「情報資源組織化技術」を応用することが求められるだろう。

●…………キャリア種別，機器種別とオペレーティング・システム（OS）

キャリア種別

機器種別

『日本目録規則　1987年版改訂3版』の第9章における形態に関する事項を見ると，パッケージ系の電子資料にかかわる特定資料種別（9.5.1）が2つのレベルであげられている。「第1レベル：磁気ディスク」には，3つの第2レベルの資料種別がある。それぞれ異なった機器を必要としている。「第1レベル：光ディスク」では3つの第2レベルの種別があげられている。そのなかの一つである「DVD」についてパソコン関係の資料を見ると記憶容量や書き換えタイプによって7つに分類され，それぞれに異なった機器を必要としている。機器のなかには2つ以上のタイプに対応できるものもあるが，利用者にこれらのディスクを提供するときには，利用可能性について事前に判明していることが求められるだろう。

磁気ディスク

光ディスク

こうしたレベル分けは『日本目録規則　2018年版』にも引き継がれており（表2.16.0.2），キャリア種別の用語などが参考になる。

OS

オペレーティング・システム

オペレーティング・システム（OS）は，『日本目録規則　2018年版』では「装置・システム要件」（2.33）とされ，「システム要件」として記録することになっている。利用者に提供する書誌データの一部として確実に記録しなければならない条項であろう。また，OSに関してはバージョンを問われることも多い。新しいバージョンは，旧バージョンで可能であった操作等を含み込むのが通例であるが，なかにはまったく別ものになってしまうバージョンもある。OSと，それぞれのバージョンは，使用するパソコン等の機器の性能に左右される。

利用する機器との関係

新しいOSに対応しない情報資源

さらに重要なことであるが，特定のOS，バージョンに対して準備されたメディアが，その後継のOS，バージョンに対しても同様に準備されるとは限らない。ある時点でパッケージ系の電子メディアを情報資源として「収蔵」したならば，それを有効に使いこなし利用者に提供するための機器を，長期間にわたって整備し，利用に供するだけの態勢がつくられる必要がある。

装置・システム要件としては，さらに，装置またはハードウェア，メモリ容量，プログラミング言語，プラグインされるソフトウェア，周辺機器などを記録することが求められている（2.33.0.2）。

●…………分出の機能

大量収録

音楽用CDは，1枚に70分以上の音楽を収録できる。ほとんどの楽曲はこの時間とは関係なく作曲・演奏されるので，多くの場合，1枚に複数の曲を収録する。演歌やポップス曲になると20曲近くを収録している。1枚のCDのタイトルで与えられるものは，ほんの一部の曲名であることが多い。残りの曲について知るためには，個々の曲などにかかわる「分出記録」を大量に作成することが求められる。利用者のリクエストにおいても，タイトルに取り上げられるような曲ではなく，ど

分出記録

のCDに含まれているかを容易に知ることのできないものが増えている。

対応するために分出記録をつくろうとすれば，それぞれの楽曲等に対応して作曲者・演奏者等の責任表示も数多くなってくる。目録として記録すべき情報量は，たちまち巨大なものとなり，それらの情報管理のためのシステムへの負荷も大きくなる。

こうした記録を作成することを『日本目録規則　2018年版』では「分析的記述」と称している。分析的記述をするためには，「記述のタイプ」に関する「採用」を決めておく必要がある（1.5.2）。 分析的記述

タイトル，責任表示など，情報資源そのものから取り出せる情報を記録するだけで成立する書誌データの範囲にとどまっているならば，「力仕事」として処理は可能だろうが，分類や件名といった形での主題分析を経たうえで情報として利用されるものの場合は，「分出」の作業は膨大なものとなっていく。

たとえば，DVD-ROMの場合について考えてみよう。『知と心を育てる読書の教育－学校での読書活動発展のために』（スクール・ライブラリシリーズ，ポルケ製作，紀伊國屋書店発行，2006）の「第1巻：本を知らせ本に親しませる活動」には，「朝の読書」と「読み聞かせ」の編が入っている。「朝の読書」は，読書教育の概念であり，「読み聞かせ」は，読書教育にとどまるものではないだろう。これらは別々の情報として記録され，どちらからもアクセスできるように準備される必要がある。 主題分析

●…………目録作成者に求められる知識

パッケージ系の電子資料等を，図書館が収蔵し，それらの書誌データを提供することになると，目録作成者は，パソコン等の利用技術と機器に関する知識を深めることが必要となってくる。最新の技術の概要を把握するとともに，それらが旧来のものとどの程度異なっているかを知り，相互の関連についての知識を蓄えておかなければならない。2012年から実施されている司書養成のための「大学における図書館に関する科目」において「図書館情報技術論」が必修となった背景である。 機器に関する知識 「図書館情報技術論」

これらの情報資源の発行点数も急速に伸びているので，発行情報についても把握しておくことが求められる。

販売書誌をベースにしたMARCが入手できる態勢の整っているメディアもある。それらの積極的な利用と，追加しておくべき情報を的確に認識し，利用者の立場にたった書誌データの提供を心がけることが期待される。

UNIT 40

◉多様な情報資源の組織化

オンライン（リモートアクセス）情報資源

オンライン資料

オンライン情報資源

リモートアクセス

ネットワーク情報資源

ローカルアクセス

『日本目録規則　2018年版』では「オンライン資料」としているが，本書では「オンライン情報資源」と呼ぶこととする。この情報資源は，『日本目録規則　1987年版改訂3版』においては「電子資料」（第9章）の一種とされた「リモートアクセス」と表現されたものである。通信ネットワークに対してハードウェアおよびソフトウェアを利用して接続したうえでアクセス可能となるもので，「ネットワーク情報資源」と表される。『日本目録規則　1987年版改訂3版』では，「第9章　電子資料」を「ローカルアクセス」と「リモートアクセス」に分けていたが，「オンライン情報資源」は後者にあたる。

図書館が所蔵しない情報資源

オンライン情報資源は，他の情報資源とは，根本的に異なったものである。すなわち，図書館が「所蔵する」ことのない情報資源であり，通信システムを利用するリモートアクセス技術をもとに利用できるものである。情報を収録した媒体（キャリア）は，図書館その他の情報提供機関およびその利用者の手元には存在せず，ネットワークを介してのみ利用可能な遠隔にある大規模記憶装置やハードディスクに格納されている。必要に応じてネットワークに接続し，情報格納者の機器にアクセスし，必要な部分のみについて情報の提供を受ける。図書館等は，こうした利用を希望する利用者に対して，通信機能をもった機器およびソフトウェアの提供と，若干の利用上のサポートをする形となる。

本書の他の部分で述べてきた「情報資源組織化」の概念からすると，相当に異なった利用方法となっている。けれども，利用者の要求に応じて情報資源を提供する責務をもつ図書館等においてはオンライン情報資源についても，当該情報資源に関する書誌データを提供し，それらの情報資源へのアクセスを保障するという情報資源組織化の目標・理念からすると，扱わなければならない範疇となっている。

●…………記述する情報

リモートアクセスが可能な情報資源は，すでに「刊行物」として成立していると見なす（2.5.0.1および2.6.0.1）。

内部情報源

書誌データの記録にあたって利用できる情報源は「内部情報源」のみであり，当該情報資源そのものを開いて見ないと把握できないものである。記録すべき事項は，タイトル画面やメニュー画面から把握するほか，「Read me ファイル」などからも入手できる。 Read me ファイル

情報資源の存在する場所等を示すURL（Uniform Resource Locator）（2.39）と，利用にあたって必要とされる環境情報として「利用権を示すIDの要否」と「利用権を確認するパスワードの要否」を，必ず記述しなければならない。 URL

URLが追加・更新された場合は，記録を更新することが必要であるが，あわせて旧いURLについて「不正確」，「無効」，「incorrect」，「invalid」といった情報を付加するとともに，アクセス可能なURLを記録する（2.39.4）。

オンライン情報資源が利用可能となった時期を示すために，最新のアクセス日時を，次の様式で記録しておく（2.41.12.2.3）。 アクセス日時

最終アクセス：2019年5月25日

閲覧日：2019年8月23日

『日本目録規則　1987年版改訂3版』では「日時」の記録が求められていたが，「時」は外された。 アクセス日

『日本目録規則　1987年版改訂3版』の例：2019.09.27 __ 16:48:00

●…………対象となる情報資源

図書館にやってきた利用者が利用したすべてのオンライン情報資源を，図書館は書誌データとして蓄積する必要はないだろう。図書等のように収蔵している場合は，蓄積するのが当然であろうが，オンライン情報資源の場合は「収蔵」という行為が存在しないのであるから，選択的に信頼できる外部情報資源を蓄積するだけで十分である。蓄積したオンライン情報資源を，「○○図書館リンク集」として提供している例が多くなっている。 選択的に情報資源を蓄積する リンク集

(1)　人物に関する情報などの情報探索を補助するもの

人物辞典，百科事典，利用の多い領域の専門事典，大部な辞書・辞典などが対象となる。特に最新の情報が重用される領域においては，図書等の刊行を待っていては有用性が減退するので積極的に提供するべきだ。

(2)　新刊・近刊を調べるためのもの

日本だけでも年間に7万点前後の新刊書籍が発行される。それらの情報を的確に提供できることは情報提供機関として重要な役割であろう。情報として十分な内容をもっているわけでなくても提供することに意義がある。

(3)　情報所蔵機関等を調べるためのもの

公共図書館・大学図書館等の所蔵機関を，それぞれが得意とする領域・分野なども含めて調べることができる情報資源を紹介したい。

(4) 書評を探すためのもの

資料等の有用性を伝えようとする情報は，書評を越えるものはないだろう。そこには入手のための情報もきちんと盛り込まれている。

(5) 新聞記事と雑誌記事の索引

いずれも当該領域における最新の情報を探し出すためのものであり，それらのサイトへのアクセスは利用者から期待されているところである。図書等の資料で提供されるものはタイムラグをもつことが多い。また各サイトでは，テキストファイルの形でての原文へのアクセスを可能としているものもある。

(6) リンク集

都道府県立図書館や大学図書館等が，各サイトを評価したうえで，ある程度の分類などをして提供している。

情報の更新を忘れるな

いずれのオンライン情報資源も，「更新」が行われる。内容面での更新のほかにURLを新たにして，新しいサービスを行うことも多いので適切に情報をチェックすることが提供側の責務とされる。とくに「リンク集」を提供する際には，日常的にチェック・更新しないと利用者の信頼を失うことにつながるので気をつけたい。

UNIT 41

◉目録作成の実際（2）

図書記号と著者記号

●…………請求記号と図書記号

分類作業によって個々の情報資源につけられる分類記号は，情報資源の書架上の位置を示し，検索あるいは貸出等のための目印となる。また，分類目録（書架目録を含む）における記入の排列順は，これに従うものである。けれども，分類の機能は「情報資源をグループ化する」ことであり，情報資源を個別化して，特定の情報資源の所在位置を指示するには不十分である。

図書館内で特定の情報資源を個別化し，その情報資源の所在位置を的確に示すためには分類記号と図書記号（一部に補助記号を含める場合もある）を組み合わせた請求記号を用いる。請求記号は，所在記号，請求番号，排列記号，コールナンバーなどともいわれ，それぞれの情報資源の背中部分など目立つところにこれを記入したラベル等を貼付し，検索・探索・排架に便利なように装備を施す。請求記号等は，当該の情報資源を他の情報資源と識別する機能をもち，その排架位置を示し，情報資源の検索や利用後の的確な位置への返却を効率的に行うことに役立つ。 請求記号の機能

●…………図書記号の意義と機能

同じ分類記号をもつ一群の情報資源のなかで，個々の情報資源の排列順序を定めたり，より小さな群を形成させるには，他の要素を取り込む必要がある。これが図書記号であり，第2次以下のグループ化あるいは順序づけを行うための記号という意味をもつ。著者の名前を記号化すれば，同一分類記号内で同一著者の著作を集中することができる。詳細は後に述べる。 図書記号の機能 順序づけ

また，同一分類記号をもつ情報資源群の中での個別化という機能をも果たしたり，刊行年代の違いなど情報資源の外形からは容易に判明しない情報を表示させる方式を採用することも可能である。 個別化

図書記号のみでは完全な個別化が困難な場合は，次のような方法で著作・版次・巻冊記号等の補助記号を付加して対応することがある。

●…………補助記号

同一の分類記号・同一の図書記号がつけられた2以上の情報資源を個別化するた 補助記号の機能

めの記号が「補助記号」である。補助記号には，多数の著作をもつ著者のそれぞれの著作を識別するための「著作記号」(個別の著者に対して同一の図書記号が付与されることが前提であり，受入順の図書記号を採用している場合は，存在しない)，同一の著作の版次の違いを示す「版次記号」，叢書，シリーズ，複数の物理単位で構成される複数巻単行資料のそれぞれに対して与える「巻冊記号」，複本であることを示す「複本記号」，同一の著者および著者に関する著作の種類（たとえば，書誌・作家研究など）を表現する「特定著作記号」などがある。

著作記号

a. 著作記号

Work Numberといわれ，通常は情報資源のタイトルの初字を付加して区別する。もし初字が同じ場合は，さらに区別のために必要な文字を付け加える。この結果，情報資源のタイトル順に排列されることとなる。

版次記号

b. 版次記号

同一の情報資源で，改訂増補が行われたもの，あるいは出版者が異なるもの，新書判と文庫判のように印刷原板が異なるもの，さらには革装と紙装のように外装の違うものなどを区別するための記号である。記号を見ただけで違いが判明するように，版次数や刊行年等で表示するのが通例である。

巻冊記号

c. 巻冊記号

叢書，シリーズ，上中下など2冊以上で1部を構成する情報資源に対して，物理的に異なることを示す記号である。情報資源に示されている巻次数を，そのまま利用するのが通例であり，情報資源の背中等に表示されていれば，あえて付加する必要はないだろう。

複本記号

d. 複本記号

同一の情報資源が2部以上の所蔵となったときに与える記号である。情報資源そのものにつけることの効果は蔵書点検における効率性程度であるが，目録等においては示されていなければならない。複本記号は「2部目」からつける例が多いが，つける場合は1部目も含めてすべてに付与することが必要である。

特定著作記号

e. 特定著作記号

同一の著作者に関するすべての情報資源をまとめて配置をしようとするときに必要とされる記号である。著者自身の著作，著者について述べられた作家研究や伝記あるいは評伝，書誌などを区別することにより，利用者は情報資源そのものの性格を記号によって把握することが可能となる。

●…………著者記号による図書記号の機能

著者記号表

同一分類記号内の情報資源を，著者名の順（五十音順あるいはアルファベット順など）に排列する方法を，図書記号の一つとして「著者記号法」という。ここでいう「著者」とは，情報資源の成立に責任をもつ個人名あるいは家族・団体名であり，これらが明確でない情報資源においてはタイトル名を代わりとして扱う。個人の伝記は著者ではなく，被伝者から著者記号を生成するほか，特定の情報資源にかかわる研究書についても対象となった情報資源と同じ著者記号をつける。

この方式によれば，同一の主題・領域に関する同一の著者の著作を集中的に書架上で配置することが可能となる。また，その著者に関する伝記・書誌等の著作にも同一の図書記号を与える方針を採用するならば，関連する情報資源をもまとめることができる。その効果としては，著者がわかっている利用者は迅速に求める情報資源を発見することができるということが期待される。

著者記号法には3つがある。頭字式，頭字と序列数の組み合わせ式，あらかじめ設定されている著者記号表による方式である。

a. 頭字式　　頭字式

著作の内容に責任をもつ個人・家族・団体（これらがないときは，タイトルによる）の頭文字をそのまま利用する。特段の準備も，専用のファイル等も作成する必要がない。

b. 頭字と序列数の組み合わせ式　　頭字と序列数

著者の頭字と序列数として使用する数字の組み合わせにより，同一分類記号内の個別化を図るものである。序列数を与える単位は，著者の場合もあり，情報資源単位の場合もある。

c. 著者記号表による方式　　著者記号表

同一分類記号内の情報資源の個別化を実現し，かつその排列においても一定の論理のもとに進める方式としては，これがもっとも適当である。著者記号表は，各種の人名簿における名前の分布を統計的に処理・推測し，名前ごとに番号を割り当てたものである。1874年のシュワルツ（Jacob Schwartz）以来，多くのものが考案されているが，人名の有り様は各国の事情を反映しているので，このことを勘案して記号表を決める必要がある。

著名なものとしては，オリン著者記号表（*Olin Author Table*），カッター・サンボーン著者表（*C. A. Cutter's Alphabetic-order Table. Altered and Fitted by three Figures by Miss Kate E. Sanborn*），アメリカ議会図書館著者記号表，パーカー著者記号表（*Parker Numering System*），ブラウン著者記号表（*Brown Biographical Number*），メリル著者記号表（*Merrill Alphabeting Number*），日本著者記号表，国立国会図書館和漢図書記号法などがある。

◉——option I

図書記号

図書記号の種類

図書記号の決め方は，種々工夫されてきた。それらは大きく分けて，受入順記号法・年代記号法・著者記号法の３種である。著者記号法については，option Jにおいて述べるので，ここでは受入順記号法と年代記号法を取り上げる。

受入順記号法

もっとも単純な方法で，同一分類記号のなかで，その到着順に１・２・３と一連の順序数を割り当て，それでもって図書記号とする方法である。順序数であるから完全に個別化が可能であるが，情報資源そのものとの関連はまったくもたず，何の根拠も論理もないが，最も識別性が高いものである。

長所は，記号の与え方が何よりも単純至極である。書架上での排列も容易で，蔵書の点検等に際しても能率的なものである。

短所としては，論理はまったくなく，偶然的要素に左右される。付与の作業は，分類記号を決定後，その記号で何番までをすでに付与したかを確認してから与えることとなるので，分類記号ごとの台帳あるいは書架目録等の整備がリアルタイムで必要とされる。また，１部２冊以上となる情報資源は同一の番号を与えなければならないが，図書記号についての論理がないため冊子体目録やカード目録の場合は対応する番号を探すのに面倒があった。複本を受け入れた場合も，同様に同じ番号を与えるための作業が求められる。

偶然的要素に左右されるという特徴は，情報資源の利用という面でも問題があり，特定情報資源の検索は難しく，分類記号に表現される主題や領域よりも狭い範囲でのアプローチを試みようとすることはできない。まして利用者が直接に情報資源を探す開架制には不向きなものである。

年代記号法

情報資源の刊行年を記号化して用いる方法を指し，年代順記号法，刊年順記号法と呼ぶこともある。経年によって変化したり陳腐さが加わる科学技術関係の情報資源や，刊行のたびに文章の洗練を図る文芸作品等に適用すると効果がある。情報資源そのものに記号の根拠があるので，他の図書館のもつ情報資源との対照が可能であるほか，与えられた記号だけで新旧を知ることが可能な点は見逃せない。

対象とする情報資源の属する版が最初に刊行された年を記号化するのであるが，記号化の方法には，次のようなものがある。

・ブラウン法（James Duff Brown　1906 年初版）

1450 年を aa として始まり，1 年ごとに a/z 2 字をもって記号化する。

・ビスコー法（W. S. Biscoe　1875 年発表）

A［紀元前］，B［999 年まで，文字と三つの数字］，

C［1000 年から 1499 年まで，文字と三つの数字］，

16〜18 世紀は D・E・F の文字と下 2 数字（例：1629 年＝ D29），

以後は 10 年ごとに G 以下の文字と下 1 数字（例：1929 年＝ H9）で表す。

・メリル法（William Merrill　発表年不明）

0［有史以前］，1 － 4［古代〜中世紀，100 年ごとに区切り 1 字の数字を付加］，

5 － 9［16 世紀〜 20 世紀，10 年ごとに区切り 1 字の数字を付加］，A［21 世紀］

・ランガナタン法（S. R. Ranganathan　1963 年発表）

A［1880 年以前］，B 以降［10 年ごとに割りふり，下に 1 数字（例：1901 年＝ C1）付ける］

同一の年代において 2 つ以上の情報資源がある場合は，受入順に数字あるいは英文字をつけて個別化する方法をとる。これは，いずれの年代記号法においても共通している。

年代記号法は，科学技術分野に適していると述べたが，この分野での情報資源の刊行は，同一の主題・領域が同じ年に集中する傾向をもっており，結果としては受入順の記号のみでしか個別化ができない状態であり，情報資源の発行点数の少ない時代ならばともかく，現代においては決して有効な方法ではないとされている。

◉——option J

著者記号表

著者記号表は，各種の人名簿における名前の分布を統計的に処理・推測し，名前ごとに番号を割り当てたものである。1874 年のシュワルツ（Jacob Schwartz）以来，UNIT 41 に述べたように多くのものが考案されているが，人名のあり様は各国の事情を反映しているので，このことを勘案して記号表を決める必要がある。

カッター・サンボーン著者表

著者名の頭字（文字数は一定していない）と数字（原則は 3 桁，頻度の少ない E/I/O/U/Y/Z は 2 桁，Q/X は 1 桁）を組み合わせた表となっている。B と C の頭初部分を示すと次のようになっている。

Ba	111	Ca	Bacci	117	Cabr
Bab	112	Cab	Bach	118	Cac
Babe	113	Cabas	Bache	119	Cach
Babi	114	Cabe	Bacheh	120	Cact
Babr	115	Cabi	Bachell	121	Cad
Bac	116	Cabo	Bachet	122	Cade

情報資源から著者名の初めの 3 ～ 4 字を表のなかで見つけ，その頭字 1 字と与えられている数字を組み合わせて著者記号とする。該当する著者名のないときは，アルファベット順における直前の数字をあてる。組み合わせて得られた記号が，すでに使用されているときは，さらに 1 ～ 9 の数字を付加して識別する。

Baasner, Frank	B111
Babaliana, G. A.	B112
Babenchikova, Mikhaila	B113
Caccese, Neusa Pinsard	C118
Caddick, Helen	C121

日本著者記号表

カッター・サンボーン著者表を参考にして，1949 年にもり・きよしが発表したものである。日本人の姓を主とし，外国人名にも適用できるように工夫を加えている。著者名の頭字と 2 つの数字を原則とし，日本人の姓として多い K/M/S/T は，

2文字目に小文字のアルファベットをつける。この特例を適用する場合でも，Kl/Kn/Kr/Ky/Sc/Si/Sm/Sp/St/Sw/Sy/Th/Tr/Tu/Tyなどは，使用頻度が少ないので数字を1桁に減らして，全体の文字数を揃えるようにしている。さらに頻度の少ないKv/My/Sq/Tcなどは文字だけとし数字はつけない。

Og	21	Pan	Re	21	Saik
Ogas	22	Pap	Reb	22	Sain
Ogat	23	Par	Ree	23	Sait
Ogaw	24	Parke	Reg	24	Saitam
Ogi	25	Parm	Rei	25	Saito
Ogu	26	Pas	Rem	26	Saj
Oh	27	Pat	Ren	27	Sak
Ohashi	28	Pau	Rep	28	Sakag
Ohi	29	Pay	Reu	29	Sakai

著者記号の決め方は，カッター・サンボーン著者表とほぼ同じであるが，著者名等のローマナイズの方法は，外国人名との扱いが似通っているヘボン式を採用し，長音符号は無視して記号化する（例：「森」も「毛利」も「Mori」となる）。

大鐘　稔彦	Ogane, Toshihiko	O21
大平　　章	Ohira, Akira	O29
Panteleev, L.	同左	P21
Parker, Robert B.	同左	P24
歴史学研究会	Rekishigakukenkyukai	R25
犀川　一夫	Saikawa, Kazuo	S21
斎門富士男	Saimon, Fujio	S211
坂井　俊樹	Sakai, Toshiki	S29
酒井　直樹	Sakai, Naoki	S291

UNIT 42

◉主題目録法

主題目録法の概要

●…………主題目録法と記述目録法の違い

2つのアクセス方向

図書館等において情報資源を探す利用者は，2つの方向からアクセスしようとする。一つはタイトルや著者等についてあらかじめ他の情報資源などで調査を行って，それらから得られた書誌データをキーとして探す方法であり，あと一つは，具体的なタイトル等を知らないままで，情報資源の扱っている主題やテーマをキーとして探そうとする方法である。

記述目録法

主題目録法

情報資源の書誌データとして記録されたタイトルや，それらの内容に責任をもつ個人・家族・団体を手がかりとして利用し，すでにそれらの情報資源についての有効性をある程度まで把握しているものを検索するのに役立つのが記述目録法（descriptive cataloging）によって作成されるタイトル目録，著者目録である。一方，それぞれの情報資源について内容を分析し，それらの結果を分類標目あるいは件名標目として表現し，その記号・コードの順や五十音順に排列して検索に備えようとしたものが主題目録法（subject cataloging）によって作成される目録である。

目録を作成・提供する立場から述べると，両者の違いは，記述目録法により提供できる書誌データは，情報資源そのものに表示された各種のデータをあらかじめ決めている規則に則って一定の形式に整えることであり，後者（主題目録法）は，情報資源の内容に立ち入り，分析を加え，さらにそこから明らかになったデータを，それぞれの図書館等があらかじめ採用を決めている記号・コード体系に組み込み，その結果把握できた記号・コードで，それらのデータを表現するところにある。

内容についての分析

『日本目録規則　2018年版』においては，情報資源の内容について分析し，データとして記述するという作業は規定されていない。したがって「主題目録」を形成するための規程を見ることはできない。しかし「アクセス・ポイント」（標目）に置き換えて情報資源そのものとの異なりを把握しておくことは必要だろう。

●…………主題目録の機能

主題目録の機能

主題目録の機能には，特定主題に関する情報資源を見つけ出す機能と，特定主題に関して当該図書館が所蔵する情報資源の群全体を示す機能との2つがある。これらの機能から必要とされる主題目録のデータは，それぞれの情報資源の書架上での位置を示すことであり，また主題目録の排列においては，同一の主題についてのすべての情報資源が集中していることが求められる。これらの機能とデータは，目録の媒体（カードであろうと，冊子体であろうと，コンピュータで表示される画面であろうと同じである）を問わず必要とされるところであるが，主題を表す記号・コードの扱いが多様となっているオンライン・アクセス可能な目録においては，若干異なった局面が想定される。すなわち，2つ以上の記号，コード，ことばを組み合わせて，目録作成者が付与した元の記号，コード，ことばの概念とは異なった概念とすることのできる「事後結合方式」が可能となるので，主題目録作成者（その主題について記号・コードを決定した者）とは異なる視点からの検索を実行することができることとなる。これは否定すべきことではなく，主題検索をより広げるものとして歓迎されるべきものである。

事後結合方式

事後結合方式は利用者の視点に立つ

●…………主題目録の種類

主題目録には，分類目録と件名目録の2種類がある。主題の表現のための道具は，前者は記号等であり，後者は語句による。また，分類目録は，適用される記号等の体系性を備えているのに対し，件名目録では，語句等の間に基本的には体系をもたないのが通例である。ただ適用できる件名の範囲を規定する標目表のなかでは件名相互の関係（上下，同位，参照，階層等）を明示し，目録作成者や目録利用者の判断を助けるようになっている。

分類目録

件名目録

●…………分類目録（classed catalog, classified catalog）

それぞれの図書館が採用した分類表，その適用方法を定めた分類規程の2つを作業のためのツールとして用い，対象となる情報資源の扱う主題を分析して作成する分類記入，分類重出記入，分類副出記入を，採用した分類表の体系表に従って編成した目録である。

分類表

分類規程

検索は，記入の排列順序をも表現する分類記号（『国際十進分類法』では「標数」と呼んでいる）によって行うので，これにガイドする必要から，名辞（ことば）から検索できる「分類件名索引」が必要である。分類件名索引は，ことばに対応する分類記号を明らかにするとともに，開架方式を採用している図書館にあっては，書架への案内も兼ねさせることが望ましい。

分類件名索引

●…………件名目録（subject catalog）

件名目録

主題を表すことば・名辞（件名標目）を見出し語，排列語としている件名記入，およびそれらへの案内を目的とする参照記入を，ことば・名辞の音順に排列した目録である。

件名記入

参照記入

特徴としては，ことば・名辞による検索が容易で，ことば・名辞の選択が適切であるならば直接に求める主題の情報資源の記録に到達することが可能であること，取り扱う主題が同じであれば観点や視点の異なる場合でも目録のなかで一か所に集中できること，上位・下位の関係をもつ主題が目録のなかでは音順に分散してしまうこと，参照記入を適切に作成すれば関連語・同義語・類語のコントロール（関連づけ）が可能であること，文学作品や芸術作品については「作品そのもの」の件名はつくられないが，研究書等は「作品名」での件名が設定できること，新しく出てきた主題に対して柔軟性が高く，容易に取り入れることができる，などである。

キーワード検索システム

図書館では，タイトル中のことば・ワードによる検索システムを「キーワード検索システム」と名づけている例が多い。利用者が「キーワード」から連想することは，その情報資源が「扱っている内容」と考えられている。しかし，このシステムにおける実際は，情報資源の内容に責任をもつ個人や家族・団体によって選定・決定されたことば・名辞が表現されているだけであり，内容そのものを表現していることば・名辞とは限らない。主題目録法においては，目録システムという管理の行われたシステム内における「主題の表現」が課題であり，情報資源の内容に責任をもつ個人や家族・団体の勝手な思い込みによって表現されたもの（「自然語」ともいう）をそのまま利用できることで満たされるものではない。

主題分析法

●…………主題分析法

情報資源の扱う主題を明確に把握し，これらに分析を加え，それぞれの図書館等が採用する分類記号，件名標目などに置き換えて表現する方法を「主題分析法」と呼んでいる。検索に利用するための「索引語」を付与することである。

図書の場合，タイトルやタイトル関連情報を読み取ることで主題の把握が試みられる。これらで把握できないときは，まえがき，あとがき，目次，ブックジャケット（カバー），帯などに目を通す。さらに本文を読んだり，内容に責任をもつ個人や団体について調査して把握に努める。

主題の把握

主題の把握は，一般的に，情報資源の主題を「○○について」という形に要約する方法がとられる。この要約化の過程で，中心的な主題のみが取り上げられ，副次的な主題は捨象されていく。要約の過程で，扱っている主題が「複数のことば・名辞」によって表現される場合，名辞と名辞の関係についても考慮しなければならない。

●…………分析結果への索引語の付与

索引語の付与

索引語の付与にあたっては，2つの面から検討される必要がある。一つは「索引語」とされるものの範囲であり，いま一つは，それらの「索引語」をどのようにして検索目的に合致させていくかという方法である。

・自然語と統制語

索引語の範囲とされるものの設定方法は，2つに大別できる。情報資源などに用いられている名辞そのままを索引に用いる「自然語システム」と，あらかじめ設定した範囲内の名辞以外の利用を認めない「統制語システム」である。前者は，「本・書物・図書・書籍」等を「思いついたままに」使用することであり，検索する側からすると情報資源の内容に責任をもつ個人や団体の考え方を推認していかなければ適切な検索を遂行できないことになる。推認の能力が低い検索者は，多くの情報へのアクセスを見落とすことになる。図書などの情報資源のなかで名辞を使用する者と，それらを情報資源として利用・活用することを目指している検索者との「思い」が一致すれば，非常に的確な検索が保証されるので有効である。これに対し，後者の統制語システムでは，検索システムを提供する図書館等が，これらの語を，索引語のなかの一つに統制し，他の語からは「参照」をつくることで，検索効率を確保する方法である。検索漏れを少なくする効果は高いが，集中されたために，より多くの検索結果を検討しなければならないというマイナス面も出てくる。図書館における索引語は，分類表や件名標目表・シソーラスとして統制語システムを利用するのが通例である。

自然語

統制語

参照

・事前結合方式と事後結合方式

検索目的に合致させていく方法にも2つがある。事前結合方式と事後結合方式である。事前結合方式とは，検索目的から見て意味のある方法で事前に索引語を並べておく方法であり，組み合わせる名辞およびそれらの順序について，事前に規則をもつものである。分類目録や件名目録は，この事前結合方式に基づいて作成されている。

事前結合方式

事後結合方式では，検索要求にあわせて自然語や索引語を組み合わせて検索が実行される。組み合わせるにあたっては，検索目的にあわせて概念の上下を転換させたり，副次的な検索条件を追加させるなどの手法を援用し，より深くかつ適切な検索を目指すことが可能となっている。その検索論理は，コンピュータによる検索を適用しやすく，図書館等における検索サービスに応用される機会が増加している。

事後結合方式

UNIT 43

◎主題目録法

『日本十進分類法』の概要

●…………日本文化を映す『日本十進分類法』

分類表は，主題相互の関係を，たとえば，階層性などにより表現しようとしたものであり，すでに公表された莫大な情報資源を「群」として把握し，文献宇宙のなかに位置づけようとするものである。これらの情報資源は，その背景となる文化の性格を色濃く反映しており，ここでは日本の状況を反映したものとして『日本十進分類法』を取り上げることとする。

日本文化を映す

●…………成立から新訂 10 版までの略史

『日本十進分類法新訂 10 版』までの歴史

『日本十進分類法』（NDC：*Nippon Decimal Classification*）は，1928 年にもり・きよし（森清）が「和洋図書共用十進分類法案」として発表したものに端を発している。翌 1929 年，『日本十進分類法』と改題し単行本（間宮商店発行）として誕生した。日本の図書館の蔵書にふさわしいとされ，館界の支援を得たが，実際に採用したところは第二次世界大戦以前は 10 館あまりでしかなかった。

1948 年に文部省が発行した『学校図書館運営の手引き』で推奨されたり，国立国会図書館が和漢書の分類に適用することになり，大いに普及し，日本における「標準分類表」と認識されるようになった。

1942 年発行の第 5 版までは，もり・きよしの個人著作とされており，1948 年に日本図書館協会がそれを引き継ぎ，協会内に分類委員会を設置して維持・管理を組織的に行う体制ができあがった。以後，版の名前として「新訂」を用いることになり，この委員会のもとで，1950 年に新訂 6 版，1961 年新訂 7 版，1978 年新訂 8 版，1995 年新訂 9 版と改訂を重ね，2014 年 12 月，新訂 10 版が発行されるに及んでいる。

新訂 10 版では，書誌分類を目指すことが明らかにされ，これまでとは大きく異なっている。

●…………分類表の対象とする図書館

日本のほとんどの図書館で適用できるように，日本における出版の状況や，それらを背景とした図書館の蔵書に適合させるように構成されている。したがって特定の図書館のみを対象とするわけではないが，先に述べた文部省の推奨方針は，学校図書館のように蔵書数が少なければ少ないなりに十進分類による区分を，第1次あるいは第2次程度でとどめることが可能であることが背景となっている。

国立国会図書館は，同館の独自分類表を作成して以来，所蔵資料には適用していないが，頒布する印刷カードやJAPAN MARCには，『日本十進分類法』による分類記号を記録・入力しているので，多くの図書館が採用しやすい状況となっている。

●…………構成

NDCの構成

『日本十進分類法　新訂10版』は，2冊1セットで構成され，「本表・補助表編」には，序説，各類概説，第1次区分表（類目表），第2次区分表（綱目表），第3次区分表（要目表），細目表，一般補助表（凡例，形式区分，地理区分，海洋区分，言語区分），固有補助表が収録されている。「相関索引・使用法編」は，相関索引と『日本十進分類法　新訂10版』の使用法，用語索引，事項索引が収録されている。

類目・綱目・要目・細目

新訂8版以来，コンピュータで扱うことのできるMRDF版を作成している。新訂10版への改訂にあたって，冊子体版下の編集・出力に活用するとともに，MRDF10版のデータベース構築とその提供を企図している。

MRDF版

●…………分類体系と記号法

体系としては列挙型の分類表（UNIT 48参照）であり，「知識の宇宙」から主要な学術・研究領域を列挙し，その順序はカッターの考案した「展開分類法」（EC：Expansive Classfication，option N参照）を参考にしている。その後の展開は，地域としての日本，言語としての日本語，日本固有の文化を重視する方針で体系がつくられている。

列挙型分類表

記号法は，アラビア数字のみを使用する十進法によっている。

記号法

第1次区分においては，あらゆる情報資源の扱う情報・知識を9区分し，それらに含まれないものと，2つ以上の区分を含むものを「総記」的な区分として設定する。第2次区分は，第1次区分のなかの一つの区分肢を，さらに9区分し，同じく9区分に含まれないものと，2つ以上の区分にわたるものを10番目の区分とする。以下，同様の考え方で，第3次区分，第4次区分，……，第n次区分と分けていくわけである。それぞれの区分に1～9，0の数字をあてはめ，階層構造を備えた記号法となっている。

●…………補助表

『日本十進分類法　新訂8版』までは補助表は「補助表［助記表］」とされ，記号に共通性をもたせて記憶を助ける性質を強調していたが，新訂9版においては，助記性は細目表自体に組み込んであるとし，それらの細目表によって表現しつくせな

補助表

助記性

いときに，細目表の分類記号に付加して補う補助的な分類表とされた。この方針は新訂 10 版でも同じであるが，補助表を大きく再編した。

補助表には，一般補助表と固有補助表がある。

一般補助表

一般補助表とは，細目表の全分野で適用可能な補助表であり，形式区分，地理区分（形式区分の延長上に展開する），海洋区分，言語区分の 4 区分がある。これまでの版にあった言語共通区分と文学共通区分は固有補助表に変更した。固有補助表は，たとえば「キリスト教各派の共通細区分表」や「写真・印刷を除く各美術の図集に関する共通細区分表」のように，一つの類の一部分についてのみ共通に使用される補助表である。全部で 10 表があげられている。「日本の各地域の歴史（沖縄県を除く）における時代区分」の表が新たに加わっている。

固有補助表

●…………相関索引

相関索引

相関索引は，分類項目名を五十音，アルファベット，数字の順に排列し，主題を「ことば」からたどり，分類記号を探すための索引である。一般の図書であれば巻末索引において事項名の所在箇所のページ数を示すが，相関索引では分類記号を指示している。

たとえば「結婚」は，その扱い方により，男性・女性問題（新訂 8 版では「社会問題」と表現していたが新訂 9 版で変更された）としては 367.4，民俗学の観点では 385.4，民法上では 324.62，倫理上は 152.2 となる。それだけではなく，本表では出ていない統計上で扱われる結婚は 358（人口統計）を指示している。

「ことば」から分類記号を探すことができるが，必ず本表にもどって，当該情報資源の主題の扱いが「体系としての分類」に対応しているかの確認を怠ってはならない。

●…………新訂 10 版で目立つこと

「書誌分類を目指すこと」と「補助表の再編」については，すでに述べた。第 2 冊に収録された「使用法」は，新訂 9 版までの「解説」を充実させたものであるが，「主題の構造」や「分析の方法」を詳しく述べていたり，書誌分類（UNIT 46 参照）を目指した「分類規程」を詳述し，NDC による分類作業に有益なものとなっている。(UNIT 49 参照)

また，記号の移動を伴う分類表の構造変更を避けるために「別法」を増加し，それぞれに「注記」を行っている。これは今後の改訂を示唆するものであろう。

NDC の評価

●…………評価

十進記号法の長所と短所が一般的に指摘されている。すなわち，長所としては，体系の理解しやすさ，単純性，展開可能性，系列関係の明確さであり，短所は，すべてを 9 区分するという人為的な無理などである。

分類体系という面では，先にも述べたが，日本の図書館の所蔵する情報資源に適合する構成となっていることが長所であり，経済と商業・交通・通信，生産経済と工業・産業が分離している点は問題だと指摘されている。

普及率が高く，複数の図書館を同時に利用する者にとっては便利なものであるが，改訂間隔が 10 年を超えるようになっていたため時代への即応性が欠けていると批判されていた。この点は，新訂 10 版の発行で改善されたといえるだろう。

●…………維持・管理体制

NDC の維持・管理体制

日本における図書館員の最大の職能団体である日本図書館協会が，常置の組織として委員会を設置し，維持・管理を行っている。これは，標準分類法として重要な要素である。

しかし，それぞれの図書館が個別に分類作業を実施してきた時代から，たとえば国立国会図書館のような全国書誌作成機関が作成した書誌データを各図書館に提供・配布・通報できる体制になってきた現代においては，この維持・管理体制は再検討せざるをえないのではないかと思われる。標準的な分類法にのみ準拠し，標準的な書誌データのみですべての図書館で発生する個別的な要求まで対応できると考える範囲においては，全国書誌作成機関への依存度は高まるであろう。けれども，国立国会図書館が自館の分類に『日本十進分類法』を適用していないという現実から考えると，安易に委ねることには不安がある。全国書誌作成機関でありながら，作成・頒布する書誌データの基本が個別図書館としての国立国会図書館の書誌データであるという限界は，簡単に乗り越えられるものではないだろう。維持・管理体制を検討するときの視点が重要だと思われる。

国立国会図書館と NDC

『日本十進分類法』の位置づけは以上のようになるが，その適用については UNIT 49（『日本十進分類法』の適用）で詳しく述べることとする。

UNIT 44

◎主題目録法

『基本件名標目表』の概要

『基本件名標目表』の歴史

●…………『基本件名標目表』略史

『基本件名標目表』(BSH：*Basic Subject Headings*)のルーツをたどると，1930年の加藤宗厚編『日本件名標目表』(間宮商店刊)に行き着く。これに第二次世界大戦前における個人加盟の代表的な図書館員組織である青年図書館員聯盟の件名標目委員会が大改訂を加え，『日本件名標目表』(NSH：*Nippon Subject Headings*, 間宮商店発行)が1944年に誕生する。青年図書館員聯盟の後継組織である日本図書館研究会の件名標目委員会から，1949年に「追録第一」が出されたが，後が続かず，1953年に日本図書館協会に引き継がれることになった。

『日本件名標目表』

NSH

日本図書館協会では1953年に日本件名標目表改訂委員会を組織し，改訂作業に取り組むことにした。この結果として刊行されたのが『基本件名標目表』であり，1956年のことであった。委員会の名称は「件名標目委員会」と改められ，常置組織として件名標目の維持・管理を担当することとなった。そして1971年に改訂版を，さらに1983年には第3版を刊行してきた。その後も委員会は継続的に活動し，コンピュータファイルの作成や新件名標目の採用，件名標目の階層構造化などを検討し，1999年7月，1万件以上の件名標目・参照を収録した第4版を刊行した。新件名標目の採用検討などの作業は引き続き同委員会で展開され，2019年3月までに「追加件名標目（案)」を第3次まで公表し，約1,400件あまりが候補となっている。

●…………対象とする図書館と資料

『基本件名標目表』の対象図書館

『基本件名標目表』は，日本の標準的な件名標目表となることを目標に，公共図書館，高等学校の図書館，大学の教養課程を対象とする図書館において，必要とされるであろう基礎的な件名標目を採録している。また，対象とする情報資源は，図書およびパンフレットで，雑誌論文や新聞記事等の最新の話題やテーマを扱うものを考慮に入れていない。

『基本件名標目表 第4版』の構成

●…………『基本件名標目表　第4版』の構成

全体は，序説，音順標目表，分類記号順標目表，階層構造標目表の4つから構成されている。

序説では，まず「件名標目表」の定義と，『基本件名標目表　第４版』に至る歴史的経緯が簡潔に述べられている。次に，表に含まれるレコードの説明，件名標目の採録方針，例示・省略した件名標目群の説明，件名標目の表現形式，表に含まれる「参照」，付記された分類記号，レコードの排列，国名標目表，分類記号順標目表，階層構造標目表，第３版との主な相違点などを説明したうえで，件名標目の与え方と件名標目表の使い方を，図書館現場における業務に即して詳しく述べている。

音順標目表の部分は，本書のメインの部分であり，凡例，例示のあと，本表，国名標目表，細目一覧（一般細目，分野ごとの共通細目，言語細目，地名のもとの主題細目，地名細目，時代細目，特殊細目の７つがある）が示されている。最後に第３版との相違点が「変更・削除一覧」として掲げられている。 音順標目表

分類記号順標目表と階層構造標目表は別冊となっている。これらは分野別に採録された件名標目を通覧する目的で編成されたもので，後者は第４版から新たに付け加えられたものである。

分類記号順標目表は『日本十進分類法』の分類体系にそった件名標目を一覧できるので，分類作業と並行して件名標目を検討することが容易になっている。また，新しい件名標目を追加する場合の分類体系上の位置づけを考えたり，連結参照（「をも見よ参照」）をどのように設定すべきかを判断する材料としても利用できる。 分類記号順標目表

階層構造標目表は，本表に採録されている件名標目相互の間に上位・下位の関係をもつものが，248のグループに分けて，３つの階層で示されている。第３版までの件名標目相互の関係は「参照」としてのみ把握されており，上・下の関係に触れていなかったため，件名標目新設にあたってのレベルの判断が容易でなかった。階層構造を示すことにより，新設しようとする件名標目の，相対的位置づけを決定することができ，より適切な参照関係を指示できるようになった。 階層構造標目表

●…………件名標目の採録方針

標目の採録方針

公共図書館および大学における基礎教育課程（教養課程）の学生を利用者とする図書館が収集する一般図書およびパンフレットに必要な件名標目を採録している。「基本的な件名標目，および対象主題の出版物が存在すると判断される件名標目はできるだけ採録することに努めた」とされるが，採録されている件名標目だけでは不十分なことは明らかである。

今後とも時間的経過に伴い不十分さが発生することは，件名標目委員会も承知していることであり，同委員会は，日本図書館協会の図書選定事業委員会が実施する選定作業と連動させながら，それらに対応する件名標目の採択を継続的に進めていたが，図書選定事業委員会の活動が2016年３月で終了したため新しい体制の検討を始めている。 新件名標目の採択

基本的な件名標目であっても，例示的に掲げるだけにとどめた群と，省略したものの群とがある。これらについては，『基本件名標目表　第4版』に採録されている形を参考にして各図書館等が必要に応じて追加採録していくものとされる。いわば表に掲げられたものをベースとし，常に成長することのできる構造を当初から予定している件名標目表なのである。

各図書館が追加採録する件名標目

●…………件名標目の種類と表現形式

件名標目の種類

件名標目の種類には，主題件名標目，限定語を伴う件名標目，細目を用いた件名標目，例示件名標目，固有名詞件名標目がある。

主題を表すものとして選定された名辞に，同義語がある場合，関連主題の集中を図るため限定語を伴う件名標目とした方がよい場合，細目によって限定した方が適切な場合には，次の8つの方針によって，一つの名辞または表現形式を選択し，これを件名標目として表に掲げている。

件名標目の表現形式

8つの方針は，

(1)　常用語を優先する

(2)　複合語・熟語はできるだけそのままの形を件名標目とする

(3)　検索の便宜上表現を統一することが適切と考えられる場合，各種の細目（主標目のあとにダッシュを用いて付加する）を用いる

(4)　そのままのかたちでは意味が明瞭にならない名辞や，複数の分野に共通して用いられる名辞には，意味を限定する語を丸カッコで付記する

(5)　形容詞的に用いられる地名は，その地名を冠する形とする

(6)　二つの主題の比較や影響関係を記述した主題の場合は「と」を用いて二つの名辞を結ぶ形とする

(7)　複数の主題が同時に取り上げられるのが常態である場合に限り，連辞や中点で二つの名辞を結ぶ形とする

(8)　形式標目は慣用されている固有の表現を件名標目とする

が明らかにされ，それぞれ例が示されている。

参照標目

こうした件名標目のほかに，『基本件名標目表　第4版』には参照が掲げられている。件名標目としなかった同義語・類語から採択した件名標目に対して案内する「直接参照（を見よ参照）」と，ある件名標目に関連した件名標目（上・下の関係や，件名標目相互の関係など）があることを示す「連結参照（をも見よ参照）」の2種類である。直接参照については，参照先の参照語のもとに「をも見よ参照あり」（UF）が示されている。連結参照には，階層構造を示す最上位標目（TT），上位標目（BT），下位標目（NT）と，関連主題を示す関連参照（RT）とがある。こうした関係の表示は『基本件名標目表』のシソーラス化（option K 参照）を指向する

直接参照

連結参照

UF

TT

BT

NT

RT

ものであり，今後の展開が期待される。

これらの参照は，対象となる件名標目を新たに使用するたびに参照として確実に繰り込んでいかなければならない。特に連結参照を注意深く作成することが利用者を確実に文献・資料等の情報資源に案内することとなることを忘れてはならないだろう。

●…………『基本件名標目表　第4版』の評価

『基本件名標目表第4版』の評価

第3版の刊行は1983年であった。それから15年以上の時間が経過した。第4版の冒頭にある件名標目委員会報告によれば，委員の大部分が関西地区に在住しており，1995年1月の阪神・淡路大震災の影響を大きく受け，改訂作業の進捗が停滞したとのことである。こうした事情下にありながらも，鋭意努力して，新しい出版物を検討し，件名標目の新設と，コンピュータによる処理が主流となりつつある情報資源組織業務への対応を考慮した工夫がなされた点は，大きな成果といえるだろう。第4版刊行後も追加件名標目の検討や，コンピュータ・ファイル刊行の作業が進められて，図書館利用者の主題からのアクセスを支援するツールとしての整備がなされつつある。

学問の展開，社会環境の変化，それらを背景とする出版状況の変貌を確実に追いかけ，それに適時に対応できる件名標目表にするためには，いまのような冊子体中心の表では無理である。コンピュータで処理できることは目指されているが，さらに通信システム等を利用してリアルタイムに更新される件名標目表の構築が期待されている。

第4版に向けての編集作業は，こうした期待にも応えられるようコンピュータによる処理を行ってきており，コンピュータ可読ファイルとして，すでに市販されている。それが各図書館の採用しているMARCと連動するデータ群あるいはオンラインで利用できるデータベースとして提供される時代になれば，『基本件名標目表』は，図書館における単なる資料組織のためのツールにとどまらず，利用者が文献・資料を探すための道具として活用される時代になると考えられる。

コンピュータ可読ファイル

●…………維持・管理体制

BSHの維持・管理体制

これまで述べてきたことからわかるように，日本図書館協会が委員会を組織して，維持・管理の責任を果たしている。有用な件名標目表であり続けるには，出版状況を的確に把握できる能力をもった組織が維持・管理を果たすべきであるし，件名標目表について利用者の立場を理解した人たちが，その組織の構成者でなければならない。

◉——option K

シソーラスと件名標目表

どちらも統制語のリスト

情報資源の取り扱っている主題・テーマ・領域を表現する「ことば：名辞」のなかから，当該情報資源を検索するのに有用な「ことば」を統制することによって成立する「ことば」のリストである。統制された「ことば」を，シソーラスでは「ディスクリプタ（または「記述子」)」と呼び，件名標目表では「件名標目」と称している。ディスクリプタは，当該情報資源の検索を主要な目的としているが，件名標目は，その「ことば」によって情報資源を「グループ」として把握することに焦点が当てられている。

「統制」の仕方

件名標目は，現実に存在する情報資源の扱っている主題・テーマ・領域を対象とし，検索に利用される可能性を念頭において選定を行う（『基本件名標目表』では「常用語」としている)。選定されなかった「同義語・類義語」は，「参照件名」と位置づけられて「を見よ参照」をつけてリストに掲出される。シソーラスでは，対象とする学問領域等で使用されている用語について，厳密に分析・定義を行い，その結果に基づいて関連する「ことば」同士の関係づけを検討し，上下関係などを設定してリスト上で表現している。

件名標目もディスクリプタも，それぞれの表のなかでは五十音順あるいはアルファベット順に並べられるが，関連する「ことば」相互の関連において，シソーラスの方がより広がる可能性をもった構造となっている。

「ことば」同士の関係

シソーラスでは，上位語（BT：broader term)，下位語（NT：narrower term)，関連語（RT：related term）によって関係が示される。また，ディスクリプタに採用されなかった「ことば（非ディスクリプタ)」については「(see)（use)」によってディスクリプタへのガイドがされる。

件名標目表では，関連のある「ことば」へは「をも見よ参照」で指示がされ，採用されなかった同義語・類義語は「を見よ参照」で採用された件名標目へと案内がされる。

「ことば」同士の関係を示すという点で，シソーラスの方が，「ことば」の世界を広げる機能を備えているといえるだろう。

『基本件名表目表』も第4版から，BT，NT，RTを示すようになった。さらに

TT（top term：最上位標目）と UF（use for：直接参照あり），SA（see also：参照注記）を設定し，件名標目表からシソーラスへの展開を準備したものとなっている。

検索機能と関連して

2つ以上の「ことば」を組み合わせることで一つの概念を表現する用法が多く存在する。それらをリスト上の「ことば」とするときに，シソーラスと件名標目表では大きな差異が生まれてくる。シソーラスは「事後組み合わせ式」を前提としており，それぞれの「ことば」を両方ともディスクリプタとして扱い，検索の過程において論理的あるいは機械的に組み合わせることで所期の目的を果たそうとする。

一方，件名標目表においては「事前組み合わせ式」を採用する。複数の「ことば」が件名標目として選ばれた場合，一語ずつ，あるいは，規則に則って，組み合わせた形での「ことば」を件名標目として設定する。この結果，後者の場合，どちらの「ことば」が先に置かれるかが大きな問題となる。

OPAC 検索に関連して

書誌データの検索は，統制されたディスクリプタや件名標目による検索よりも，タイトル等に表現された語（著者等の情報資源の内容に責任をもつ人たちの意向である）で行われることが通例となっている。この前提には，著者等のつける「タイトルが情報資源の主題・テーマ・領域をもっとも適切に表している」という理解が一般化していることがある。また，それらの情報は，書評や各種の文献リスト等を通じて流布しているため，検索をする人たちの目に触れやすい環境にある。

このような傾向の深まっている現状においては，事前組み合わせ式を採用し「ことば」の順序にも影響されやすい件名標目による検索よりは，事後組み合わせ式としているシソーラスの方が利用される可能性は高くなっている。さらにシソーラスでは，上位語によって，下位語を含み込んだ検索ができる仕組みが検索システムによって備えられている場合が多い。

かかる事情を背景として，『基本件名標目表』の第4版は，シソーラスへの指向を明らかにすることとなったのである。

◉——option L

件名標目の3つの側面

件名標目とは，情報資源の主題・テーマ・領域を「ことば」によって表現したものであり，目録作成者によって分析された結果として付与されるものである。また，それら対象となった情報資源の利用機会を形成するために，利用者によって検索される際の「索引語」としても使用される。

件名標目は3つの側面から考える必要がある。

統制されている語

同じ主題・テーマ・領域を表現するのに何種類かの「ことば」が存在するとき，そのうちの一つのみを選定して件名標目とする。この「選定」という行為が，「ことば」の統制につながる。採用しなかった「ことば」からは参照によってガイドされる。統制は，対象となっている主題・テーマ・領域の意味・意義に依存しながらも，他の選定されるであろう「ことば」との関連で設定されることもありうる。「ことば」の概念規定のみに依存するわけではないことに留意してほしい。

「ことば」同士の関係

「統制」の内容には，「ことば」と「ことば」の関係や結びつけ方についてのルールも含まれる。通常，件名標目の場合は，「ことば」同士の上位・下位関係については触れることはない（『基本件名標目表　第4版』は，この壁を乗り越える試みを始めた）が，「関連する語」を示すことは当然のこととされる。「選定されなかった語」から「選定された語」へのガイドを確実に行うとともに，選定された語が，他の選定された語とどのような関係をもつのかも示すようにしている。

また，標目の内容に含まれるものを「細分」する関係をもたせる。分野・領域等を限定した主題細目，地理細目，時代細目といったもののほかに，対象となる情報資源の著述形式などを表す形式細目などが設定されている。

使用法の限定

件名標目表は，件名標目をコントロールするとともに，個々の情報資源に件名標目を付与するにあたっての規準を定めた「件名規程」をもっている。個々の件名標目に対しても，概念規定や使用方法を細かく明示したスコープノートを備えるものが増えている。

UNIT 45

◉分類法の基礎

分類法の概要

●…………分類とは何か

分類とは

もの・事柄・現象などを，類似のものでとりまとめたり，異なるものを他と区別したりして，体系化することを一般的に「分類」と称している。『広辞苑』（第7版，岩波書店，2018）によると「種類によって分けること。物事の区分を徹底的に行い，事物またはその認識を整頓し，体系づけること」と説明し，「分ける」ことと「体系化する」ことが分類の基本的概念であることを示している。また，小学館の『大辞泉』第2版（2012）では「事物をその種類・性質・系統などに従って分けること。同類のものをまとめ，いくつかの集まりに区分すること」とし，「分けること」と「集まりに区分すること」を示している。

分ける　体系化する

●…………分類法

「分類」を考えるには，対象となる一つ一つの事物や現象などを正確に把握・認識し，それに基づいて2つ以上の事物や現象を比較・検討し，それらの間に共通の特徴を見出すことにより「種類」としての認識を生み出すことが求められる。見出すことができた共通の特徴は，分類のための「概念規定」として利用する。新たに分類すべき対象を手にしたときには，この概念規定と比較・検討し，同一のものであると認識されたならば，類に加えるということになる。設定された概念規定により「類である」とされたグループ同士を，さらに比較・検討し，より上位の，または異なった視点からの類別が試みられる。

概念規定

グループ形成の根拠となる共通の特徴や，類としての概念規定を「分類原理」と呼んでいる。分類原理が明快かつ論理的であればあるほど，分類の作業は容易に進めることができる。このような区分あるいは分類原理設定の手法を「帰納的分類法」と名づけている。

分類原理　帰納的分類法

これとは逆に「演繹的分類法」という方法もある。この方法は，個から出発して，他の個との比較・検討をもとにグループあるいは類を認識する方法であり，次第に包括的なものへと進むものである。事物・現象をとりまとめるという視点が重要であり，統合的あるいは総合的手法ということができる。

演繹的分類法

このほかに，比較・検討の対象が有限な状態においては，それらの全体について

「2分割を繰り返す過程」を数多く行うなかで「類」に分ける方法もある。これを「二分法」あるいは「対位法」と呼んでいる。「共通の特徴の把握」という作業ではなく，識別する基準（これも「分類原理」である）を有限の全体を見すえながら設定し，この基準に「対応するか否か」という認識のみで分ける方法ということができる。

二分法

対位法

分類原理

基準の設定が適切でない場合は，「対応する」部分と「対応しない」部分との間に大きな差が発生することがあり，その差が2回目以降の基準を左右するという状況が発生し，最終的に完了した分類の枠組みがいびつなものとなることもある。二分法における適切な分類とは，個々の分類原理が明快かつ論理的であることと，結果として完成した分類の全体像がバランスを失わない状態を維持していることである。視点は「ものの区分」であり，分析的な手法を適用したものといえるだろう。

帰納的手法においても，演繹的手法においても，分類原理によって類を構成するとされた2つ以上のグループが，それぞれのグループ内において分類される際に，ほぼ同一の序列（結果として階層を構成する）を維持できるような分類原理が適用されることが理想的であるとされている。

分類表

●…………分類表

上に述べたような作業を積み重ねるなかで，われわれを取りまく多くの事物や現象が一つの体系として把握されるようになったとき，それまでに繰り返してきた類別やグループ化の結果を，用いた概念規定，分類原理と合わせて体系的に表にまとめたものが「分類表」となる。分類表は，分類という作業の結果としてつくりあげられるものであって，あらかじめ設定されるものではない。すなわち，われわれを取りまく事物・現象が変化すれば必然的にその全体が変わり，まとめあげるべき分類表も変化するということである。変幻きわまりない現代においては，その全体を把握しおわることは困難をきわめる。そのようななかで，なんらかの時点で把握・検討の結果をとりまとめるという行為がなければ，分類表の形成はできないことになる。

分類名辞と分類項目

分類表は，事物・現象を表現する分類名辞と，分類原理を明らかにする分類項目とから構成され，いずれも排他的概念規定をもつことが期待されているが，上記の点から，われわれを取りまくすべてを表現することは難しく，分類表における表現のみに頼ることなく，分類原理・概念規定を慎重に検討したうえで適用することが求められる。

分類体系

これまでに考案・作成された分類表は，分類の体系を記号の体系に置き換えるのが通例であった。表に掲げられる分類名辞，分類項目を，順序性を表現できる数字やアルファベットに置き換え，それによって体系性そのものを表そうと工夫を重ねたものである。一方で，数字やアルファベットに置き換えるという工夫は，逆の作用を引き起こし，数字やアルファベットの利用できる数の限界に引きずられて分類原理を設定してしまい，交差分類・交差区分で，適合する分類が複数存在する状態を余儀なくされている分類法もある。

●…………知識の分類

知識の分類

上に述べた分類の対象は「われわれを取りまく事物・現象である」としてきた。それらの事物・現象を「同時に取りまかない他者」や，「後世に伝えるため」に伝達可能な媒体に収録することが求められ，それらの伝達可能となった総体は知識として把握されるようになる。

知識の分類は，分類を試みた時点での伝達可能でかつ伝達することに意義や価値を認められた部分に対して実施された。それゆえに知識の分類は，時代によって大きく変化することになる。分類を試みる人自らの存在理由を明らかにしようとする認識をも表現するので，哲学理論の一分野とされることもある。

知識の分類は，知識そのものが規定されている伝統と社会的位置により一定の体系をもつように見えながらも，自己依存性が高く，どのようにでも主張することが可能なものである。しかし高度な情報技術の展開と，通信手段の結合によって構成されている現代にあっては，社会的位置の共通性はより広く深くなっている。知識の背景となっている情報源が共通であるならば，共有できる「知識の分類」に期待が寄せられることとなる。分類法や分類表が，機関単位で設定される時代から，国ごとの標準的なものが指向され，さらに国際的に標準化されたものへと進んでいく根拠はこのあたりにあると考えてよいだろう。

自己依存性の高い知識の分類

●…………情報資源の分類

知識は伝達可能な形で各種の形態の媒体に収録されてはじめて多くの人に共有されることが可能となり，知識としての位置を確定できる。この伝達のための媒体こそが「情報資源」であり，知識の分類は，情報資源の分類に適応可能なものとなる。また，情報資源の利用場面においては，利用者にとってそこで扱われている主題・テーマは未知のものと認識して提起される。

知識の伝達媒体は情報資源である

分類という視点から見た利用者のアプローチは，共通する主題・テーマを扱っている情報資源との遭遇を期待するものであり，知識の分類体系と合致する。

情報資源の分類と知識の分類は，情報資源の扱う主題・テーマを共通項として双方からの接続・媒介が図られる。分類は共通のものとして扱われるようになるが，情報資源には情報資源そのもののもつ特性から，若干の扱い上の工夫が必要となる。

一つの情報資源が一つの主題・テーマのみに対応するわけではない。複数の主題

混合・複合した主題

を1冊の本が扱うこともあれば，分類上においては上下関係にある主題を同時に扱うことも一般的である。知識の分類においてはまったくかけ離れた位置にある2つ以上の主題・テーマを混合・複合して論じようとする情報資源も成立する。

情報資源の形式による分類

また，情報資源が物理的存在をもつ媒体であるという意味で，その形式を背景とする分類上の類別が存在する。ここでいう形式には，編集・出版形式（雑誌，百科事典等），表現形式（文学作品等）や媒体形式（紙，ビデオテープ，CD等）などの類別がある。

これらの扱い上の工夫が配慮され，かつ反映されることにより，知識の分類と情報資源の分類は共通のものとすることが可能となる。

分析の責任は情報資源を提供する側にある

情報資源の分類が果たす目標は，主題やテーマからのアプローチに耐えうるように情報資源そのものを組織することであり，その前提条件として，情報資源を提供する側に情報資源そのものについての分析の責任が生ずる。こうしたことは情報資源のもつ形式上の特色にも配慮しながら実行されなければならない。

分類法

●…………分類法から分類表へ

分類表は，分類の構造を示す「分類法」と，分類の結果を表示する「分類記号法」とが合成されて成立する。

列挙法

分析合成法

分類法には，分類の対象となる概念や事物をすべて掲げることを理想とする「列挙法」と，あらかじめ設定されている分類のための方法などをもとに分類の対象を分析し，それらを合成する形で成立する「分析合成法」とがある。『日本十進分類法』や欧米において標準分類法とされている『デューイ十進分類法』などは，概念や事物がそれぞれの表のなかに表示されている「列挙法」に基づく分類法であり，科学技術関係の情報資源の分類に効果の高い『国際十進分類法』は「分析合成法」による分類法とされている。

分類記号法

階層表示型

序列表示型

分類記号法は，「階層表示型」のものと「序列表示型」のものがある。階層表示型は分類の対象となる概念や事物を一つの系統のなかに組み込み，それらを階層として把握・表現するもので，序列表示型は，単に順序をつけただけで表示された概念や事物の相互間に関係を想定しないままのものである。

十進法

非十進法

記号法は使用される記号によって十進法と非十進法とに分けることもできる。十進法は，0から9までの10種の記号が利用できる数字が使われる。アルファベットを利用すると非十進法とされ，階層型分類法に適用すると二十六進法とすることも可能といえるだろう。

分類記号法の詳細については，UNIT 47において述べることとする。

◉——option M

分類表の維持と更新

社会の変化と学術研究状況の展開に伴って，生産される文化的所産である情報資源の内容も主題・領域も変化する。それらの情報資源を分類するツールである分類表も，変化に対応して変わる必要があり，これまでも改訂・更新がなされてきた。改訂・更新は，分類表の内容に責任をもつ機関・組織が実施することになるが，その結果を利用するそれぞれの図書館の作業にも影響を及ぼす。責任をもつ機関・組織は，もっぱら社会の変化や学術文化の進展に目を向けて改訂・更新を企図するが，常に分類表の適用主体である個別図書館の事情を忘れてはならない。

『日本十進分類法』の変化

『日本十進分類法』(NDC) は，1929 年の初版刊行以来多くの改訂を重ねてきた。その状況は，各版の「解説」部分で明らかにされている。洋書に適用されることの多い『デューイ十進分類法』(DDC) においても同様で，1876 年以来数年に 1 回の割合で改訂されている。

ここでは，NDC の維持・更新が日本図書館協会に移行して以後の改訂の跡をたどってみることとする。

移行段階であった 5 版から 6 版への改訂のときに，NDC に対する大きな批判点であった「商業と経済」の近接を図る案が提案されている。しかし，委員会における結論は「すでに多くの図書館で日本十進分類法が採用されており，大幅な綱目の変更は影響が大きい」と判断して退けられ，民主的時代に即応する程度のものとされている。

6 版から 7 版への改訂では，第 3 次区分（要目表）のレベルにおいて 130 項目の手直しがされている。新設したのは「007 調査法一般」だけであるが，「学会」の細区分が言語区分に対応していたのを改め，地理区分に対応するようにしている。また「社会思想・社会主義」を「社会学・社会問題」から，「社会科学総記」に移している。さらに「宇宙工学」を「航空工学」に含める形で新設したほか，「高分子化学工業」をそれまであった「繊維素化学工業」に含めたうえで独立させるなどの改訂を行っている。これらに学術研究状況や社会に対する見方の変化を確認することができるであろう。

17 年ぶりに 1978 年に改訂された 8 版では，要目表レベルで 63 か所の変更があった。主に見直された部分は，「600 産業」と「160 − 190 宗教関連」である。「商業」の下にあった「倉庫」を「運輸・交通」に移したり，「689 観光事業」を新設するなどは，当時の社会変化を反映したものということができるだろう。また，仏教や神道などで「○○史」を明確に位置づけていることや,「神話・神話学」などの新設が目新しい。注目すべき点としてあげておきたいことは,「164」は6版では「民間信仰」であり,まず7版への改訂にあたって,これを「387」に移して空番とし,7版の「162 神話」を「164」に移行させて「神話・神話学」とし,空番となった「162」を新たに「宗教史」に充てている。長期にわたり分類表の維持を責任をもって行う機関・組織があってはじめて可能となる措置ということができる。

9版への改訂において要目表を見ている限りにおいては「新設」も「全体の変更」も数か所にしか見受けられない。しかし,細目表のレベルで見ていくと随所に「+」記号(新項目追加)があり,「*」をつけた注記項目も非常に多くなっている。『日本十進分類法』の広範な普及を考慮すると安易に要目レベルにおける分類項目を変更することが難しい状況は深まったと考えるべきだろう。しかし,実務における『日本十進分類法』の適用にはしばしば疑問が呈され,また,新しい主題・領域を扱わざるをえない実態に配慮して,適用上で参照・参考となる多くの注記をつけるということになる。たとえば,「製造者責任・生産者責任」も明確に分類記号を与えることができるようになっている。なお,これら細かい追加・修正を一覧できるものとしては千賀正之『図書分類の実務とその基礎:データ作成と主題検索へのアプローチ』(日本図書館協会,1995)が「0/1/6類」に触れているほか,巌礼吉編著『日本十進分類法新訂8版-9版本表対照表』(日本図書館協会,1998)が出されている。

2014年12月に出版された新訂10版では,これまで書架分類に傾いていたが「書誌分類」へと流れを変更した。また多くの別法を設定するとともに,その適用についての「注記」を増加している。各図書館の対応が課題になってくる。

図書館の対応

採用している分類表が改訂されたならば,各図書館は多くの検討をしなければならない。まず,それぞれの図書館で,分類作業を進めるうえでの必要から「独自に新設・展開していた」分類項目がどのように扱われているかを調査する必要がある。次に,改訂された内容を逐一検討し,それぞれの図書館の所蔵する情報資源に影響があるかどうかの照合が必要となる。

図書館における分類は,所蔵する情報資源の一つ一つを所蔵全体のなかに位置づけるという認識で進めてきており,相互に関連のある総体としてのまとまりとして把握する考え方で進めなければならない。改訂された内容の取り扱いに疑問があったり,これまでのそれぞれの図書館における扱いと食い違う場合は,それらをどのように整合させてまとまりのあるものとするかの検討が始められる。

こうした慎重な検討・照合の結果,新しい分類表の採用が決定されるわけであるが,その新しい表のなかでの「二者択一」方針,記号展開の限度,新しい表でも取り入れられていない個別図書館で新設していた分類項目,などへの対応を個別に決定する。この過程では,分類表の変更に伴う一連作業の処理方法も考えなければならない。

分類表の変更に伴う一連作業としては，情報資源に物理的に貼付されている背ラベル等の貼り替え，書架上における移動，さらには情報資源へのアクセス手段である書誌データの訂正，貸出・利用システムとの接点の整備など，多くのものがある。これらの処理を一つ一つの情報資源に対して個別に行う必要があり，蔵書の多い図書館にあっては，作業の全体量は膨大なものとなるだろう。図書館の情報資源は，瞬時も固定されておらず，利用者が情報資源を常に利用したいと希望しているという事実も忘れてはならない。新たな分類表への対応作業は，物理的存在である情報資源と連動させて初めて効果があったと評価できるようになる。慎重に，かつ，大胆に進めることが求められる。

書誌ユーティリティとの関係

書誌ユーティリティを利用する図書館も数多くなっている。書誌ユーティリティから提供される書誌データには，分類記号も含まれていることはいうまでもない。それらは，標準的な分類表を採用しているのが通例であり，その表が改訂されたならば，書誌ユーティリティの判断で分類記号データの変更が進められる。

それぞれの図書館は，書誌ユーティリティから提供される書誌データとしての分類記号を多くの場合そのまま利用・適用しており，書誌ユーティリティがその拠っている分類表を変更したならば，それに従わざるをえないのが実情である。

書誌ユーティリティがさかんに活躍しだしてから標準的な分類表が改訂されたのは，NDC についていえば 8 版から 9 版への移行が最初である。一方，DDC においては，19 版から 20 版へ（1989 年），20 版から 21 版へ（1996 年），21 版から 22 版へ（2003 年），22 版から 23 版へ（2011 年）の 4 回の経験がある。NDC に関していうならば，JAPAN MARC（J-BISC/JM-BISC）は新たに入力される書誌データについては両者の併記という方法で対処している。すでに入力されているものの移行は予定されておらず，先にあげた『日本十進分類法新訂 8 版－ 9 版本表対照表』などを利用する必要がある。国立国会図書館では 2017 年 4 月から NDC10 版によるデータを入力しており，図書館流通センター（TRC）も同じく 2017 年春から NDC10 版によるデータを入力している。DDC による書誌データを提供してきたアメリカ議会図書館の US MARC（当時）は，1997 年入力分から 21 版によるデータのみを採用し，20 版あるいは 19 版による分類記号はデータ上では見ることができない。

こうした書誌ユーティリティの方針は，それを利用する図書館に直接影響を与えることになるだろう。NDC6 版で大部分の情報資源を管理してきた図書館が，書誌ユーティリティ活用の方針となり，その結果，9 版に移行せざるをえなくなり，これまでの蔵書を全面的に切り替える必要が生まれてくるといった事例もある。分類表の改訂が「1 対 1」の分類項目として進められるならば，変換テーブルの作成で対応が容易にできるであろうが，その保証はまったくない。情報資源ごとに再度分類作業をするといった対応が必要となる。

標準分類表の維持体制

分類表を，社会の変化や学術文化の進展の状況に的確に合わせていくには，それなりの装置が必要である。今後の変化についての洞察は，豊富な経験と複眼の立場をもった多くの人々によって形づくられる。学術文化の進展状況は，その反映であるすべての情報資源が確実に集積されるところでなくては把握は困難であろう。しかも，それらを論理的に整合された宇宙のなかに適切に位置づけていくには，あらゆる主題・領域に堪能な多くの人が結集されていることを必要とする。

こうした能力を備えている組織は，それぞれの国の中央図書館機能を果たしている図書館であろう。あるいは，各国において書誌コントロールを主体的に果たしている組織である。

現代は，出版行為が非常にさかんであり，紙に印刷した媒体以外の情報資源も大量に生産されている。かかる状況下にあっては，納本義務を制度化した国であっても当該国のすべての情報資源を収集することができない。自由な出版行為を認めず，管理・統制を施していても，そのことが逆に統制しきれない出版行為を促してしまい，さらに統制を困難な状況に追い込むことになっている。

網羅的な収集に納本制度も期待ほどの効果を発揮しないとなると，あとは複数の図書館による協力関係に裏づけられた組織あるいはシステムを安定的につくる努力が残るだけとなる。また，出版物等の流通にかかわりをもっている組織・機関との連携・協力を実現するように働きかけることがありうるだろう。

図書館サービスにおいても，また，それらを支える多くの技術的側面においても，最先端を進んでいるとされているアメリカ合衆国において，上に述べたような事態が進行している。アメリカ議会図書館で維持・更新されていたDDCが1996年発行の第21版から，その権利をもあわせてOCLCへと委譲された。OCLCは，多くの参加図書館の協力を背景として書誌コントロールをきちんと行ってきた。組織そのものは情報資源の収集を業務とはしていないが，参加図書館の業務を集積することによって出版にかかわる文化的行為の全体を把握できる立場になっている。そして，参加図書館の有する膨大な人的資源が，情報資源の宇宙を全体的に把握し，かつ，幅広い主題・領域を扱うことが可能となっている。

『日本十進分類法』の維持体制は，日本図書館協会によって支えられているが，OCLCのような機能は果たしていない。国立国会図書館の積極的なかかわりを期待するなどの新たな展開を必要としている。

UNIT 46

◎分類法の基礎

書架分類と書誌分類

●…………書架分類

情報資源そのものを書架上に主題・テーマごとにグループをつくって排列するための分類を書架分類という。書架上に排列することから排架分類と呼ぶこともある。

書架分類が効果を発揮するのは，利用者が直接書架に近づき，情報資源を手に取って選択・判断できるときである。こうした開架制度は利用者が図書館の主人公とされる近代公共図書館概念が確立するなかで展開されていった。そして，現代においては，書架分類が常識となり，10万冊を超える開架スペースをもつ図書館ですら書架分類が実施されるようになってしまった。これほど大量の情報資源を開架に並べ，一つのグループに属する情報資源が書架の数段にわたって排列されてしまうと逆に選択肢の多さに戸惑いを感じる利用者も増えてくる。

書架分類
開架制度
10万冊開架

書架分類は，同じ主題・テーマをもつ情報資源が，書架のうえで一か所に集められるというのが特色であるが，そのため，いくつかの効果と問題点が発生する。

●…………書架分類のもたらすもの

主題・テーマが同じであっても，図書館の役割・視点が異なれば異なった分類が行われることはすでに強調してきたことである。現代のように並行利用（大学図書館と公共図書館を，ほぼ同列に利用する行為）が当然となってくると，ある図書館で「経営学」に分類されていた情報資源を，他の図書館に行っても「経営学」の書架で探そうとするのは利用者行動として当然のことである。しかし，求める情報資源は「商業」に分類されている可能性もある。このような図書館ごとのもつ分類基準の特性を利用者がどの程度理解しているかも考慮しながら，図書館側が意識的にサイン等で案内をすることが求められる。簡潔な書架案内にくわえて「○○の書架をも見なさい」といった展開の可能性をもったものを期待したい。

並行利用
図書館ごとの分類基準

図書館の所蔵するすべての情報資源が，同一の書架分類を施されるならば，利用者の求める主題・テーマに関する情報の全貌を一覧できることになる。そして，利用者があらかじめ存在を知って探そうとしていた情報資源の有無と同時に，希望する情報資源を探し出すことができなくても，それに代わる同じ主題・テーマをもつ情報資源を入手する可能性を保証することになる。

代わりの情報資源を入手できる

●…………書架分類の問題点

書架分類は一つの情報資源に一つだけ

書架分類は，一つの情報資源に対して一つの分類記号のみを与える。その結果，情報資源の物理単位を基礎とする全蔵書の主題別・テーマ別の数量的構成を把握できる根拠となる。また，情報資源の物理単位を基礎とした主題別・テーマ別の利用傾向を分析したり，それらの結果を背景として情報資源収集計画・蔵書構成を検討する素材が得られる。

テーマのみによる分類

これらの効果を発揮するには，主題・テーマのみを重視した書架排列が必要となる。図書館で収集される情報資源には，大型資料・文庫本といったサイズの違い，雑誌・年鑑など編集・刊行形式の相違，通読する情報資源か否か，小学生向けか成人対象か，など利用の態様が異なる情報資源が同列で対象となる。これらの相違点を無視して主題・テーマのみで書架上に排列することは利用者の期待する情報資源へのアクセスを混乱させる可能性もあり，必ずしも利用者の視点に立ったものとはならない。

情報資源を管理する立場からの問題点もある。

情報資源の動き

図書館の情報資源は常に増加の性向をもつものであり，また利用者によって貸し出されて返却を受けるという情報資源の移動サイクルを伴う。これらの動きが書架分類に影響を及ぼすことになる。

排架するための余地

それぞれの主題・テーマごとに，新たな情報資源を受入・排架するための余地を準備しておかなければならない。とくに利用の多い分類項目に対応する書架では，本来の蔵書としている情報資源数に応ずる以上のスペースを用意しなければならない。いわば，それぞれの情報資源は，それ固有の場所・スペースを確保できることがなく，利用の態様と情報資源全体の動きに応じて位置を変化させなければならない。スペースを余分に確保したり，排架位置を固定しないという方式は，書架を含む施設全体の管理や，情報資源を最上の状態で提供する義務のある図書館にとっては課題を背負うことになる。

記述目録法に期待する情報資源も多い

書架分類の最大の効果は，利用者が情報資源を手に取って内容をチェックしながら選択を進めることが可能となる点にある。ビデオテープ等をはじめとする機械可読資料等に見られるように，図書館の所蔵・提供する情報資源のなかには，内容のチェックが容易にできないものも数多く存在する。これらは，書架分類をしても意味はないだろう。むしろ書誌データを適切に提示できる記述目録法に期待されるところが大きい。

情報資源の別置

文庫本の別置，百科事典をはじめとする参考資料群をコーナー化すること，児童用の情報資源を別室に排列するといったことは，今日の図書館では当然のこととなっているが，主題・テーマによる書架分類を原則とする図書館においては，こうした特別の措置を利用者に理解されるよう適切な案内・掲示・サインをおこなうことが求められる。

なお，これまで述べてきた「分類」は，必ずしも主題・テーマによるもののみとはしてこなかった。情報資源そのもののグループ化という視点からすると，文庫本の別置や視聴覚資料を別のコーナーに置いて特別の管理方法を導入することも分類に相当することになるので留意してほしい。

●…………書誌分類

書誌分類

物理的に存在する情報資源そのものではなく，その情報資源に盛り込まれている主題・テーマを分割的に分析し，その書誌データを中心として行う分類を書誌分類という。物理的形態に拘束されることがないので，1冊の情報資源に対して複数の分類を与えることが可能である。編纂ものの図書の個々の論文・節や，雑誌に含まれる複数の記事に対して個別に書誌データを作成し，それぞれを分類の対象とするものである。

先に述べた書架分類では，1冊の本を物理的に排列するために2つ以上の主題・テーマをもっている場合も，あらかじめ定められた分類基準によって，いずれか一つの分類を与え，そこに排架することが必然的であった。排架に用いられなかった分類から当該情報資源に到達するためには，書誌データ（目録）の検索という行為を必ず経ることが求められる。書誌分類における分類基準は，書誌データを作成できる最小の単位において適用がされる。『日本目録規則　2018年版』では，この過程を「分析的記述」（1.5.2.2）と位置づけ，その効用が明らかにされている。その単位は，物理的に把握される「体現形」の単位ではなく，「著作」の単位である。

●…………書誌分類の効果

書誌分類は，作成された書誌データを体系的に編成するための分類でもある。ここでいう「体系」は，個別図書館における「体系」ではなく，それぞれの図書館の蔵書の枠を越えて，およそ人類が生産してきた，かつ，これからも生産するであろう情報資源全体における「体系」を意味する。すべての主題・テーマを分類し検索の対象にすることで，個別図書館の事情を捨象して学問分野全体に対する検索と同じレベルで実行できるものである。先に書架分類のところで述べたような並行利用の範囲では，有効性の高い検索を保証することができるだろう。書誌分類は，複数の図書館で作成される総合目録や，主題をもった書誌類の編成に利用されるための分類と考えてもよい。

情報資源全体における位置を示す

情報資源そのものの書架上での排列から自由な書誌分類は，排列順位を決定するメカニズムからも自由さをもっている。英文字と数字を組み合わせたものや，桁数の多い分類記号は，それらすべてを利用して情報資源を書架上に排列しようとする

情報資源の排列から自由である

と非常に大きな努力を必要とする。情報資源の主題・テーマを適切に表すためには，より詳しい分類を必要とし，それに対応して分類記号も複雑となるわけであるが，書架分類においては，その複雑な記号の一部を無視して排列することにより，同一のグループとして把握される情報資源をより大きくするという工夫もこらされる。しかし，書誌分類では，分類の目的が，より大きな体系のなかでの位置づけを示すこととされるので，このような工夫を不必要とし，使用する分類記号も複雑なものであっても許される。つきつめれば記号に置き換える必然性もなく，そこに含まれる情報資源群の主題・テーマを適切に表現することば・概念であっても分類の機能を果たさせることが可能である。

詳しい分類の提示

分類の機能

記号ではなく，ことば・概念で表現されていても，「分類」という視点から順序づけを行っている場合がある。いわば扱っている範囲を体系づけ，主題・テーマを書誌の編者の視点から順序づけているものである。

現代における書誌データ作成には，コンピュータが利用されることが多い。最終的に表現されることば・概念とは別に，機械可読ファイルのなかでの順序づけには，順序を容易に表現できる数字やアルファベットを利用することが通例である。

●…………書誌分類と情報資源の配置

書誌分類は，繰り返し述べてきたように「体現形」としての情報資源そのものの存在や，その排列を前提としない。分類目録を書誌分類として組織し，情報資源は受入順，大きさなどの情報資源の主題やテーマを反映しない形で管理することにすると，情報資源そのものも，それらを収容するスペースの面でも効率的に管理することが可能となる。この方式を固定排架方式（fixed location）といい，大きな書庫を管理したり，利用者の書架への直接アクセスをさせない図書館で採用されている。こうした方式を成立させるには，情報資源の探索方法が豊富に準備され，さらに書庫から情報資源を取り出してくる出納作業を着実にこなすことが必要である。とともに，相隣りあう情報資源の間に必然的な関係をもたないものであるから，情報資源の前でブラウジングしながらものごとを考えようとする利用者には不向きなものであることを理解しておく必要がある。

固定排架方式

UNIT 47

◉分類法の基礎

分類記号法：十進分類法と序列表示型分類法

分類記号法には，階層表示型のものと序列表示型のものがある。分類の表示に使用される記号としては数字，アルファベット文字，カタカナ・ひらがな，コンマ・ピリオドなどの記号が実際に存在する。複数の記号を組み合わせて分類の表示に使う場合もある。これらのなかでもっとも一般的なものが数字を利用する方法である。 分類記号法

●…………十進分類法の考え方

十進分類法は「デシマル・システム」（decimal system）とも称され，九区分法と「0」から「9」に至る10個の数字を利用した階層表示型の分類法で，1876年にメルヴィル・デューイ（Melvil Dewey）が創案したとされている。それまでの「知識の分類」に対応した区分法から，分類の対象全般を検討対象として把握する方向への転換があり，近代的な分類法の始祖とされている（option N 参照）。 十進分類法

十進法は，もともと数学の領域において用いられてきた用語であり，「1」から「9」までを基数とし，「9」に「1」を加えたものを「10」として，新しい「位」が生成されたとみなす方法である。この考え方は，10倍ずつの外縁を広げる形でつくられているが，逆に内包を狭める形の「小数点」という見方をもとらえており，分類法に適用するときは後者の見方をするのが正しいとされている。 十進法 外縁・内包

創案者であるデューイの用法によれば，現に存在する「知識の総和」を9区分し，それぞれの区分に対して「1」から「9」までの数字をあてはめる。それらの区分の総和あるいは各区分を越える部分に対して，残っている「0」を与える。この結果，「知識の総和」は10個の区分で構成されるように理解される。それぞれの区分を，さらに同じような論理で9区分プラス総和部分という10個の区分けを繰り返し，それぞれに「1」から「9」および「0」を割り当てる。この第2段階の区分けは，第1段階の各区分を区分けするのであるから，内包を狭める形とみなすことができ，前段階の小数点区分けと同じ機能を果たしていることになる。こうした区分けを順次施し，内包を狭めていくわけであるが，ある段階に至るとすべての区分をそれぞれ10個に区分けすることができない状態が現出する。区分けの結果が10個に至らない場合は，その前段階までで区分けを中止したり，区分けできることの範囲にのみ数字を割り当て，残りは「総和」と同様に考えて前段階の区分けまでにとどめる。

図　日本十進分類法

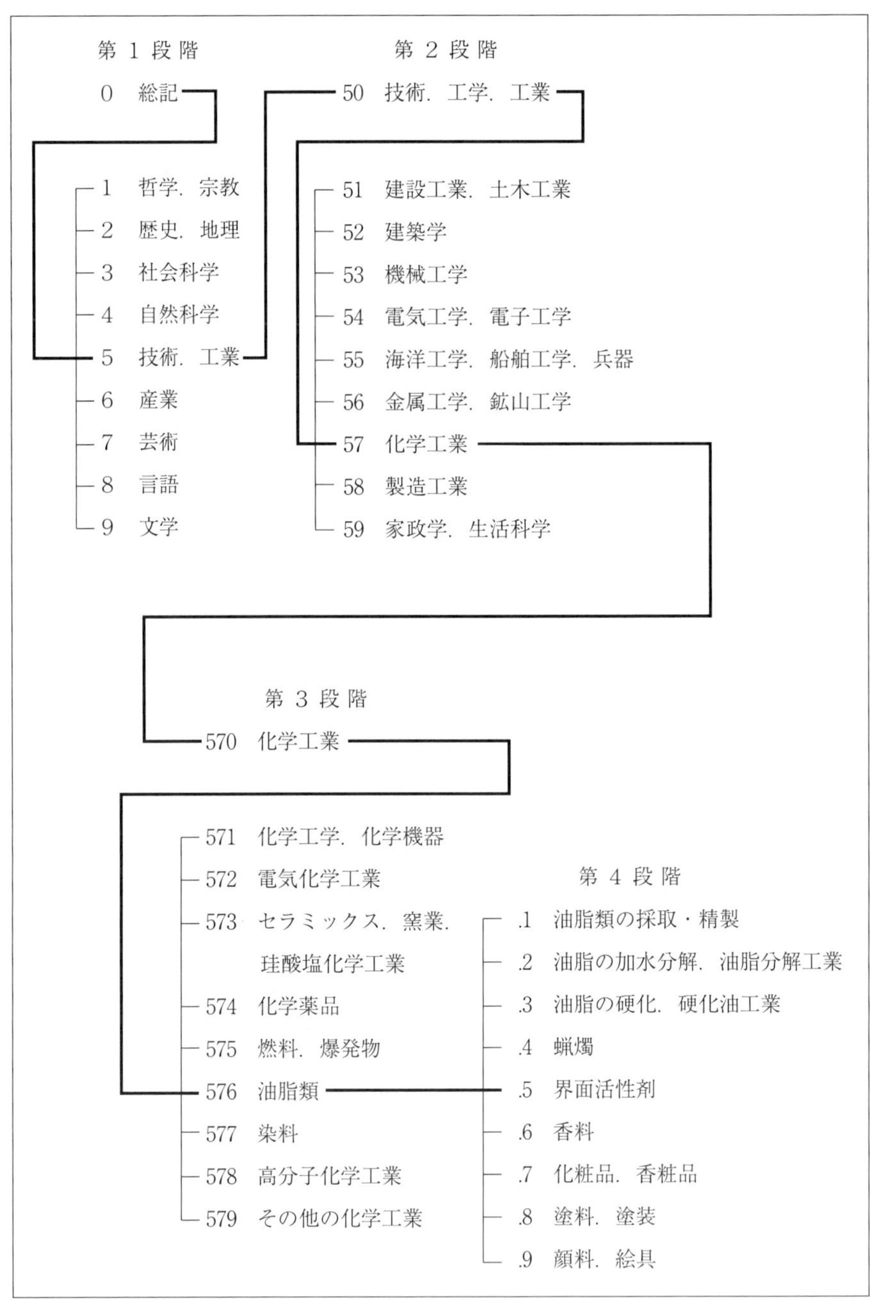
第 1 段 階
0　総記
1　哲学．宗教
2　歴史．地理
3　社会科学
4　自然科学
5　技術．工業
6　産業
7　芸術
8　言語
9　文学
第 2 段 階
50　技術．工学．工業
51　建設工業．土木工業
52　建築学
53　機械工学
54　電気工学．電子工学
55　海洋工学．船舶工学．兵器
56　金属工学．鉱山工学
57　化学工業
58　製造工業
59　家政学．生活科学
第 3 段 階
570　化学工業
571　化学工学．化学機器
572　電気化学工業
573　セラミックス．窯業．珪酸塩化学工業
574　化学薬品
575　燃料．爆発物
576　油脂類
577　染料
578　高分子化学工業
579　その他の化学工業
第 4 段 階
.1　油脂類の採取・精製
.2　油脂の加水分解．油脂分解工業
.3　油脂の硬化．硬化油工業
.4　蝋燭
.5　界面活性剤
.6　香料
.7　化粧品．香粧品
.8　塗料．塗装
.9　顔料．絵具

このように内包に向かう分類方法では，「知識の総和」は「0」にあたり，第1段階の区分けの結果は「0.1」，「0.2」…「0.9」となり，9区分に含むことのできない部分は「0.0」と表現される。同様に第2段階での結果は「0.11」，「0.12」…「0.19」，「0.10」となる。これらの結果をそのまま分類記号として使おうとすると常に「0.」という記号がつけられ冗長さがあらわになる。そこで第1段階を10倍，第2段階を100倍して「1」，「2」…「11」，「12」…と表現することとした。このままでは「総和」を表現する部分が順序数と整合性を失ってしまうが，数字そのものはあくまで区分けの結果の仮託であり，記号としての順序を「0」から「9」へと進むことに設定する方法で処理している。

例を『日本十進分類法』にとるならば，前ページの図のようになる。

●…………十進分類法の短所と長所

十進分類法の短所と長所

9区分と，区分けされたそれぞれに数字を一つずつ割り振る方法には，他の分類法と同様に短所・長所が指摘されている。

区分は9つしかない

九区分法は，その名の示すとおり区分単位が常に9つに限られる。この9つに限られるということが最大の短所となる。すなわち，あらゆる概念・現象を区分けするという実際を考えると，9つを必要としない場合，逆に9つでは不足する場合が存在する。これらを形式的にでも9つの区分に収めなければならないわけで，ここに矛盾が発生する。第4段階以降においては「欠番」を生じても，それほど目立つことはないが，第3段階までは対応する概念・現象が掲げられていないとやはり目立ってしまう。

『日本十進分類法』においては，上に述べた矛盾を次のような原則をあてはめて対処し，実用性を維持するようにしている。すなわち，区分単位が9つを必要としないときは，区分単位中の細区分で有力なものを「昇格」させ，同列の数字を配当する。この結果として乱れてしまった区分の上下関係を分類項目名の字下げや中間見出しを挿入して整頓する。あるいは「下位概念」ではないが関連性の密接な項目を同居させ，字上げによってそのことを表現する。また9つ以上の区分を必要とするときには，主題として関連性が相対的に高いものを合併し9区分にまとめたり，主要なものに「1」から「8」を与え，最後の「9」を「その他」ととらえ一括したうえで，さらに細区分を行う。

理解しやすく単純

9区分プラス「1」（与える記号は「0」）という体系と，記号として使われる数字の用法が見事に対応しており，理解しやすく単純であるという点は，大きな長所である。また，内包を区分けするという方法が展開性をもっており，人類の文化的生産活動の展開に耐えることができる。これらの長所が十進分類法を分類表に採用する理由となっている。

序列表示型分類法

●…………序列表示型分類法の考え方

数字を「位取り」が可能な数として扱うのではなく，単に順序のみを表す序数として扱うとき，序列表示型の分類記号法が成立する。分類の対象となる事物や現象を可能な限り数えあげたうえで，体系をつくりあげてしまい，その後に，任意に記号を割り振る形で分類表が構成される。階層構造をもつ体系ではなく，対象となるものの総体を一つの系に組み込むと考えてよいだろう。そして系のどの位置に，言い方を変えれば，順序としてどの場所に，その事物なり現象なりが位置づけられるかということだけを念頭において位置を決めていく方法となる。

各種記号の併用

序列表示型分類法の例としては，『国立国会図書館分類表』（NDLC：*National Diet Library Classification*）がある。アルファベット1あるいは2文字に1～999の数字を組み合わせており，桁数の大小に階層性は存在しない。また同一の記号の組み合わせに対して特有の意味をもたせているわけでもない。

序列表示型分類法の長所と短所

●…………序列表示型分類法の長所と短所

対象となるものの総体に含まれる事物や現象の量に応じて使用する記号（数字，アルファベット文字，かな文字など）を選択し，またそれらを組み合わせることが可能であり，短い桁数の記号で大量の事物や現象を区分け表示することができる。この長所は，情報資源を多量に受け入れる大図書館に適しているほか，扱う情報資源を細かく分類して利用に供する分野の限られた専門図書館などが期待するところである。

概念の拡張・縮約ができない

けれども，表示された記号だけを見ても，他の記号との間が同格であったり，上下の階層関係をもっていることなどは明らかにならない。桁数が多いからといってより詳しく分類が施されていると考えることも早計である。この上下関係が明確にできないという点は，あらかじめ系に組み込まれていない事物や現象を取り扱った情報資源の分類にとっては非常に困った事態を引き起こす。上下の関係が明確でないということは，あえて細分せず「上位の概念」で分類をとどめるという方法を選択できないこととなる。また記号と記号の間に，新たな主題を設定しようとしても，適当な空間（未使用の記号の組み合わせ）がないと，不可能となる。NDLCでは，使用できる記号の全体のなかに，ある程度の未使用部分があり，若干の拡張性は維持できるようにしているが，予測した部分以外で拡張が必要となると破綻をきたすことが考えられる。階層型の分類法では，より上位の概念でとどめることも，内包を区分することも可能であったことと比べると，その窮屈さは明らかである。

UNIT 48

◉分類法の基礎

分類方法論：列挙型分類法，分析合成型分類法／ファセット分類法

「分類法」の方法論一般の区分として，列挙型分類法と分析合成型分類法（「ファセット分類法」とも呼ばれる）がある。UNIT 49で詳しく学習する『日本十進分類法』は前者の例であり，実際に利用されている分類法の大部分がこの型である。後者の例としては，分野を限定しない一般分類表としてはインドのランガナタン（S. R. Ranganathan）が考案した『コロン分類法』があげられる。分野を限定した専門分類表に取り入れられた例がいくつかあるが，図書館で実用に供された例は少ないとされている。

●…………列挙型分類法

列挙型分類法

実在する情報資源をもとに，存在を認められたあらゆる事物・現象・概念を表す「ことば」等を書き上げて，それらをなんらかの論理で一つの構造として構成し，全体を一つの表として作成する方法である。そこに書き上げられた事物・現象・概念を表す「ことば」等には，それぞれ対応する記号がつけられており，その記号によって逆に事物・現象・概念を表す「ことば」等を簡潔に表現できるとする分類法である。

帰納的手法と演繹的手法

分類表として構成するときの論理に，一般的な区分原理を設定するために帰納的手法を適用する方法と，書き上げられた事物・現象等について，二分法等を使用して適切にまとめ上げていく演繹的手法とがある。たとえば「文学」という一般的な概念から，使用あるいは対象となっている情報資源の「言語」を区分原理として用い，「日本文学」，「イギリス文学」等の区分肢を発生させる。さらに「日本文学」を，「文学の形式」という区分原理に従って，「詩歌」，「戯曲」，「小説」等の区分肢を生み出す。この結果，文学－日本文学－小説という一つの系が構造として成立する。一方，日本の小説家たちが書いた数多くの作品をまとめ上げる概念として「小説」を設定し，そこで使用されている言語等によって「日本の文学」という概念をまとめ上げる。さらに「文学」という概念により「イギリスの文学」，「アメリカの文学」もまとめてしまう方法が演繹的な手法といわれるものである。いずれの場合も，事物・現象・概念を表すことば等が分類表のなかに存在し，それらに対応する記号が，それぞれにつけられ，さらに階層を形成したり，順序づけられて分類表が

成立する。

実在する情報資源を網羅的に対象とするので，事物・現象・概念を表す「ことば」等において繰り返し現れるものが存在する。たとえば「－歴史」とか，情報資源の表現形式と出版形態が複合して利用方法を規定することになった「－参考図書」等である。これらを「形式区分」とか「共通細目」として，あらゆる事物・現象等に付加できるものとし，あたかも「合成」によって情報資源の扱っている主題を表現できるようにした分類表もある。しかし，こうした工夫は分類表そのものを簡潔にしたり，表の適用にあたって記憶を助けて作業を容易にするのが目的であり，中心は列挙して構成された列挙型の表そのものである。

形式区分

共通細目

事物・現象・概念を表す「ことば」等を網羅的に一つの表に書き上げ，それぞれに対して対応する記号を準備するためには，大量の記号が準備されなければならない。分類としての階層構造を記号上でも表現させるとすると，それなりの工夫も必要となる。

列挙型分類法は，表の書き上げにも多くの労力が求められ，さらに実在する情報資源の増加に適切に対応できるようにすることが必要で，維持・管理のための組織・機関が存在するのが通例である。

ツリー構造

階層性

多くの列挙型分類法は，階層性をもったツリー構造となっており，分類の論理が明解なものである。序列表示を目的とした記号法によっていても，分類表の表現においては階層性を反映した順序で提示されているので，理解しやすい。

分類の作業を進めるうえでは，分類対象となる情報資源を，列挙されている事物・現象・概念等のどこかに位置づけなければならず，精密な分類を施すことが困難な場合がしばしば発生する。特に，新しい主題のみを対象とした情報資源や，複合された主題への対応が難しいとされている。

分類対象となっている情報資源の主題そのものを表現するよりは，その主題が書き上げられた分類表のどの位置に排列されるかを表すことに重点をおいた分類法ということができる。

UNIT 47 に図示した『日本十進分類法』の例では，第１段階ですべての学問分野が示され，第２段階においては「技術・工学・工業」に含まれる概念が明らかにされる。さらに第３段階では，そのなかの「化学工業」の各領域が明示されるという形で，各段階ごとに含まれる事物・現象・概念等がすべて明らかにされるという形をとる。

分析合成型分類法

●…………分析合成型分類法

分類の対象とされている情報資源について，その扱っている主題を徹底的に分析し，基本的構成要素がどのようなものから成立しているかを把握する。それらの基本的構成要素に対応する分類記号を所定の分類表から得たうえで，それらの分類記号を，分類表に定められた結合方式にそって組み合わせ，合成して，対象となっている情報資源の主題を表現するという手順で行う分類法を「分析合成型分類法」という。

分析プラス結合

扱う必要のある情報資源の全体を把握することなく，あらかじめ複数のカテゴリー（もっとも一般的な基本的概念）を設定し，それらのなかをいくつかに区分できるよう各カテゴリーに対応した区分点を準備するという形で分類表は構成される。

カテゴリーが異なれば，区分のための視点や区分の結果として析出されるものも異なることになるので，分類表の全体を見ても分類の対象となる情報資源にもっとも的確な結果を得ることができるわけではない。分析の視点についての共通的な方法が合意されている限りにおいて統一的な把握が可能となる分類法である。

このような手法によって成立する分類法は，次々と細分化をしていく学問分野と，それらを相互に連結・総合化するなかで生み出されている最先端の科学技術を扱うのに適しているだろう。また，複雑に合成された主題を扱うことが多い専門的分野などにも適用が可能とされている。

細分化と総合化に対応できる

具体的な全分野をカバーする一般的分類法としてランガナタンが考案した『コロン分類法』（CC：*Colon Classification*）がある。その図書館への適用例は限られている。一つのまとまった分類表というよりは，分類法の理論として成立するだろうが，具体性の乏しい分類法ということができる（option N 参照）。

利用・適用を難しくするもっとも大きな理由は，分類の結果として表示される記号が非常に複雑となることである。分析の結果に応じて，それぞれ得られた分類記号を，分析の手順を表現しながら連結して全体の分類記号とする。そのため，できあがった記号は，分類記号と分類記号を論理的に連接するための記号を含み込むものである。連接のための記号を無視して，分類記号の表す主題に焦点をあてて見ていくと，主題取り扱いの観点などが適切に表現されているので，主題検索という機能は十分すぎるほどに発揮できる。

連結するための記号

分類記号によって表現されたそれぞれの主題のみを表すものではないことから，対象となっている情報資源の主題についての分析力ばかりでなく，表に定められている結合・連接方式への理解がなくては利用も適用もできないものとなる。複数の結合・連接された記号からなるため情報資源の配列には利用しにくく，「書誌分類」に適した分類法とされている。

書誌分類に適している

分類理論としての評価は高く，列挙型分類法として多くの適用例をもってきた『デューイ十進分類法』やブリスの分類法でも，この考え方を一部に取り入れるようになってきており，複雑化する学問・知識の世界において今後の研究を進めなければならない分類法と位置づけられる。

なお，ランガナタンの『コロン分類法』については，「ファセット分類法」の一つとして，次節でさらに詳しく触れることととする。

●…………ファセット分類法

ランガナタン

○創始者ランガナタン

ファセット分類法は，1892年に生まれ，1972年に他界したインドの数学者ランガナタンが創案したとされている。彼はマドラス大学の図書館長をつとめたこともあり，図書館において一般的であった列挙型の分類表の問題点についての知識も備えていた。一つの事物なり，事象なりをあらかじめ設定されている分類表のどこかにあてはめようとしていては，情報資源そのものを利用する側の視点や，情報資源を著述した人たちの考え方を十分反映できないとの気持ちから，組立式の玩具などを見るなかで発想したとされている。

ファセット分類法

ファセット分類法に基づいて作成された一般分類表は，ランガナタンが体系化した『コロン分類法』が唯一とされており，分野を限定した専門分類表としてはイギリスの分類研究グループ（CRG：Classification Research Group）が作成するものに生かされているといわれる。

○ファセット分類法と列挙型分類法の基本的な違い

列挙型分類法

列挙型分類法では，実在する情報資源のすべて（実際上は，分類表作成の時点までに明らかになった「すべて」である）を書き上げることによって扱うことのできる範囲が限定された。ここには複数の主題が緊密に結びあって構成される複合概念も当然含まれる。この結果，人間環境が日々複雑さを加えるなかで列挙すべき事物・現象等は無限にふくれあがり，分類表は版を改めるごとに膨大なものとなる。

一方，ファセット分類法による分類表は，単一概念によってのみ構成される。次々と生み出される複合概念は，背景となる単一概念に分析・分解され，それらの組み合わせによって全体を正確かつ詳細に表現しようとするものである。

情報資源に盛り込まれたものを，複合されたものとして，ありのままに分類表・分類記号として表現を試みるか，それとも分析・分解という人間の行為を経てそれらの組み合わせを情報資源を使う側の視点で行うか，という点に違いを見出すことができる。

◉——option N

世界の主要な分類法

デューイ十進分類法（DDC：Dewey Decimal Classification）

現代の資料分類法でもっとも早く作成され，もっとも有名なDDCは，1876年に初版が出版された。DDCの意義は，ベーコン以来の知識分類の体系を発展させながらブレーク（William Phipps Blake）の開発した十進記号法を巧みに組み合わせたところにある。列挙型分類法であり，数字のみを利用した記号は単純で理解しやすく，記憶しやすいような工夫もなされている。また，階層構造をもった記号法なので，図書館の性格や蔵書数に応じて精粗を選べる等の特色をもつ。しかし，知識の全体系を9つに分けていくというのは無理がある，精密な分類を施そうとすると記号が長くなるといった批判もある。アメリカ議会図書館（LC）の整理局が維持・管理を行ってきたが，最近，OCLC（Online Computer Library Cener）に権利が委譲されており，1970年代以降の改訂ではいくつかの補助表が加えられて，分析合成型の表への転換が進められている。ほぼ7年ごとに改訂があり，最新版は2011年の第23版である。1996年の第21版からCD-ROMが，さらに2000年からWeb版も提供されるようになり，コンピュータを利用して関連を確認しながら分類作業を進めることができるようになっている。

現在の維持・管理は，アメリカ合衆国をはじめとする数か国のメンバーによる編集方針委員会が改訂方針を示し，LCの担当部署が編集実務を担う体制が確立している。

DDCはアメリカの公共図書館の98%，大学の85%，イギリスの公共図書館の98%で使用されており，おおよそ9つのヨーロッパ諸国語と中国語に翻訳されている。日本でもいくつかの大学図書館で利用されているが，書誌ユーティリティの国立情報学研究所（旧：学術情報センター）が提供するUS MARC（同研究所のホームページではUS MARCとしているが，実際はCANADA MARCを含むMARC21である）を利用するならば，DDC分類を容易に知ることができるので，検索等で利用される状況が増えている。DDCの分類記号は，1930年以来，LCカード（US MARCの前身にあたる）に記載され，1950年からは英国全国書誌（BNB：British National Bibliography）の排列にも使用されている。

国際十進分類法（UDC：Universal Decimal Classification）

UDCは，当初から文献カードや書誌・抄録を主題別に排列することを目的にした書誌分類表で，DDC第5版（1894年）を国際的視野に立って拡張，適合させたものである。第1版は1905年，日本語版は1953年に簡略第1版，1994年に中間版改訂第3版され，同じ内容がCD-ROM版（2002年）として制作された。これらを出版した情報科学技術協会が2004年8月にUDC事業から撤退したため，日本語版を新たに入手することはできなくなったが，2012年から日本語要約版がUDCC（UDC Consortium）のサイト（http://www.udcc.org/udcsummary/php/index.php?lang=ja）で公開されはじめ，2019年12月で2,600項目のものを見ることができる。

UDCの内容はUDCCと呼ばれる機構によって統一的に維持・管理されている。現在の最新版は「標準参照ファイル」と名づけられ，約6万項目を収めている。

DDCの「語学」と「文学」が離れていることへの批判を意識して1964年版で統合したほかは，おおむねDDCの100区分に対応する。分類記号を「標数」と呼び，小数としての数字，記号のコロン・プラス・カッコなども用いて，情報資源のもつ多様な主題（複合主題，混合主題）を表現できる分析合成型分類法を取り入れているが，本来は列挙型分類法となっている。

UDCの標数は，科学技術振興機構（旧：科学技術振興財団（JICST））の『科学技術文献速報』をはじめ，科学技術関係の論文・抄録などに与えられている。

議会図書館分類法（LCC：Library of Congress Classification）

標準分類表ではなく，アメリカ議会図書館（LC）のための一館分類表である。各クラスの展開の詳しさが，LCで所蔵する情報資源の量に対応して行われており，1902年以来順次刊行が続けられ，法律部門を除き刊行を終えている。

LCCは，カッターの展開分類法（EC：*Expansive Classification*）を主区分のよりどころとし，分類記号はアルファベット1ないし2字に4桁までの順序数を併用しており，資料の量に対応した記号の配分を行っている。いわば分類原理としては列挙型を採用しながら，階層性を軽視し，序列型によって表を作成していることになる。使用されている記号は，混成記号で記憶しにくく，部門ごとの編集方針も統一性がなく全体の構成がとらえにくいという批判がある。

分類表の維持・管理は，LCが行っているが，PCC（The Program for Coopertative Cataloging）を実施するOCLCから更新等への提言が行われている。

LCカードやMARC21その他の書誌データと結びついており，便利なため，アメリカ国内の大学図書館等，大規模図書館で採用されている。国立情報学研究所（旧：学術情報センター）の提供するデータベースにも表示され，検索が可能なので独自に適用するのではなく情報の探索に利用されている。

コロン分類法（CC：Colon Classification）

『図書館学の五法則』で有名なランガナタンが創出したコロン分類法は，主類区分と5種の基礎カテゴリー（パーソナリティー：P，物質：M，エネルギー：E，空間：S，時間：T）との組み合わせによって主題を表す分析合成型分類法である。

表に掲げられたクラスの間には階層関係も序列関係も存在せず，単に分類の対象となっている情報資源のもつ主題・テーマを表現するための記号を示しているにすぎない。記号を組み合わせるときはコロンその他の記号を用いて関係の性格を示す。

初版は1933年に発行され，もっとも新しい版は，第8版で1990年に刊行されているが，維持・管理に関する経費難が伝えられており，今後の展開は不明である。

分類理論や表の使用法について説明されているテクニカル・タームの解釈の難解さ，理論そのものの理解の難しさ，たび重なる改版（前版の方式をすっかり変えてしまう例が多かった），書架分類には適用できない，などの理由で，インドの少数の大学図書館で利用されているほかには普及していない。しかし，基礎カテゴリーの組み合わせというファセット的用法は，総合化・細分化の進む科学技術の展開に適応が容易なので，その後のUDC，LCC，DDCなどの改訂に理論的影響を与えた。

書誌分類法（BC：Bibliographic Classification）

ニューヨーク市立大学の図書館員ブリス（Henry E. Bliss）が1910年に概要を発表し，その後いくつかの論述を加えて1935年に初版を刊行した。知識の分類と情報資源の分類を常識的明快さで論理的に整合させる，アルファベットを使って少ない記号でより深い分類を図る，ほかにアラビア数字・少数の符号などを使用する，二者択一の要素を多く持ち込み分類上の異論に対応できるようにする，などが特徴である。

ファセット構造を応用した分析合成型の分類法で，階層性よりは序列性が重視されている。科学技術部門の展開が遅れている，ファセットの観点が不十分といった批判もあるが，ブリス分類表協会（BC協会）が維持・管理を行っており，最新版としてBC2版が1996年に発行されている。

イギリスの官庁図書館や大学図書館で採用されている。

国立国会図書館分類表（NDLC：National Diet Library Classification）

1962～67年に国立国会図書館分類表作成委員会がアメリカ議会図書館のLCCなどを参考として作成したもので，1987年に改訂版が出版されている。

分類表作成の目標は次のように表現されており，これらが実現されている。

列挙型の分類表であるが，同館に期待されている調査・研究機能に耐えうる書誌分類表をも目指している。知識の全分野に対応できるものとする。国内ばかりでなく海外の情報資源の蓄積や学術の展開にも適合させる。一館分類表ということを前提とし，現在の蔵書実績を背景に構成を考える。非図書資料，児童図書，古書，貴重書などは形式類として把握し包含する。原則としてアルファベット1字または2字と1～999の数字を組み合わせて分類記号とし，共通補助表はもたない。

官庁資料を多量に所蔵しているという蔵書構成が如実に現れているため，一館分類表としての限界，論理性をもたない記号の記憶が難しいなどの短所をもつが，全国書誌やJAPAN MARC，J-BISC/JM-BISCに表示されており，分類作業の参考データとして利用できる。

表の維持・管理は，表の適用を行っている国立国会図書館が行っており，最新の状況を反映できている。最新の改訂を知るには，次のサイトを見るとよい。

（https://www.ndl.go.jp/jp/data/catstandards/classification_subject/ndlc.html）

展開分類法（EC：Expansive Classification）

カッターが1891～1893年に発表したものである。体系の簡単な第1表から順次展開して詳細な第6表に至る構造をもっている。もっとも詳細な第7表も準備されていたが，1903年のカッターの死亡により未刊のままとなっている。第1表は「For a very small library」とされ，第2表は「For a Library that has grown larger」とされているように図書館の規模に応じて表を選んだり，図書館の成長に対応して順次適用する表を上位のものに展開できるところから「展開分類法」と名づけられた。

列挙型の分類表で，「展開」を行えるように階層性を備えている。使用する記号は，本表ではローマ字のみであるが，補助表にはアラビア数字を用いており，補助的分類においてのみ助記性が確保されていることになる。

発表当時にあったアメリカの古い図書館でわずかに採用・適用がされている程度にとどまっているのは，表自体として未完成であることと，責任者が亡くなって改訂が施されなくなったからであろう。

理論的にも実際的にも優れた分類表とされており，体系そのものはLCCに取り入れられたほか，NDCもその体系に依拠している。改訂が行われていないことや，未完成であるため，使用されている名辞も古く，現代の使用は難しい。利用例は少ないにもかかわらず分類法・分類原理に大きな影響を与えたものである。

件名分類法（SC：Subject Classification）

イギリスのブラウン（James Duff Brown）が1906年に初版を発行している。

物質，力，生命，精神，記録という5つの主類を設定したうえで，観点が異なっていても同一の主題は一か所に集中しようとした分析合成型の分類表である。

記号法は，ローマ字（大文字1字）とアラビア数字（000～999）の組み合わせによるものであった。

観点の違いを越えて一か所に集中する方法は，理論と応用，基礎科学と応用技術を接近させることが可能で，大いに評価されるところである。また分析合成という手法も目新しいが，表として固定されるため新主題の挿入が難しく，使われている名辞も時代遅れであることは否めない。

1955年までの英国全国書誌（BNB）に取り入れられていたが，表の改訂が行われていないという理由でDDCにとって代わられてしまった。

UNIT 49

◉目録作成の実際（3）

『日本十進分類法』の適用

●…………分類表の選定・採用

option N（世界の主要な分類法）において，代表的な分類表としてどのようなものがあるかを学んだ。それらのなかで，現在の図書館において利用されているものが複数あることも理解されたであろう。

分類表・分類法の選定・採用の視点

個々の図書館にとって，どの分類表を選ぶかということは非常に重要なことである。それは分類表の選択が，図書館の利用の局面においても，サービスを行うのに必要とされる図書館業務という面においても大きな影響をもつからである。したがって，既存の各種の分類表を，慎重に比較検討を行い，利用者の動向や，現状の図書館における事情に最もふさわしいものを選定することが求められる。また，現状ばかりでなく，図書館の今後の展開方向や，発展のあるべき姿を理解したうえで，分類表の選定は行われる必要がある。

図書館の将来

その際に考慮すべき要点を掲げると，次のようになるだろう。

図書館の性格：公共・学校・大学・専門等の館種

図書館の組織上の位置：中央館的機能をもつのか，分館・分室か

所蔵情報資源の構成：蔵書数

：扱う分野が限定されたり，力を注いでいる分野があるか

：和書と洋書の比率（洋書の比率が高いならば『日本十進分類法』にこだわる必要はない）

：非図書資料を別の情報資源組織体系におくのか

所蔵情報資源の検索方法：OPAC，カード目録

：主題からのアプローチに対応する手段・方法

利用方式：全面開架か，書庫と開架の併用か

外部書誌データの利用：利用するならば，何を利用し，そこでは分類は何によっているのか

すでに分類表が選定され，分類作業が実施されている図書館においても，随時こうしたことは検討される必要がある。特に所蔵情報資源の構成は，利用者の動向に

随時，再検討すること

よって左右され，ある主題や分野の情報資源が偏って多くなり，従前の分類表の構造に適合しなくなる事例は発生すると考えなければならない。社会の変化への対応もあれば，建物の増築が利用方式を変えるきっかけとなる場合もある。新たに外部書誌データの利用が始まるならば，それに対応する分類表に移行せざるをえないだろう。

●…………『日本十進分類法』選定の理由

日本十進分類法の選定・採用の理由

上に述べたような点を検討したうえで，何らかの分類表を採用することになるであろうが，日本で『日本十進分類法』が多く採用されている理由は，次のようなものであり，こうした面も見落とすことができない要素である。

学校における図書館利用教育

・学校図書館において採用されている分類表は，ほとんどの場合が『日本十進分類法』であり，基本的な知識をもった利用者が多い。また，教科書等に第２次区分表（綱目表）を掲げている例も見受けられるので，利用にあたってのガイドが行いやすい。

並行利用

・学校図書館ばかりでなく，公共図書館・大学図書館でも広く採用されており，複数の図書館を並行的に利用している利用者にとって便利である。

日本の出版事情

・日本の出版事情に応じた改変を行っており（例：日本文学関係資料の重視など），受け入れる情報資源への対応が容易である。

階層構造

・十進分類法なので，階層構造をもっており，情報資源のあり様に容易に対応できる。特に，所蔵する情報資源の増加に伴って分類構造を深くすることができる点は，情報資源の廃棄等を前提としない図書館にとっては有利な点である。

責任ある維持組織

・維持・管理を行う組織は，日本図書館協会分類委員会があたっており，個々の図書館における維持・管理のための労力が軽減されている。

本テキストにおいても，これらの理由を考えながら，『日本十進分類法』のもとでの分類作業についての説明を加えることにする。

●…………分類作業方針の策定

首尾一貫した分類作業

分類作業は継続的な業務であり，常に統一性が保持され，首尾一貫した方針のもとに進められなければならない。このためには方針を明確に樹立し，それを守るための体制と態勢が準備される必要がある。特に，利用者との直接的な関係を生じる書架分類においては，このことが重要である。

別に置く情報資源の分類

情報資源は，原則として取り扱っている主題別に書架に置かれる。けれども，機能や形態等の異なるものを同じ書架に置くと逆に情報資源本来の役割を果たせなくなることがある。

別の取り扱いとすることを決めた場合，それに対応する分類作業方針を策定するとともに，通常の取り扱いをするものと共通させる点が何であるかを明らかにし，情報資源検索のために準備すべき方策等もあわせて検討・実施しなければならない。

分類表の適用範囲

次に，分類表の適用範囲が問題になる。すべての主題について同一の区分表を使用しなければならないわけではなく，主題分野ごとに検討を加え，情報資源の収集状況に応じて適切な再検討を必要とする。特に，補助表の適用については別途考慮することが求められる。補助表は，情報資源に与えられる分類記号の覚えやすさなどを期待して安易に適用する面が見られるが，補助表をもちいた分類記号のために逆に桁数が増加し，理解しにくいものとしてしまう恐れがある。

二者択一の箇所

『日本十進分類法』では，「産業」と「経済」のように近い関係にある主題・分野を近接させるために2つの記号を選択できるようにした箇所がいくつか存在する。これらについて，あらかじめ「どちらにするか」を個別に決定し，そのことを明らかにしたマニュアルが整備されなければならない。

なお，複数冊で構成される全集，講座もの，シリーズ，叢書等を「一括して分類するか，個別に分類するか」を統一して決めなければならないように考えがちであるが，収集方針や利用の実際等を考慮して，個別のシリーズ等ごとに決めればよいものである。ただ，それぞれの全集等では首尾一貫する必要があり，どのように扱うかを確実に記録し，作業上で参照できるようにしておくことが必要である。

●…………分類表の理解――相関索引は補助的ツールである

『日本十進分類法』は，長い期間にわたって逐次改良・改善が加えられ，今日の姿となっている。だからといって誰でも容易に使いこなせるものとなっているわけではない。むしろ，『日本十進分類法』特有の構成・構造を表現しているところも多いと考えるべきであろう。これを日常的に使用して，情報資源の組織化を図るには，分類表に慣れ親しむ機会を増やし，理解を深める必要がある。

分類表に慣れる

相関索引

細目表を見て構造について判断する

相関索引には約3万3400もの語が収録されている。これだけの語があれば，情報資源として成立するすべての主題に対応できると考えてしまいそうだが，実際はそうではない。自分がよく理解できていない領域や主題を分類しなければならなくなると，相関索引だけに頼って作業を進めようとしたくなる。分類作業としての「きっかけ」をつかむために，こうした手順を最初にとることは「誤り」ではないが，必ず細目表で確認・検討する必要がある。細目表に示されている主題の構造や，採用しようと考えている分類記号につけられた「注記」や「参照」をチェックする過程で，分類表全体の構造に理解が及ぶことになるだろう。

なお，相関索引はその名前の示すとおり，同一のことば（分類項目名）で表示される主題・領域に対して，視点や取り扱う立場が異なったときにどうなるかをも示したものである。この点は，分類表についての理解が深まると逆に忘れてしまい，とんでもない取り扱いをしてしまう恐れがあるので注意しなければならない。

●…………情報資源の内容把握

情報資源の内容把握の手順

分類表について理解を深め，主題に対応する分類記号が容易に想定できるようになっても「分類のエキスパートになれた」とはいえない。情報資源の内容把握を的確に行う能力を養う必要がある。情報資源の内容把握は，通常，次の手順による。

- ・タイトル：小説などの文芸作品や随筆を除き，情報資源内容のもっとも簡潔な表現だと考えられる。しかし販売上の目的から誇張されたり，曖昧にされたタイトルもあれば，抽象的であったり，専門的すぎて理解しにくいタイトルがつけられるときもある。必ず，以下に述べるような点を参照して，情報資源の内容を把握しなければならない。
- ・著者等：情報資源の成立・内容に責任をもっている人たちについて，専門とする領域やこれまでに発表してきた情報資源を知ることにより，その立場や観点を確認することができる。
- ・目次：情報資源の内容や，著者等の観点，記述の方法などを読み取ることができる。タイトルでは明確でなかった情報資源の扱う内容を示すことばをも発見することができる。
- ・序文，あとがき，解説等：著者等の観点や，執筆の意図を知るとともに，当該領域で何が問題になっているかがわかり，また関連する領域・分野についての知識が述べられているので，有用である。
- ・文献紹介：巻末等につけられている参照・引用文献等により，当該情報資源の成立背景を知ることができる。
- ・テキスト（本文）：上に述べたような手順で進めても分類記号を決定しがたいときは，本文を拾い読みでもよいから読まざるをえないであろう。章ごとの序論・結論に注目しながら読み進むこととする。
- ・参考情報：対象とする情報資源の扱っている主題・領域を理解するためには，各種の参考図書にあたる必要がある。専門分野別の事典類，解題書，各種の書評などが有用である。また，JAPAN MARC 等でつけられている分類記号や，『出版ニュース』，出版情報登録センター（JPRO）のウェブサイトをはじめとする情報資源選定のためのツールに掲げられたものなども，分類記号決定の参考となる情報である。しかし，それらの分類方針とそれぞれの図書館の方針とは完全に一致しているとは考えられないので，そのままを利用してはならない。

●…………『日本十進分類法』の適用

情報資源の内容把握ができたならば，それをもとに『日本十進分類法』を適用して分類記号を決定することになる。このときに忘れてはならないことが，分類作業の統一性と一貫性を保持するための分類規程である。

統一性と一貫性保持のための分類規程

『日本十進分類法』新訂 10 版では，〈第 2 分冊〉の「『日本十進分類法　新訂 10 版』の使用法」において，主題の観点，主題と形式概念の区別，原著作とその関連著作，複数主題，主題と主題との関連（理論と応用，主題と材料，主題と読者対象（目的）など），新主題の 6 項目にわたる「分類規程」を掲げている。これらを「一般分類規程」と呼ぶ。

また「区分表」に先立って「各類概説」において，類ごとに，その構成とあわせて収めるべき情報資源を明らかにしている。このように特定主題の取り扱いを定めた規程は「一般分類規程」に対して「特殊分類規程」と呼ぶ場合もある。

●…………分類作業遂行上の留意点

分類作業（分類記号の与え方）は，まず分類表の指示するところに従うことである。その指示する範囲にありながらも，2 つ以上の分類が考えられるときは，当該情報資源を利用する者の立場に立って考えてみる必要がある。それは結果としてタイトルに影響されることになるかもしれないが，利用者は情報資源の内容にまで立ち入って判断できる立場にないことを考慮しなければならない。

利用する者の立場

それぞれの図書館で設定した分類表の適用範囲内におけるもっとも詳しく適切な分類記号を与えるようにしなければならない。第 3 次区分表（要目表）を適用すると決めた主題・領域において，第 2 次区分表（綱目表）でとどめることがあってはならず，細目表（第 4 次区分以下）において「ぴったり合致する」分類項目が示されていても要目表の範囲で適用することが求められる。

分類作業は，『日本十進分類法』をはじめとする分類表があるだけで進められるものではない。統一性と一貫性を保持するためには，過去においてどのように分類したのかを参照して適切に行うことが必要である。対象とする情報資源の主題・領域を表すことばがどのように分類されていたか，また，分類しようとする同一記号のなかにどのような情報資源が含まれているかなどに留意する。

これまでの分類結果を参考にする

◉――option O

図書以外の資料の分類

現代の図書館において取り扱われている「図書以外の資料」には，どのようなものがあるだろうか。

『日本目録規則　1987年版改訂版』（「改訂2版」，「改訂3版」も含む）および『日本目録規則　2018年版』は，図書館で扱う情報資源を対象として目録の作成方法を規定している。そこで取り上げられている情報資源が，現代の図書館で収集される情報資源の大部分と考えてよいだろう。掲げられている情報資源は，図書（改訂3版（当然ながら『日本目録規則　2018年版』も）からは，「和古書・漢籍」も含むことがより明確にされている），書写資料，地図資料，楽譜，録音資料，映像資料，静止画資料，電子資料，博物資料，点字資料，マイクロ資料，継続資料の12種である。これらの種分けは，形態上のもの（電子資料，マイクロ資料，博物資料），情報媒体によるもの（録音資料，映像資料，点字資料），刊行の形態（継続資料，逐次刊行物，更新資料）というように一貫した規準が設定されていない。『書誌レコードの機能要件』（FRBR）の概念モデルによる『日本目録規則　2018年版』は，こうした情報資源の種分けをしなくなった。「表現形」の種類を表す「表現種別」，「体現形」の種類を表す「機器種別」と「キャリア種別」，刊行方式の設定のみとなり，情報資源を実態から見るよりも「多元的」にとらえるようになっている。しかし，記述目録法の領域においては，こうした考え方で進めることができるだろうが，図書館の現実は，一つの方式ですべてを区分できる世界とはなっていないことを意味し，それに対応した情報資源の分類法を個別に検討せざるを得ない状況になっている。

「分類」という視点から，これらの情報資源の取り扱いを考えると，2つの方法があるとされる。一つは，情報資源の種別（先に挙げた種別にとどまらず，たとえば，映像資料は「ビデオテープ」，「レーザーディスク」，「スライド資料」などに分けることができる）ごとに別置記号をつけ，そのなかでの受入順のみで整理する方法である。これは情報資源の種別のみを「分類」したにすぎず，利用者にとって重要な要素であり，かつ，情報資源の「分類原則」である主題・領域からの視点はまったく反映されておらず，利用にあたって必要とされる機器の種別のみを表現した「分類」とみなすことができるだろう。あと一つは，図書資料と同様の視点を盛り込み，資料種別ごとに別置記号をつけたうえで，取り扱っている主題・領域を分析し，その結果を反映した分類記号を重ねてつける方法である。

別置の方法については，「『日本十進分類法　新訂10版』の使用法」（『日本十進分類法　新訂10版』所収）で詳細に触れられている。

UNIT 50

◉目録作成の実際（3）

件名目録作成の実際

『日本目録規則　2018年版』では「保留」中のため触れていないが，個々の情報資源の内容を正確に把握し，適切な件名標目を付与し，目録に反映する作業を「件名作業」と呼んでいる。件名目録作成の根幹である。

●…………件名標目表の選定・採用

件名標目表の選定・採用

件名作業を行うためには，まず，その図書館に適用する適切な「件名標目表」を選択することが必要である。利用者の思いつきそうな「ことば：名辞」が，思いつきそうな表現形式で採録されている件名標目表を選ばなければならない。

利用者の思いつく件名

専門的な情報資源を収集対象の中核においている図書館，主たる利用者が児童・生徒である学校図書館，など利用者の思いつきそうな「ことば」の範囲は，当然のことであるが異なってくる。選定は，「利用者」と「収集している情報資源の範囲」の両面から検討されなければならない。

●…………『基本件名標目表』選定の理由

『基本件名標目表』選定の理由

多くの公共図書館は，その利用者のレベルとして高等学校卒業程度の知識と技術を備えている人たちと考えているだろう。それは中学校までの義務教育を終え，高等学校への進学を希望するほとんどの人が入学可能な時代となって，相当の期間が経過してきたことの結果である。

利用者のレベル

また，公共図書館等の収集している情報資源も，そうした利用者のレベルに合致するようになっている。なかには，個々の図書館の利用者レベルが高くなってきたことを背景にして，非常に高度な専門性をもった情報資源も収集されているが，基盤と設定できる状況は，大きく差があるものではない。

『基本件名標目表』は，UNIT 44でも説明したように，公共図書館の所蔵する情報資源の扱っているテーマ・主題をターゲットとし，掲げられている件名標目においても，日常生活において理解可能な「ことば：名辞」と設定している。しかも，各件名標目について『日本十進分類法』による分類記号を併記しており，それらの記号を「手がかり」として，より専門的な世界に分け入るための構造もつくられている。

●…………件名規程——件名作業方針

件名規程

件名標目表を適用して，それぞれの情報資源に件名標目を付与していくうえでの「きまり」を件名規程という。件名規程には，件名作業全般にわたる総則的な「きまり」としての一般件名規程と，個々の件名標目あるいは特定の分野のみに適用する「きまり」である特殊件名規程とがある。

一般件名規程

①一般件名規程

・特殊記入の原則：対象となっている情報資源の主題を的確に過不足なく表現する件名標目を選ぶ。この原則を厳密に適用すると小件名標目が乱立する可能性があるので，一つの件名標目のもとにある程度の情報資源がまとまるように工夫することが求められ，これを「特殊記入の限界」と考えている。
・特殊で小さい主題には，より広い上位概念の件名標目を与える。
・文学作品や芸術作品，主題が明らかでないものには件名標目を与えない。
・複数の主題をもつ情報資源には，複数の件名標目を与える。
・主題が一つであっても，複数の視点をもつ情報資源には，複数の件名標目を与える。
・必要があれば，情報資源全体に対する件名標目のほかに，一部分を対象としても件名標目を与える。
・一般細目，分野ごとの共通細目，言語細目，地名のもとの主題細目，地名細目，時代細目などの細目は，主たる件名標目の範囲を限定し特殊化するのに用いる。
・主題が「ことば：名辞」として表現しにくいときは，細目などで限定する。
・人物・団体などの固有名も件名標目にできる。
・特定地域における主題を扱っている場合は，地名を組み込んだ件名標目とする。
・古典名も件名標目にできる。
・主題が明らかであれば，文学作品や芸術作品にも件名標目を与える。

特殊件名規程

②特殊件名規程

次のような分野などについて，規程が定められている。

歴史的な主題，伝記書，地誌的な記述，社会事情，法令，統計書，産業事情，病気に関する情報資源，語学書，学習書・問題集

●…………件名標目表の理解——本表・分類記号順標目表・階層構造標目表の関係

3つの表

件名標目表の理解としては，3つのことがあげられる。

・件名標目表に採録されている件名標目にはどのようなものがあり，どのようなものが省略されているかを知る。
・「件名標目の表現形式」を詳しく読み，「件名標目の表し方」を理解する。

・直接参照などの「参照のつけ方」を知り，件名標目の「追加」ができるようになる。

「本表」は，件名標目の全体を知るためのものである。「ことば：名辞」の排列について理解し，掲げられている関連件名標目の性格を示す「NT」,「RT」,「TT」などを含めて件名標目全体を知ることが求められる。 本表－音順表

「分類記号順標目表」は，件名標目を体系化する際の位置の確認に有用とされている。新たに件名標目を設定するにあたっても分野・視点等を検討するのに利用する。 分類記号順表

「階層構造標目表」は，件名標目相互の関係を見るとともに，その上位・下位関係を把握したり，同じレベルの「ことば：名辞」がどのように関連づけられているかの確認をするための表である。 階層構造表

3つの表は，相互に関係づけながら利用することが求められている。

●…………情報資源の内容把握

情報資源の内容把握

件名標目表についての理解を深め，情報資源の扱っている主題に対応する件名標目を容易に想定できるようになっても件名作業のエキスパートとは言えない。情報資源の内容把握を的確に行う能力を養う必要がある。情報資源の内容を把握するのは通常，次の手順による。

タイトル
著者等
目次
序文，あとがき，解説等
文献紹介
テキスト（本文）
参考情報

これらの個々の手順については，UNIT 49（『日本十進分類法』の適用）を参照してほしい。

●…………『基本件名標目表』の適用

情報資源の内容が十分に把握できたならば，それをもとに『基本件名標目表』を適用して件名標目を決定することになる。このときに忘れてはならないことが，件名作業の統一性と一貫性を保持することである。この目的で，先に述べた一般件名規程と特殊件名規程とがある。

件名標目の決定にあたって参考となるものとして，図書館流通センター（TRC）の作成するMARCおよび国立国会図書館の提供しているNDLサーチがある。 TRC MARC NDL サーチ

TRC MARCでは，『基本件名標目表』をベースとして件名を与えている。国立国会図書館は『国立国会図書館件名標目表』をツールとして件名作業を実施している。そこでは，時宜に応じて追加標目や削除・修正がされており，最近の主題状況に応じている。また，『基本件名標目表』による件名も付与している。NDLサーチでは，連携する図書館等のOPACデータも参照できる。

件名作業遂行上の留意点

●…………件名作業遂行上の留意点

まず考えなければならないことは，当該の情報資源利用者が確実にアクセス可能な件名標目を与えることである。タイトル等に使用されている「ことば：名辞」が，必ずしも内容を的確に表現していないことがあるので，どのように置き換えれば適切なものとなるかを検討しなければならない。利用者が当該情報資源を利用する可能性を広げるために，件名標目を新たに与えるくらいの意識をもって作業をすることが必要である。

タイトルとは異なる件名

与えることのできる件名標目は，ツールである『基本件名標目表』に掲げられたものに限るわけではない。音順標目表に掲載された件名標目，細目やその使用方法のスコープノート等に従っておこなうことが基本であるが，必要に応じて新たな件名標目を設定することが可能である。けれども無際限に件名標目を新設すると，一つの件名標目に含まれる情報資源が1点だけという「小件名標目の乱立」につながってしまう。件名作業の目的は，与えられた件名標目によって「情報資源のまとまり，集合」ができることである。決して「適切な主題の表現」を目指すものではないことに留意してほしい。

小件名の乱立

情報資源のまとまり，集合

◉——option P

LCSHとNDLSH

代表的な件名標目表とされるものを紹介しておく。

アメリカ議会図書館件名標目表（LCSH：Library of Congress Subject Headings）

複数の図書館の情報資源を対象とする標準標目表ではなく，アメリカ議会図書館の所蔵資料等のみを対象とする一館標目表である。

LCSHは，英語圏を中心に世界各国に広まっている。また，各国で維持・管理されている件名標目表の編集や改訂にあたって参考にされている。

2015年1月に公表された第37版が最新版であり，1988年刊行の第11版からは参照の表示にシソーラスの形式を取り込んでいる。

維持・管理にあたっては，LC以外の図書館から提起された意見等も受け入れており，そのことが広まる背景にもなっている。標目等の新設・変更についての情報は，LCのサイトで公表されており，利用する目録作成者にとっては頼りになるシステムである。

ネットワーク情報資源への対応および多言語主題アクセスに関して，先進的な試みがされている点も注目すべきところであろう。

国立国会図書館件名標目表（NDLSH：National Diet Library Subject Headings）

LCSHと同様に一館標目表である。その所蔵資料等に対応して社会科学・法律・政治分野や，官公庁の出版する行政資料に対応した件名標目が多くなっている。

書籍版としては1991年刊行の第5版が最新であるが，2004年10月以降ネットワーク上で公開を開始した。全体の最新更新は2009年3月に実施され（「2008年度版」），2011年11月で更新を終了した。その後は「Web NDL Authorities」（国立国会図書館典拠データ検索・提供サービス）によって提供されている。

Web上に公開されているものを見ると，これまで「欠点」として指摘されていた「をも見よ参照」をもっていないという点が改められている。また，『基本件名標目表』第4版で試みられたシソーラス化をも目指しているようである。さらに，細目の使用方法についての説明や，参照に関する注記が充実している。この流れは両者を「統合する」ことにつながりそうである。

NDLSHによる件名標目は，「日本全国書誌」およびJAPAN MARCに付与されており，これらを参照することのできる図書館にとっては有用なものとなっている。

参考文献

書名・誌名の五十音／ABC 順

＊インターネット上の情報資源・海外文献・司書等の養成に資するテキストブック類・ハンドブック・作業用のツール類・用語辞典などは割愛した。

『インターネットをつくる：柔らかな技術の社会史』ジャネット・アバテ著，大森義行・吉田晴代訳，北海道大学図書刊行会，2002

『オントロジ技術入門：ウェブオントロジと OWL』（セマンティック技術シリーズ），AIDOS（＝将来型文書統合システム標準化調査研究委員会）編著，東京電機大学出版局，2005

『概説標準目録法：目録原則からコンピュータ目録まで』志村尚夫著，ぎょうせい，1982

『学習に活かす情報ファイルの組織化』（学校図書館入門シリーズ 10），藤田利江著，全国学校図書館協議会，2004

『学術情報と図書館』（講座図書館の理論と実際 9），戸田愼一［ほか］著，雄山閣，1999

『学校図書館のための視聴覚資料の組織化』改訂版（学校図書館入門シリーズ 5），山田知倢著，全国学校図書館協議会，2002

『学校図書館のための図書の分類法』芦谷清著，全国学校図書館協議会，2004

『教育改革のための学校図書館』根本彰著，東京大学出版会，2019

『「記録・情報・知識」の世界：オントロジ・アルゴリズムの研究』斎藤孝著，中央大学出版部，2004

『記録史料記述の国際標準』アーカイブズ・インフォメーション研究会編訳，北海道大学図書刊行会，2001

『検索入門書：J-BISC & Japan MARC 対応』千賀正之著，日本図書館協会，1991

『現代図書館分類法概論』Mills, J. 著，山田常雄訳，日本図書館研究会，1982

『コンサイス AACR2　1988 改訂版』マイケル・ゴーマン著，志保田務，岩下康夫訳，日本図書館協会，1996

『サブジェクト・インディケーション：主題表示におけるエリック・コーツの寄与』川村敬一著，日外アソシエーツ，1988

『主題アクセスとメタデータ記述のための LCSH 入門』鹿島みづき著，樹村房，2013

『主題情報へのアプローチ』（講座図書館の理論と実際 4），丸山昭二郎編，雄山閣，1990

『主題組織法概論：情報社会の分類／件名』丸山昭二郎［ほか］著，紀伊國屋書店，1986

『情報アクセスのすべて』増補改訂版，丸山昭二郎ほか編，日本図書館協会，1992
『情報検索理論の基礎：批判と再検討』中村幸雄著，共立出版，1998
『情報資源の組織化と提供』（シリーズ図書館情報学 2），根本彰，岸田和明編，東京大学出版会，2013
『情報の構造化と検索』（岩波講座　マルチメディア情報学 8），西尾章治郎［ほか］著，岩波書店，2000
『情報の組織化』（岩波講座　マルチメディア情報学 2），長尾真［ほか］著，岩波書店，2000
『情報・データベース構築の基礎理論』Fugmann, R. 著，情報・インデクシング研究会訳，情報科学技術協会，1994
『情報と図書館』丸山昭二郎著，丸善，1994
『書誌コントロールの課題』（第 2 回書誌調整連絡会議記録集），国立国会図書館編，日本図書館協会，2002
『書誌と索引：情報アクセスのための機能と使い方』補訂版（図書館員選書 19），堀込静香著，日本図書館協会，1966
『書誌ユーティリティ：新たな情報センターの誕生』（図書館員選書 18），上田修一著，日本図書館協会，1991
『書誌レコードの機能要件：IFLA 書誌レコード機能要件研究グループ最終報告』IFLA 書誌レコード機能要件研究グループ編・著，和中幹雄［ほか］訳，日本図書館協会，2004
『資料・情報を整備しよう：学校図書館メディアの選択と組織化』（シリーズいま，学校図書館のやるべきこと 2），笠原良郎，紺野順子著，ポプラ社，2005
『資料分類法の基礎理論』ブリス分類法協会原著，ジャック・ミルズ著，田窪直規［ほか］著・訳・編，日外アソシエーツ，1997
『セマンティック Web とリンクトデータ』兼岩憲著，コロナ社，2017
『知識資源のメタデータ』谷口祥一，緑川信之著，勁草書房，2007
『知識組織化論：利用者指向のアプローチ』長田秀一著，サンウェイ出版，2007
『デジタル情報の流通と図書館の未来』（シリーズ・図書館情報学のフロンティア 1），日本図書館情報学会研究委員会編，勉誠出版，2001
『デジタルネットワーク社会：インターネット・ケータイ文化を展望する：入門講座』桜井哲夫［ほか］著，平凡社，2005
『デジタル文献整理術：最新 EndNote 活用ガイド』讃岐美智義著，克誠堂出版，2003
『データベースの典拠作業：典拠レコードとファイルの作成・利用・維持管理および評価』Burger, R.H. 著，松井幸子，内藤衛亮訳，丸善，1987
『電子記録のアーカイビング』小川千代子著，日外アソシエーツ，2003
『電子資料の組織化：日本目録規則（NCR）1987 年版改訂版第 9 章改訂とメタデータ』日本図書館協会目録委員会編，日本図書館協会，2000

『電子情報時代の全国書誌サービス』（第 1 回書誌調整連絡会議記録集），国立国会図書館編，日本図書館協会，2002
『図書分類の記号変換：DDC，LCC，NDC』丸山昭二郎，丸山泰通編，丸善，1984
『図書分類の実務とその基礎：データ作成と主題検索へのアプローチ』NDC 新訂 9 版対応改訂版，千賀正之著，日本図書館協会，1997
『図書館情報学の地平：50 のキーワード』根本彰［ほか］編，日本図書館協会，2005
『図書館ネットワーク：書誌ユーティリティの世界』（情報学シリーズ 5），国立情報学研究所監修，宮澤彰著，丸善，2002
『図書館目録の現状と将来』（論集・図書館学研究の歩み 7），日本図書館学会研究委員会編，日外アソシエーツ，1987
『図書館目録とメタデータ：情報の組織化における新たな可能性』（シリーズ・図書館情報学のフロンティア 4），日本図書館情報学会研究委員会編，勉誠出版，2004
『日本十進分類法の成立と展開：日本の「標準」への道程　1928－1949』藤倉恵一著，樹村房，2018
『日本における図書館目録法の標準化と目録理論の発展に関する研究』志保田務著，学芸図書，2005
『ネットワーク系電子出版物の書誌調整に向けて：メタデータの現況と課題』（第 3 回書誌調整連絡会議記録集），国立国会図書館編，日本図書館協会，2003
『博物館情報学入門』（アート・ドキュメンテーション叢書 2），E. Orna & Ch. Pettitt　編，安澤秀一監修，水嶋英治編訳，勉誠出版，2003
『パスファインダー・LCSH・メタデータの理解と実践：図書館員のための主題検索ツール作成ガイド』愛知淑徳大学図書館インターネット情報資源担当編，愛知淑徳大学図書館，2005
『文献世界の構造：書誌コントロール論序説』根本彰著，勁草書房，1998
『分類する技術が仕事を変える』久我勝利著，日本実業出版社，2004
『分類という思想』（新潮選書），池田清彦著，新潮社，1992
『分類と目録』（図書館員選書 20），鮎澤修著，日本図書館協会，1995
『分類の発想：思考のルールをつくる』（朝日選書 409），中尾佐助著，朝日新聞社，1990
『分類学からの出発：プラトンからコンピュータへ』（中公新書 1148），吉田政幸著，中央公論社，1993
『本を分類する』緑川信之著，勁草書房，1996
『名称典拠のコントロール：第 4 回書誌調整連絡会議記録集』国立国会図書館書誌部編，日本図書館協会，2004
『メタデータ技術とセマンティックウェブ』曽根原登［ほか］編著，東京電機大学出版局，2006
『メタデータとウェブサービス』（わかる！図書館情報学シリーズ 3），日本図書館

情報学会研究委員会編，勉誠出版，2016
『メタデータの「現在」：情報組織化の新たな展開』谷口祥一著，勉誠出版，2010
『目録規則の成立と展開』ダンキン著，高鷲忠美［ほか］訳，早川図書，1978
『目録作成の技法』改訂版，植田喜久治著，日本図書館協会，1992
『目録と分類』Chan, L.M. 著，上田修一［ほか］訳，勁草書房，1987
『目録の歴史』（図書館・情報学シリーズ 9），渋川雅俊著，勁草書房，1985
『目録法と書誌情報』（講座図書館の理論と実際 3），丸山昭二郎編，雄山閣，1993
『洋書目録法入門　つくり方編』改訂版（図書館員選書 6），丸山昭二郎編，日本図書館協会，1990
『洋書目録法入門　マニュアル編』（図書館員選書 7），丸山昭二郎編，日本図書館協会，1988
『和書目録法入門』（図書館員選書 8），柴田正美編，日本図書館協会，1997
『IFLA 図書館参照モデル：書誌情報の概念モデル』Pat Riva［ほか］（IFLA FRBR 再検討グループ）著，和中幹雄，古川肇［ほか］訳，樹村房，2019
『Linked Data：Web をグローバルなデータ空間にする仕組み』トム・ヒース，クリスチャン・バイツァー著，武田秀明［ほか］訳，近代科学社，2013
『NCR プログラム式演習と基本概念の分析：日本目録規則　1987 年版改訂版への手引き』志保田務［ほか］著，学芸図書，2000
『NDC 入門』（図書館員選書 2），もりきよし著，日本図書館協会，1982
『RDA 資源の記述とアクセス－理念と実践』バーバラ・B・ティレット／アメリカ議会図書館原著，酒井由紀子［ほか］訳，樹村房，2014
『RDA 入門：目録規則の新たな展開』（JLA 図書館実践シリーズ 23），上田修一，蟹瀬智弘著，日本図書館協会，2014
『UDC の使い方：国際十進分類法の利用と応用』I. C. McIlwaine 原著，中村幸雄［ほか］訳，情報科学技術協会，1994
『XML ツールキット』太田一郎，柴田史久著，秀和システム，2001

索　引

〈ハ行〉

【E～I】

【J～O】

【P～Z】

執筆者紹介

著者

柴田　正美（しばた　まさみ）

所　　属：三重大学名誉教授

関心領域：図書館情報学教育，情報資源組織法，情報環境論，学術情報ネットワーク論

主要著作：『和書目録法入門（図書館員選書：8）』（共著，日本図書館協会，1997）

『図書館ネットワークの現状と課題』（論集・図書館学研究の歩み：第11集）（共著，日外アソシエーツ，1991）

CD-ROM『書誌データベース入門』（共著，文部省大学共同利用機関メディア教育開発センター，1999）

ビデオ『機能する目録づくり』（図書館の達人：司書実務編 Part Ⅱ）（紀伊國屋書店，1996）

『図書館情報専門職のあり方とその養成』（シリーズ：図書館情報学のフロンティア：no.6）（分担執筆，日本図書館情報学会研究委員会編，勉誠出版，2006）

高畑　悦子（たかはた　えつこ）

所　　属：佛教大学非常勤講師

関心領域：情報資源組織法，情報検索システム形成論

主要著作：『和書目録法入門（図書館員選書：8）』（共著，日本図書館協会，1997）

「追手門学院大学附属図書館『宮本輝ミュージアム』について」（『短期大学図書館研究』第28号，2008，p.101-108）

（所属は2020年1月現在）

情報資源組織論　三訂版

JLA図書館情報学テキストシリーズⅢ　9

1998年2月27日［シリーズ第1期］初版第1刷発行
2001年5月1日　新訂版第1刷発行
2008年1月15日［シリーズ第2期］初版第1刷発行
2012年6月29日［シリーズ第3期］初版第1刷発行©
2016年1月25日　新訂版第1刷発行
2020年3月20日　三訂版第1刷発行
2022年1月20日　三訂版第2刷発行
定価：本体1,900円（税別）

著者……………………………柴田正美・高畑悦子
シリーズ編集………………塩見昇・柴田正美・小田光宏・大谷康晴

発行……………………………公益社団法人 日本図書館協会
〒104-0033　東京都中央区新川1丁目11-14
TEL 03-3523-0811（代）
〈販売〉TEL 03-3523-0812　FAX 03-3523-0842
〈編集〉TEL 03-3523-0817　FAX 03-3523-0841
印刷……………………………藤原印刷株式会社
ブックデザイン……………笠井亞子

JLA202124
ISBN978-4-8204-1915-0　本文用紙は中性紙を使用しています。　Printed in Japan.